REINHARD WIESNER

Administrative Tribunals in Großbritannien

Schriften zum Öffentlichen Recht

Band 235

Administrative Tribunals in Großbritannien

Ein Beitrag zur Kontrolle der Verwaltung in England

Von

Dr. Reinhard Wiesner

DUNCKER & HUMBLOT / BERLIN

Gedruckt 1974 bei Feese & Schulz, Berlin 41
Printed in Germany
ISBN 3 428 03016 8

Meiner Mutter
und dem Andenken
meines Vaters

Vorwort

Die Grundlagen zu dieser Arbeit wurden während eines einjährigen Aufenthalts am Centre of European Governmental Studies in Edinburgh/Schottland gelegt. Es ist mir ein besonderes Anliegen, dem Direktor des Centre, Professor J. D. B. *Mitchell,* für seine Unterstützung, ständige Diskussionsbereitschaft und wertvolle Kritik zu danken. Daneben war es vor allem Professor A. W. *Bradley,* Dept. of Constitutional Law, der mir den Zugang zu der fremden Rechtsmaterie erleichtert und durch klärende Gespräche manche Unsicherheit beseitigt hat. Auch von der juristischen Praxis habe ich Unterstützung bei meiner Arbeit erfahren: Durch das Entgegenkommen von Mr. R. *Reid,* Q. C., President of the Industrial Tribunals (Scotland), wurde mir der Besuch mehrerer Verhandlungen der Industrial Tribunals in Glasgow ermöglicht.

Von besonderem Wert für den Verfasser waren Informationen, die Mr. I. G. *Gilbert,* Assistant Secretary, aus dem Ministerium für Gesundheit und soziale Sicherheit (Ministry of Health and Social Security) vermittelte. Ihm ist auch der praktische Fall zu verdanken, der im Anhang abgedruckt ist. Schließlich konnte der Verfasser auch aus den Erfahrungen des Mannes Nutzen ziehen, der seit der Errichtung des Council on Tribunals im Jahre 1958 bis 1970 dessen Sekretär war, Mr. A. *Macdonald,* der mit großem Interesse den Fortgang dieser Arbeit verfolgt hat. Allen diesen Personen, dem British Council, der diesen Studienaufenthalt ermöglicht hat, sowie vielen Vorsitzenden, Beisitzern und „Clerks" verschiedener Tribunals, die hier nicht genannt werden können, schulde ich Dank.

Den Anstoß, auf dem Gebiet des englischen öffentlichen Rechts zu arbeiten, habe ich von meinem verehrten Lehrer, Herrn Professor Dr. Prodromos *Dagtoglou,* erhalten. Er hat meine Arbeit von Anfang an gefördert und mir in jedem Stadium seinen fachlichen Rat zukommen lassen. Dafür, daß ich stets in einer spannungsfreien Atmosphäre arbeiten konnte, möchte ich ihm als Menschen und Lehrer meinen ergebenen Dank aussprechen.

Herrn Ministerialrat a. D. Dr. Johannes *Broermann* darf ich danken für die Aufnahme dieser Arbeit in die Reihe „Schriften zum Öffentlichen

Recht". Darüber hinaus bin ich auch der *Deutsch-Britischen Juristenvereinigung e. V.* zu Dank verpflichtet: Sie hat den Druck der Dissertation finanziell unterstützt.

Regensburg, im April 1973

Reinhard Wiesner

Inhaltsverzeichnis

Dritter Teil

Wesen und Funktion der Tribunals

Abkürzungsverzeichnis

A.C.	=	Appeal Case
All E.R.	=	The All England Law Reports
A.R.	=	Annual Report
B.J.A.L.	=	British Journal of Administrative Law
C.	=	Committee
C.L.J.	=	Cambridge Law Journal
Cmnd.	=	Paper by Command; dem Parlament vorgelegte amtliche Drucksache
C.M.P.	=	Committee on Ministers' Powers
C.o.T.	=	Council on Tribunals
C.T.E	=	Committee on Administrative Tribunals and Enquiries
Deb.	=	Debate(s)
EAGV	=	Vertrag zur Gründung der Europäischen Atomgemeinschaft
E.C.A.	=	European Communities Act 1972
EGKSV	=	Vertrag über die Gründung der Europäischen Gemeinschaft für Kohle und Stahl
EWGV	=	Vertrag zur Gründung der Europäischen Wirtschaftsgemeinschaft
H.C.	=	House of Commons
H.L.	=	House of Lords
H.M.S.O.	=	Her Majesty's Stationery Office
I.A.A.	=	Immigration Appeals Act
I.C.L.Q.	=	International and Comparative Law Quarterly
I.R.A.S.	=	International Review of Administrative Sciences
K.B.	=	King's Bench
L.Q.R.	=	Law Quarterly Review
Ma	=	Memoranda
M.L.R.	=	Modern Law Review
M.o.E.	=	Minutes of Evidence
N.I.A.	=	National Insurance Act
N.L.J.	=	New Law Journal
P.A.	=	Public Administration
P.L.	=	Public Law
P.Q.	=	Political Quarterly
Q.B.	=	Queen's Bench
R.v.	=	Rex versus
S.I.	=	Statutory Instrument
T.I.A.	=	Tribunals and Inquiries Act
v.	=	versus
Vol.	=	Volume
W.L.R.	=	The Weekly Law Reports

Die übrigen Abkürzungen entsprechen den Vorschlägen bei Kirchner, Hildebert, Abkürzungsverzeichnis der Rechtssprache, 2. Aufl. Berlin 1968.

Einleitung

„Nothing is more remarkable in our present social and administrative arrangements than the proliferation of tribunals of many different kinds“, schrieb C. K. Allen im Jahre 1956. In der Tat hat die Bedeutung der Administrative Tribunals, die in ihren Anfängen bereits in das vorige Jahrhundert zurückreichen, vor allem seit dem Zweiten Weltkrieg wesentlich zugenommen, ist ihre Tätigkeit doch in besonderem Maße mit der Entstehung des modernen Wohlfahrtsstaates verbunden. Die englische Rechtswissenschaft hat sich ihnen lange verschlossen. Seit der vom Lordkanzler unter dem Vorsitz von Sir Oliver Franks eingesetzte Ausschuß zum erstenmal eine Bestandsaufnahme des bis dahin entstandenen Tribunal-Wildwuchses unternahm, finden Administrative Tribunals in jedem der immer zahlreicher werdenden Lehrbücher zum „Administrative Law“ ihren gebührenden Platz.

Hierzulande blieben jedoch die Versuche Großbritanniens, auch im „Justizstaat“ neue Methoden des „decision-making“ und des „redress of grievances“ im Bereich der Verwaltung zu erproben, ohne Beachtung. Vom Aufsatz Aris‘ aus dem Jahre 1963 abgesehen, liegt zu diesem Thema keine größere Arbeit in deutscher Sprache vor. Im folgenden sollen deshalb Geschichte, Entwicklung, Funktion und Bedeutung der Tribunals untersucht werden. Dabei konnte diese Arbeit nicht als rechtsvergleichende konzipiert werden, da bereits die grundsätzliche Auffassung von Verwaltung und Verwaltungsrecht in Deutschland einerseits und in Großbritannien andererseits zu unterschiedlich ist, um einen fruchtbaren Vergleich zwischen Tribunals und Verwaltungsgerichten zu ermöglichen.

Für den kontinentalen Juristen stellten sich insbesondere folgende Schwierigkeiten in den Weg: Es fehlt in der noch in den Anfängen steckenden englischen Rechts*wissenschaft* an analytischen Arbeiten zu diesem Thema. Außerdem vermißt man eine allgemein verbindliche Terminologie. So erweist sich auch die Bezeichnung Administrative Tribunals als ziemlich nichtssagend — umfaßt sie doch eine ständig im Wachsen begriffene Anzahl verschiedengestaltiger Institutionen. Die empirisch — induktive Art englischer „Staatspraxis“, die auch hinter der Errichtung der Tribunals steht, mußte bei der wissenschaftlichen Bewältigung dieses Themas ihre Spuren hinterlassen. Eine rein theoretisch-analytische Betrachtungsweise würde der Erscheinungsform der Tribunals nicht gerecht werden; eine Theorie der Tribunals hat es niemals gegeben — nur die Praxis, bestimmte Entscheidungsvorgänge im Bereich der Verwaltung aus Gründen der Zweckmäßigkeit spezialisierten Institutionen anzuvertrauen.

Zur Form der Arbeit ist anzumerken, daß der Verfasser besonders viele Zitate im Wortlaut wiedergegeben hat und sich häufig nicht auf bloße Hinweise beschränken wollte. Angesichts der teilweise sehr schwer greifbaren Literatur erscheint diese Verfahrensweise jedoch gerechtfertigt. Englische Fachausdrücke und Bezeichnungen von Institutionen wurden in der Originalsprache belassen. „Die beiden Rechtskulturen der zivilisierten Welt sind voneinander so verschieden, daß sogar die adäquate Übersetzung der Rechtsworte des einen in die Sprache des anderen Rechtsgebietes fast unmöglich ist“[1]. Aus diesem Grunde wurde auch stets der Begriff Administrative Tribunal verwandt. Übersetzungsversuche verleiten entweder zu irreführenden oder zu nichtssagenden Ausdrücken[2].

Schließlich ist noch zu bemerken, daß ausschließlich die englische Rechtslage dargestellt wird. Schottland, das eine selbständige Rechtsordnung besitzt, wurde nicht berücksichtigt.

---

[1] *Radbruch* S. 8.

[2] Vgl. *Friedmann*, Kontrolle S. 185.

Erster Teil

Die historische Entwicklung

1. Kapitel: Verwaltung und Verwaltungskontrolle bis zum 19. Jahrhundert — Abriß

I. Dualismus der Verwaltungskontrolle

Es bedarf keiner längeren Rechtfertigung, einen Beitrag über die Kontrolle der britischen Verwaltung mit einem geschichtlichen Abriß zu beginnen. Denn gerade in der angelsächsischen Rechtsentwicklung ist ein mehr oder weniger gleichmäßiger Evolutionsprozeß zu erkennen, der nicht durch gewaltsame Umbrüche und Revolutionen gestört wurde[1]. Viel länger als auf dem Kontinent haben daher Rechtsinstitute und rechtstheoretische Grundlagen überleben können und wirken bis auf den heutigen Tag oft nur unter anderem Namen fort. Dies gilt auch für die Art und Weise gerichtlicher Verwaltungskontrolle[2] — mag diese auch von der kontinentalen Praxis erheblich abweichen.

Einrichtungen zur Kontrolle der Verwaltung sind so alt wie die verwaltende Tätigkeit des Staates selbst[3]. Während in Deutschland die Kontrolle der Verwaltung heute hauptsächlich von Gerichten wahrgenommen wird, deren Aufgabe es ist, einerseits die Rechtmäßigkeit der Verwaltungstätigkeit zu überwachen, andererseits die Rechte des Bürgers vor staatlichen Übergriffen zu schützen[4], so haben sich in England seit der Glorreichen Revolution[5] Parlament und ordentliche Gerichte in diese Aufgabe geteilt und sich nebeneinander bis auf den heutigen Tag behauptet: Die Gerichte wachen über die Rechtmäßigkeit des Regie-

---

[1] Vgl. *Radbruch* S. 5; *Leibholz* S. 211 f.; *Mitchell*, Causes S. 97; ders., Control S. 360; ders., Verwaltungskontrolle S. 163; *Scarman* S. 253.

[2] Beispiel hierfür sind vor allem die als „prerogative orders" bezeichneten Kontrollbefugnisse des High Court gegenüber der Verwaltung, die bis ins 13. Jahrhundert zurückgehen, vgl. *de Smith*, Review S. 367 ff.

[3] Vgl. *Wolff* III § 161, II.

[4] Vgl. *Ule* § 1 II 2.

[5] Vgl. *Mitchell*, Causes S. 98; *Friedmann*, Kontrolle S. 194 f.; *Robson*, C.T.E. M.o.E. XIII, 484.

rungs- und Verwaltungshandelns, das Parlament übt die politische Kontrolle der Minister aus, die für ihr Ressort dem Parlament rechtlich und politisch verantwortlich sind. Dieses Nebeneinander parlamentarisch-politischer und gerichtlicher Kontrolle der Verwaltung darf nicht vergessen werden, wenn wir die Rolle der englischen Gerichte und gerichtsähnlichen Institutionen als Kontrollorgane der Verwaltung untersuchen. Damit soll nicht geleugnet werden, daß wir auch in Deutschland eine politische Kontrolle der Verwaltung kennen, die zu den Wesenselementen der Demokratie gehört[6]. Das Petitionsrecht und das Interpellationsrecht sollen hier als Beispiele unmittelbarer und mittelbarer politischer Kontrolle genügen. Zweifellos sind jedoch Gewicht und Umfang der politischen Kontrolle in England weit größer als in Deutschland. Sie hat nicht nur eine gerichtliche Kontrolle, die über weite Gebiete des Verwaltungsrechts nicht vorgesehen ist, ergänzt. Vielmehr haben die Gerichte ihrerseits im Glauben an die Effektivität parlamentarischer Kontrollen eine richterliche Überprüfung des Verwaltungshandelns häufig abgelehnt und auf die parlamentarische Verantwortlichkeit der Minister verwiesen. Somit war das Vorhandensein einer parlamentrischen Kontrolle nicht selten Anlaß, eine gleichzeitige gerichtliche Kontrolle auszuschließen[7].

II. Zweistufigkeit der Verwaltung

Wenn wir einen kurzen Blick auf die Verwaltung Englands im 18. und frühen 19. Jahrhundert werfen — also vor der Zeit der großen Industrialisierung —, dann müssen wir zunächst jene zwei Stufen staatlicher Verwaltung unterscheiden, die uns auch im deutschen Recht bekannt sind, nämlich „central government" und „local government".

Das Hauptgewicht öffentlicher Verwaltung lag damals auf der vom „central government" weitgehend unabhängigen Lokalverwaltung[8], die auch die Aufmerksamkeit kontinentaler Juristen, insbesondere deutscher Gelehrter wie Gneist[9] erweckt hat. Sie war nicht nur kommunale Verwaltung, sondern die innere Verwaltung schlechthin. „Das ist das Entscheidende, daß alle staatliche Verwaltung des Inneren lokale Verwaltung ist...", schreibt Redlich[10] noch im Jahre 1900. Organe dieser lokalen Verwaltung waren seit dem 13. Jahrhundert bis hin in das 19.

[6] Vgl. *Wolff* III § 166 I.

[7] Vgl. *Mitchell*, Causes S. 100 ff.

[8] Vgl. *Galeotti* S. 33.

[9] *Koellreutter* S. 30; vgl. vor allem *Gneist*, Englische Verfassungsgeschichte und Selfgovernment, Communalverfassung und Verwaltungsgerichte in England.

[10] *Redlich* S. XXI.; vgl. *de Smith*, Law S. 215.

Jahrhundert vor allem die Friedensrichter, die „justices of the peace“[11], „perhaps the most distinctively English part of all our governmental organisation“[12]. Ursprünglich Polizeibeamte[13] wurden ihnen immer mehr richterliche Funktionen, vor allem die einfache Strafgerichtsbarkeit übertragen[14]. Ihre hauptsächlichen Verwaltungsaufgaben waren damals Instandhaltung der Straßen, Lizenzerteilung für den Bierausschank, Armenfürsorge und die typisch polizeilichen Aufgaben im engeren (modernen) Sinn, die Aufrechterhaltung der öffentlichen Sicherheit und Ordnung[15]. Diese materiell als Funktionen der Verwaltung einzuordnenden Aufgaben wurden nun aber größtenteils in gerichtsartigen Verfahren abgewickelt. Vor allem die Vergabe von Lizenzen wurde in gerichtliche Form gekleidet und man unterschied so zwischen streitigen Verwaltungssachen[16] und bloßen „ministeriellen Aufgaben“, die sich als reine Vollzugsmaßnahmen von Gesetzen auf dem Gebiet der Eingriffsverwaltung darstellten[17].

Grund für diese Vermischung materieller Verwaltungstätigkeit mit Merkmalen des gerichtlichen Verfahrens war, daß man diese „streitigen Verwaltungssachen“ damals nicht als Aufgaben der Verwaltung ansah, zum anderen aber, daß die Wahrnehmung dieser Verwaltungsaufgaben häufig in repressiver Form erfolgte. Typische Verwaltung war nur Vollstreckung und Vollzug von hoheitlichen Akten[18]. Aufgabe der Justices war es im wesentlichen, Rechtsbrüche zu bestrafen, nicht so sehr gesetzesvollziehende Anordnungen zu geben[19]. „Verwaltung wurde daher ausgeübt unter den rechtlichen Formen der Vorführung und Anklage für Nachlässigkeit oder ungebührliches Verhalten bei der Ausführung des Gesetzes und sie wurde tief durchdrungen von Merkmalen gericht-

---

[11] Vgl. *Koellreutter* S. 26 ff.

[12] *Maitland*, Shallows S. 470.

[13] Vgl. *Koellreutter* S. 40.

[14] Vgl. *Koellreutter* S. 27.

[15] Vgl. *Wade*, Law S. 131.

[16] Ein „lis“ wurde hier durch die gegnerische Stellung der anderen Bewerber konstruiert, vgl. R. v. Woodhouse (1906) 2 K. B. 501.

[17] Vgl. *Stein* S. 233; man unterschied daher nur zwischen „ministerial“ und „judicial functions“, vgl. *Gordon* S. 97 ff.

[18] Vgl. *Port* S. 91 f.; *Gordon* S. 98, der diese Funktionen auch als „ministerial“ im Gegensatz zu den modernen gestaltenden Funktionen („administrative functions“) bezeichnet. Obzwar diese Begriffe auch heute noch auf dem Gebiet des gerichtlichen Rechtsschutzes von größter Bedeutung sind (vgl. *de Smith*, Review S. 51 ff.), haben Rechtsprechung und Rechtslehre nicht zu einer einheitlichen Terminologie von „judicial“, „executive“, „administrative“ und „ministerial“ gefunden, was den Gerichten zwar heute noch ein Korrektiv eröffnet, für den Bürger aber mangels Vorhersehbarkeit der gerichtlichen Entscheidung einer Verkürzung seiner rechtsstaatlichen Garantien bedeutet.

[19] *Keir* S. 36.

licher Verfahrensweise“[20]. Dies war auch ganz im Sinn der Common-law-Gerichte, die deshalb die Tätigkeit der Friedensrichter, ob sie nun — aus moderner Sicht — materiell richterlich oder verwaltend war, durch die „prerogative orders“[21] kontrollieren konnten[22]. Zwar waren diese „orders“ an die Ausübung von „judicial functions“ gebunden, d. h. der High Court konnte nur eingreifen, wenn sich die untere Instanz „rechtsprechend“ betätigte, weshalb zwischen „rechtsprechender“ und „verwaltender“ Tätigkeit unterschieden werden mußte[23]. Bei der Definition dieser „functions“ stellten die ordentlichen Gerichte jedoch ihrer eigenen Tätigkeit („judicial“) nicht die damals neu entstehenden Funktionen moderner Leistungsverwaltung gegenüber, sondern die hergebrachten „ministerial functions“[24]. Hatten die Gerichte bei einer Entscheidung die Ausübung einer „ministerial function“ verneint, so folgte daraus, daß es sich um eine „judicial function“ handeln mußte, die der High Court überprüfen konnte. Somit fielen auch alle Aufgaben, die nicht „ministerial“ waren, unter den Anwendungsbereich der „prerogative orders“, d. h. auch und vor allem alle Aufgaben moderner Leistungsverwaltung[25]. Diese Entwicklung ist für das Verständnis der Funktionen des High Court auch in Bezug auf Verwaltungsbehörden von großer Bedeutung. Denn mit der Zuordnung moderner Verwaltungsaufgaben zu echten Verwaltungsbehörden wurden auch die prärogativen Aufsichtsmittel auf diese reinen Verwaltungsbehörden ausgedehnt[26].

Der Friedensrichter war im übrigen ein selbständiges, unabhängiges Organ. Abgesehen von der Periode zwischen etwa der Mitte des 16. Jahrhunderts und 1641, in der der König durch seine eigene Gerichtsbarkeit in Form der Sternkammer Einfluß auf die Tätigkeit der Friedensrichter ausübte, war der Erlaß der „prerogative orders“ die einzige Form rechtlicher Kontrolle der Friedensrichter[27]. Die Blütezeit der „justices“ ging ihrem Ende erst Mitte des vergangenen Jahrhunderts entgegen, als die wichtigsten Verwaltungsaufgaben auf Kollegialorgane, vor allem auf die County Councils, übertragen wurden[28]. Maitland hat in einem groß-

---

[20] *Keir* ebenda; ebenso *Jackson*, Machinery S. 430 f.

[21] Siehe dazu unten Kap. 12, II.

[22] Vgl. *Jackson*, Machinery S. 431; *Wade*, Law S. 131; *Mitchell*, Verwaltungskontrolle S. 165.

[23] Vgl. *Gordon* S. 95.

[24] Vgl. R. v. Woodhouse (1906) 2 K. B. 501 (535); *Gordon* S. 98; vgl. auch unten Kap. 11, I 2. Ungeklärt bleibt, ob die Gerichte dies absichtlich getan haben oder nicht; vgl. *Gordon* S. 95 f., der meint, die Gerichte seien einem Irrtum unterlegen; a. A. *de Smith*, Review S. 80.

[25] Vgl. auch *Port* S. 333 f.

[26] Vgl. *Garner*, Law S. 167; *Wade*, Law S. 131 f.; *de Smith*, Review S. 70; *Jennings*, Law S. 309.

[27] *Keir* S. 312; *Loewenstein* S. 134; *Koellreutter* S. 13 f.; *Galeotti* S. 28.

[28] Vgl. *Koellreutter* S. 52 ff.

artigen Nachruf die Bedeutung und große Vergangenheit des „great unpaid“, wie der Friedensrichter wegen seines unbezahlten Ehrenamtes genannt wurde, beschworen. „The amphibius old justice who did administrative work under judicial forms, will be regarded as inadequately differentiated to meet the wants of a highly evolved society. But unless our reformers go very wisely to work, they will sacrifice the substance of just government to mere theoretic elegance. Much is at stake, no less than the general trust of the people in law and government. What first and foremost is wanted in local government, is not administrative ability, but plain justice; whether we shall get this out of boards elected to echo party cries, to represent policies, remains to be seen. Our best hope must be that such men as those who have hitherto done work of every kind under the name of justices, will still do that work, and more also, partly under the name of justices, partly under some other name. Unless the services of such men can be obtained, the present year will be a mournful year in English history“[29].

Die Bedeutung der Zentralverwaltung, des „central government“, war über all die Jahrhunderte vergleichsweise gering. „Wenn jemand nicht in die Armee einberufen wurde oder in den Beamtendienst eintrat, war es, zumindest bei einem Vergleich mit heute, unwahrscheinlich für den Bürger, mit der Zentralverwaltung in Berührung zu kommen — abgesehen von den Gebieten des Steuerwesens und der Strafverfolgung“[30].

III. Das Parlament als Verwaltungsorgan

Freilich darf dabei nicht übersehen werden, daß bedeutende Bereiche der Verwaltung vom Parlament selbst durch das Mittel der Gesetzgebung geregelt wurden, vor allem im sozialen und wirtschaftlichen Bereich[31]. Dieses „government by statute“, wie Maitland[32] es betitelt, war Zeichen des Sieges des Parlaments über die Krone und damit über die Verwaltung und vollzog sich in der Form der „private bill“[33]. Redlich[34] bezeichnet diese Gesetze als „nichts anderes als originäre Verwaltungsakte des Parlaments als oberster Verwaltungsinstanz.“ „Private Bill“ ist mit Koellreutter[35] „ein Gesetzesentwurf, dessen Inhalt nicht von allgemeinem, öffentlichem, sondern nur von privatem oder

---

[29] *Maitland*, Shallows S. 467 ff., 479.

[30] *Bradley*, Protection S. 328; vgl. auch *Mitchell*, Verwaltungskontrolle S. 163 f.

[31] Vgl. *Parris* S. 160 ff.

[32] *Maitland*, History S. 382 ff.

[33] Vgl. dazu schon *Redlich* S. 691 ff.; *Koellreutter* S. 92 ff.; *Parris* S. 160 ff.; *Maitland*, History S. 382 ff.

[34] *Redlich* S. 48.

[35] *Koellreutter* S. 94; vgl. auch *Parris* S. 161.

lokalem Interesse ist." Wir würden wahrscheinlich von Einzelfall, Maßnahme- oder gar Einzelpersonengesetz sprechen.

Solche private bills, „rechtlich nichts anderes als das Korrelat zum freien Petitionsrecht jedes englischen Bürgers und jeder Korporation"[36], konnten von einzelnen Bürgern wie auch örtlichen Behörden eingebracht werden[37]. Maitland nannte daher auch das 18. Jahrhundert das Jahrhundert der Privilegien. „Es sagt nicht: *Alle* Bürger sind von diesen allgemeinen Regeln betroffen, *alle* Ausländer werden eingebürgert, wenn sie diese oder jene Voraussetzungen erfüllen, *alle* Gemeindebehörden haben diese Befugnisse zum Bau von Straßen, *alle* Ehen können gelöst werden, wenn der Ehebruch der Frau bewiesen wird. Nein, es beschäftigt sich mit *diesem* Bürger und *dieser* Ehe[38]" und er führt viele Beispiele solcher Einzelfallgesetzgebung an. Der Gedanke, daß die Regierung einen Verwaltungsapparat benötigte, das Gesetz zu vollziehen, war dem England des 18. Jahrhunderts fremd, abgesehen von bestimmten Gebieten, wie die Eintreibung der Steuern[39]. Die wenigen bestehenden Verwaltungsorgane, vor allem die Friedensrichter, vollzogen diese Gesetze, indem sie gegen Personen, die die Vorschriften nicht beachteten oder ihnen zuwiderhandelten, oft auf Anzeige von privater Seite mit Strafmaßnahmen einschritten. Dies war ein schwerfälliges, nur von Fall zu Fall wirkendes und teueres Verfahren[40].

Natürlich gab es neben diesen „private bills" auch „public general bills", die den typischen Charakter des Gesetzes als allgemeiner Vorschrift verkörperten. Jedoch hat man im 18. Jahrhundert auch mit „public acts" Einzelfälle geregelt; Maitland[41] berichtet, daß von den 220 Gesetzen des Jahres 1786 nur 60 „private acts" waren. Von den 160 „public acts" trug die Hälfte örtlichen Charakter. Darunter war z. B. ein Gesetz, die Straße von Cheltenham zu pflastern oder einem Theater in Margate eine Lizenz zu erteilen. Diese Verwaltung durch Gesetz fand ihr Ende gegen Mitte des 19. Jahrhunderts vor allem durch das erste Reformgesetz von 1832[42].

Zusammenfassung

Die Aufgaben der Verwaltung, die sich in jener Zeit des „Nachtwächterstaats" mehr oder weniger auf die „minimum functions"[43] wie

[36] *Redlich* S. 48.
[37] *Koellreutter* S. 93, 95.
[38] *Maitland,* History S. 383.
[39] *Parris* S. 164.
[40] *Finer* S. 15 f. zitiert nach *Parris* S. 164.
[41] *Maitland,* History S. 383.
[42] *Parris* S. 160.
[43] *Friedmann,* Law S. 375.

Aufrechterhaltung der öffentlichen Sicherheit und Ordnung im weitesten Sinn und Steuereintreibung beschränkten, wurden vor allem von drei Organen wahrgenommen: den Friedensrichtern auf örtlicher Ebene, der Krone, d. h. der Zentralverwaltung und vor allem durch das Parlament in Form der „private bill“ — Gesetzgebung. Die Kontrolle der Verwaltung erschöpfte sich in der Überwachung der örtlichen Friedensrichter durch die Common-law-Gerichte, für kurze Zeit durch die königliche Sternkammer. Das Verhältnis des einzelnen zur Verwaltung war bestimmt durch die Sanktionen des Zivil- und Strafrechts vor den ordentlichen Gerichten[44].

2. Kapitel: Auswirkungen der industriellen und sozialen „Revolution“

I. Die Wahlrechtsreform

Einen Wendepunkt in der Staatsauffassung vom liberalen Nachtwächterstaat stellt zweifellos das Reformgesetz von 1832 dar[1]. Im selben Jahr, in dem Bentham, der Vater des Utilitarismus, starb, begann das Parlament amtliche Kommissionen einzusetzen und Ausschüsse damit zu beauftragen, die Lebensbedingungen, vor allem die sozialen Verhältnisse der Bürger, zu untersuchen. Das Reformgesetz hatte den Grundstein für ein demokratisches Wahlrecht gelegt und „veranlaßte organische Veränderungen, die den wachsenden Einfluß der ‚radikalen‘ Ideen widerspiegelten, die von Bentham stimuliert und durch den demokratischen Impuls aus den Lehren der französischen Revolution verstärkt worden waren[2].“ Wenn auch in den heutigen Augen nicht revolutionär, so brachte dieses Gesetz doch eine Reform des Wahlrechts mit sich. Zwar sah das Gesetz von 1832 selbst nur eine Ausdehnung des Wahlrechts vom Landadel auf das Bürgertum vor, doch führten die folgenden Gesetze von 1867[3] und 1884 zu einer weitgehenden Demokratisierung des Wahlrechts. „Das Unterhaus wurde zum beherrschenden Element in der Führung des Staates, die Krone wurde der Politik entrückt und die Regierung erkannte, daß sie vom Willen der Wähler abhing[4].“

---

[44] *Marshall/Moodie* S. 93.

[1] *Carr* bezeichnet das Gesetz als einen revolutionären Akt, der die Glorreiche Revolution von 1688 abrundete, *Carr*, Concerning S. 3; vgl. auch *Parris* S. 16; *Keir* S. 417.

[2] *Keir* S. 401.

[3] Representation of the People Act 1867.

[4] *Phillips* S. 149.

Die lange Zeit des „laissez-faire" ging ihrem Ende entgegen: Das nunmehr wahlberechtigte Volk, sich seiner neuen Macht bewußt, versuchte von Anfang an, das Parlament als ein Instrument für die Anwendung und Ausdehnung der kontrollierenden Befugnisse des Staates zu ihrem Vorteil auszunutzen[5]. „Das neue Parlament (und dessen Nachfolger) — impulsiv, ziemlich ungeübt und sehr ernst, wußte, daß das Land von ihm erwartete zu experimentieren und den Zusammenprall von staatlicher Intervention und individueller Freiheit zu wagen[6]." Und so bekam Großbritannien eine schnelle und ruhige Revolution auf dem Gebiet des Arbeitsrechts, der Fürsorge, des Kommunalrechts, des Strafvollzugs und der Gesundheitsfürsorge[7].

II. Aufbau einer Verwaltungsmaschinerie

1. Übernahme rechtsprechender Befugnisse

Diese Entwicklung mußte tiefgreifende Folgen für die Verwaltung haben. Das Ergebnis der gesetzgeberischen Aktivität, die, wenn auch mit wechselnder Intensität, die Periode seit 1832 kennzeichnet, war der Stück um Stück weise Aufbau einer Verwaltungsmaschinerie von großer Komplexität[8]. Das Parlament, das im 18. Jahrhundert und zu Anfang des 19. Jahrhunderts durch Einzelfall- und Einzelpersonengesetze weitgehend als Verwaltungsinstanz tätig geworden war, begann generelle Regeln aufzustellen und erteilte Ermächtigungen, die teilweise sehr weiten Gesetzesrahmen durch die Verwaltung, hier insbesondere Ministerien und neue Organe, wie „Boards" und „Commissions", auszufüllen[9]. Maitland stellte 1888 fest: „We are becoming a much governed nation, governed by all manners of councils and boards and officers, central and local, high and low, exercising the powers which have been committed to them by modern statutes"[10]. Diese „modern statutes" als Folge der sozialen Revolution legten Rechts- und Pflichtenverhältnisse fest, wie sie vorher unbekannt waren; positive Pflichten des einzelnen gegenüber dem Staat und vor allem solche des Staates gegenüber dem einzelnen[11].

---

[5] Vgl. *Keir* S. 374.

[6] *Carr,* Concerning S. 3.

[7] Vgl. *Carr,* Concerning S. 4 f.

[8] *Ilbert,* Methods; zitiert nach *Parris* S. 160.

[9] Vgl. *Maitland,* History S. 383 f.; *Parris* S. 162; *Mitchell,* Verwaltungskontrolle S. 166.

[10] *Maitland,* History S. 501.

[11] Vgl. *Denning,* Freedom S. 76.

Die wachsende Bedeutung der Verwaltung als Folge der Entwicklung zum Wohlfahrtsstaat[12] wird auf zweierlei Weise offenbar. Einerseits wurde die Verwaltung immer mehr zum Gesetzgeber, weil das Parlament infolge der Gesetzesflut sich zunehmend gezwungen sah, lediglich einen gewissen Rahmen zu setzen und das Weitere an die Verwaltung zu delegieren, mitunter auch die Ermächtigung zu gesetzesvertretenden Verordnungen zu erteilen. Es begann das Zeitalter der „delegated legislation"[13].

2. *Übernahme gerichtlicher Funktionen*

Andererseits übernahm die Verwaltung immer mehr Funktionen, die bis dahin die ordentlichen Gerichte ausübten. „Es ist eine große Erleichterung, einer staatlichen Behörde, die sich mit Fragen beschäftigt, die eine große Zahl von Personen betrifft, die Befugnis zu überlassen, Fragen zu entscheiden, die mehr oder weniger rechtsprechender Natur sind", räumte selbst Dicey 1915 unwillig ein[14]. Diese Technik, Verwaltungsorgane mit der Entscheidung von Fragen „richterlicher Natur" zu betrauen, war jedoch nicht unbedingt neu[15]. Schon vor der großen gesetzgeberischen Aktivität des späten 19. Jahrhunderts gab es vor allem auf dem Sektor Zölle und Steuern besondere Organe, z. B. die Steuerkommissäre[16]; diese setzten die Steuern fest und entschieden auch Streitigkeiten, die aus der vorgenommenen Festsetzung resultierten. Freilich sind solche Beispiele von rechtsprechenden Organen außerhalb des Rahmens der ordentlichen Gerichte vor 1830 selten[17].

a) Die *Rule of Law* und die Haltung der ordentlichen Gerichte

Vor allem mit der Zunahme der Verwaltungstätigkeit im 19. Jahrhundert und den sich aus den neuen Gesetzen und Verordnungen ergebenden Streitigkeiten tauchte immer mehr die Frage auf, ob diese Streitigkeiten den ordentlichen Gerichten zugewiesen werden sollten,

---

[12] Vgl. *Robson*, Justice S. 31.

[13] Vgl. das gleichnamige Buch von C. T. *Carr*, 1921.

[14] *Dicey*, Development, Law Quarterly Review XXXI (1915), 149; zitiert nach *Dicey*, Introduction S. 495.

[15] Vgl. *Jackson*, Machinery S. 351; *Bradley*, Law S. 692; *Gordon*, Tribunals S. 94; *Carr*, Concerning S. 94; *Lawson/Bentley* S. 63; *de Smith*, Law S. 527; *Mitchell*, Law S. 284. Diese Feststellung findet sich praktisch in jedem Lehrbuch und hat wohl vor allem den Zweck, dem konservativen Rule of Law-Juristen die Aversion gegen diese Erscheinungsform mit dem Argument der Tradition zu nehmen.

[16] = Commissioners of Excise.

[17] *Parris* S. 196; vgl. *Mitchell*, Law S. 284. Neben den Steuerkommissären finden sich vor allem die Kommissionen für Landbewässerung und Küstenschutz (vgl. *Henderson* S. 28 ff.; *de Smith*, Law S. 216).

wie seit alters her der Brauch und durch die Rule of Law[18] bindend verankert war, oder anderen bestehenden oder neu zu schaffenden Organen. Dogmatische Hürden waren dabei nicht zu überwinden, denn die Funktionentrennung hatte in Großbritannien niemals die Bedeutung eines fundamentalen Organisationsprinzips[19]. Das souveräne Parlament kann diese Funktionen vielmehr der Gewalt zuordnen, die es dafür am geeignetsten hält — auch wenn dadurch die Rule of Law verletzt wird; gerade an diesem Beispiel wird sichtbar, wie sich in England rechtliche Theorie und Staatspraxis gegenüberstehen.

Zunächst den Regeln der Rule of Law, d. h. der Alleinzuständigkeit der ordentlichen Gerichte folgend, hatte man Streitigkeiten, die sich aus dem Kanal- und Eisenbahnverkehrsgesetz von 1854 ergaben, den ordentlichen Gerichten übertragen und zwar dem Court of Common Pleas[20, 21]. Das Gesetz definierte die Pflichten der (damals privaten) Eisenbahngesellschaften und sah vor, daß Klagen wegen Nichterfüllung dieser Pflichten an den genannten Gerichtshof zu richten seien, der eine Verfügung erlassen würde, um die Mißstände abzustellen; die Verfügung konnte durch Auferlegung strenger Geldbußen vollstreckt werden[22]. Dieser Weg erwies sich jedoch schon sehr bald als unzweckmäßig. Die hohen Prozeßkosten und der Formalismus des Gerichts erlaubten es nur reichen Kaufleuten, sich mit den Eisenbahngesellschaften anzulegen[23]. Die Richter der ordentlichen Gerichte waren diesen Aufgaben überdies nicht gewachsen. Empört über die Zuständigkeit in einer für sie ungewohnten Materie äußerten sie, man habe sie in Eisenbahndirektoren verwandelt[24]. Ein eingesetzter Untersuchungsausschuß empfahl denn auch, an die Stelle des Gerichts, für das diese Aufgabe völlig fremd war, einen gemischten Expertenausschuß zu setzen[25].

---

[18] Die Rule of Law lautet in der klassischen Formulierung Diceys (vgl. *Dicey*, Introduction S. 202).

1. Absoluter Vorrang des Rechts (regular law) im Gegensatz zur Willkür. Ausschluß von willkürlicher, prärogativer oder weiter Ermessensbefugnis auf Seiten der Regierung.

2. Gleichheit vor dem Gesetz, bzw. die gleiche Unterwerfung aller Bevölkerungsklassen unter das „ordinary law of the Land", das von den ordentlichen Gerichten gesprochen wird. Ausschluß einer rechtlichen Sonderstellung für Beamte oder andere Personen.

3. Das Verfassungsrecht ist nicht die Quelle für, sondern die Konsequenz aus den Freiheitsrechten des Bürgers, wie sie von den Gerichten definiert und durchgesetzt werden.

[19] Dazu siehe unten Kap. 11.

[20] Vgl. *Robson*, Justice S. 93.

[21] Bis zum Judicature Act 1873 war der Court of Common Pleas einer der superior courts. Er ging dann im Supreme Court of Judicature auf.

[22] *Robson*, Justice S. 93.

[23] *Robson*, Justice S. 94.

[24] *Carr*, Concerning S. 97 f.

[25] Report from Joint Select Committee on Railway Companies Amalgamation, Parliamentary Papers 1872 vol. XIII.

b) Schaffung von Spezialausschüssen

1874 wurde tatsächlich die Railway and Canal Commission eingesetzt. Diese bestand aus mindestens 3 Personen, unter denen ein erfahrener Jurist und ein Eisenbahnfachmann sein mußten[26]. Seit 1888 mußte der Jurist Richter des High Court sein. Zudem war die Möglichkeit eines Einspruchs aus Rechtsgründen[27] zum Court of Appeal vorgesehen. Dieses Tribunal lebt heute im Transport Tribunal fort[28]. Ähnliche Befugnisse erlangte der Local Government Board auf Grund des Public Health Act 1875. Der Besitzer oder Bewohner eines Hauses konnte demnach angehalten werden, sein Haus an die öffentliche Kanalisation anzuschließen und zu diesem Zwecke Rohre zu verlegen. Im Fall der Weigerung konnte die örtliche Gesundheitsbehörde zur Ersatzvornahme schreiten und dem Besitzer die Kosten auferlegen, wogegen letzterem Einspruch zum Minister offenstand[29]. Ein Rechtsmittel zu den ordentlichen Gerichten war nicht gegeben.

Als drittes Beispiel dieser neuen „Entscheidungsgewalt der modernen Zentralbehörden", wie Koellreutter dieses Phänomen bezeichnet hat[30], sei hier die Rechtsprechung auf dem Gebiet der Sozialversicherung erwähnt[31]. Für die Entscheidung von Anträgen auf Leistungen aus der Sozialversicherung, insbesondere Arbeitslosenunterstützung, wurde durch das Gesetz von 1911[32] ein dreistufiges System geschaffen, das in den Grundzügen heute noch besteht[33]. Gegen den Bescheid des örtlichen Beamten war ein Einspruch zum sogenannten Court of Referees möglich, der mit einem meist juristisch qualifizierten Vorsitzenden und mit Vertretern der Arbeitgeber und der Arbeitnehmer paritätisch besetzt war. Die Entscheidung des Court bestand in einer Empfehlung an den Beamten, der diese entweder ausführen mußte oder, falls er damit nicht einverstanden war, sich an den „Umpire" als letzter Instanz zu wenden hatte. Ein Rechtsmittel zu den ordentlichen Gerichten war nicht vorgesehen. Hier begegnen wir bereits einem zum Teil aus der Zentralbehörde herausgelösten Instanzensystem, das in der Folgezeit weiter ausgebaut wurde und heute zu den „klassischen" Tribunals zählt.

Ohne hier weitere Beispiele, wie die rechtsprechenden Funktionen des Board of Education, des Board of Trade, des Minister of Transport[34], anzuführen, dürfte folgendes klar geworden sein:

---

[26] *Robson,* Justice S. 95; vgl. *Koellreutter* S. 117 ff.
[27] „appeal on a point of law"; vgl. dazu unten Kap. 12, II.
[28] Siehe unten Kap. 8, II 2 Nr. (25).
[29] Vgl. *Robson,* Justice S. 102; ausführlich *Koellreutter* S. 109 ff.
[30] *Koellreutter* S. 109 ff.
[31] Vgl. dazu *Koellreutter* S. 119 ff., 106 f.
[32] National Insurance Act 1911; vgl. *Bell* S. 3.
[33] Vgl. dazu unten Kap. 8, II 2 Nr. (13) und Anhang I.
[34] Vgl. dazu *Robson,* Justice S. 130 ff.

Bedingt durch die Expansion staatlicher Aufgaben und die einsetzende systematische Gesetzgebung des Parlaments war dieses mehr oder weniger gezwungen[35], die aus der neuen Gesetzgebung resultierenden Streitigkeiten wegen der Ungeeignetheit der ordentlichen Gerichte der Verwaltung zu übertragen und zu diesem Zweck neue Behörden zu schaffen, die dem „central government" zugeordnet wurden. Die Gegenstände dieser Gesetzgebung, die sich vor allem als „social welfare legislation" auswies, hatten nicht das Wohlgefallen der ordentlichen Gerichte gefunden; denn die Prinzipien des „laissez-faire" wurden nun durch staatliche Kontrolle und Intervention abgelöst. Hinzu kam, daß es nunmehr die Verwaltung selbst war, die diese Normen anwandte und daraus resultierende Streitigkeiten entschied — ein Affront für den traditionellen Common-Law-Juristen.

Dieses Ende des 19. Jahrhunderts einsetzende Phänomen hat bezeichnenderweise in Großbritannien selbst jahrzehntelang keine größere Aufmerksamkeit erregt. Vielmehr sind es ausländische Betrachter, die in diesen Vorgängen nicht nur kleine Abweichungen von der bisherigen Praxis, sondern eine neue Entscheidungstechnik sehen. Koellreutter schreibt 1912: „Fragen wir uns aber nun, wie sich die englische Wissenschaft zu dieser Entscheidungsgewalt der Zentralbehörden stellt, so sehen wir, daß sie zwar ihren eigenartigen Charakter zugibt, die prinzipielle Bedeutung und Wichtigkeit derselben aber durchaus verkennt"[36]. Im folgenden stellt er auch Überlegungen an, wie die Entscheidungsgewalt der Zentralbehörden rechtlich zu qualifizieren sei, kommt aber zu folgendem Ergebnis[37]: „Für die Beurteilung dieser ganzen noch im Werden befindlichen Entwicklung erscheint es uns jedenfalls müßig und aussichtslos, dieselbe nach der deutschen Terminologie irgendwie rechtlich qualifizieren zu wollen und die Entscheidungsgewalt der Zentralbehörden etwa schlankweg als verwaltungsgerichtliche Tätigkeit zu kennzeichnen. Denn das, woran wir bei dem Ausdruck Verwaltungsgerichtsbarkeit vor allem denken, nämlich an die Übertragung justizmäßiger Formen und Funktionen auf Organe der Verwaltung, liegt der englischen Entwicklung zunächst fern. Ob sich die rechtsprechende Tätigkeit der Zentralbehörden zu einer Verwaltungsgerichtsbarkeit im deutschen Sinne weiterentwickeln wird, läßt sich nicht voraussagen, wenn auch die Fortschritte der sozialen Gesetzgebung vielleicht einen Schluß dahin gestatten. Wie die Verhältnisse heute stehen, handelt es sich bei der Entscheidungsgewalt der Zentralbehörden um gewisse noch unentwickelte Formen des Rechtsschutzes auf dem Gebiet der Ver-

---

[35] Vgl. *Koellreutter* S. 125: „der Not gehorchend, nicht dem eigenen Trieb".
[36] *Koellreutter* S. 119 f.
[37] *Koellreutter* S. 125.

waltung, um Ansätze einer Entwicklung, die noch durchaus im Flusse ist.“

III. Die Reaktion

1. Board of Education v. Rice und Local Government Board v. Arlidge

In der Tat war bis nach der Jahrhundertwende diese Entwicklung in England mehr oder weniger unbeobachtet verlaufen[38]. Was hier im Entstehen war, war ein neues Gebiet des Verwaltungsrechts, oder anders ausgedrückt, die Funktion der Verwaltung wandelte sich von der Exekutive zur Administrative und erweiterte damit die Rechtsbeziehungen zwischen Bürger und Staat. Da aber dank *Dicey* unter Verwaltungsrecht nur das „droit administratif“[39], nämlich modern ausgedrückt das Verwaltungsprozeßrecht des Conseil d'Etat, sowie die ungeschriebenen Grundsätze des Verwaltungshandelns, die dieser entwickelte, verstanden wurden, war man allgemein der Überzeugung, daß es so etwas wie „administrative law“ auf der Insel nicht gebe. Daß Verwaltungsrecht auch und vor allem das vom Parlament erlassene Gesetz ist, das sich mit den Beziehungen zwischen Staat und Bürger befaßt, hatte zwar Maitland[40] längst erkannt, jedoch war die Zeit noch nicht reif für einen Meinungsumschwung[41]. 1911 war es dann soweit: die Gerichte hatten sich zum ersten Mal mit dem Phänomen rechtsprechender Tätigkeit dieser neuen Zentralbehörden zu beschäftigen.

In Board of Education v. Rice[42] mußte das House of Lords in letzter Instanz entscheiden, ob der Board of Education bei der Ausübung rechtsprechender Funktionen auch die für die gerichtlichen Verfahren typischen Regeln der „natürlichen Gerechtigkeit“ zu beachten habe. Das House of Lords stellte zwar fest, daß das Verfahren vor dem Board keine Gerichtsverhandlung sei, da dem Board auch so manche Befugnisse der ordentlichen Gerichte, wie z. B. die Befugnis zur Abnahme des Eides fehlten. Dennoch habe er durch Sachaufklärung beizutragen und rechtliches Gehör zu gewähren. Falls diesen beiden Gesichtspunkten

---

[38] Vgl. „Rule of Law“, S. 29.

[39] Vgl. *Carr,* Law S. 58 f.

[40] *Maitland,* History S. 505, 528, 533; vgl. auch *Friedmann,* Law S. 379.

[41] Vgl. auch die interessante Theorie von *Parris,* S. 188 f., der die Fehldeutung von „administrative law“ mit der Unzulänglichkeit der englischen Sprache begründet, da diese für „loi“ und „droit“ nur das Wort „law“ kenne. Vgl. auch *de Smith,* Law S. 510: „Clearly we had (and have) no separate system of law like the French droit administratif. In a sense, then, we had no „administrative law“. And so ran the train of thinking, we ought not to have any, because it was the antithesis of the rule of law as we understood it“.

[42] (1911) A. C. 179.

Genüge getan sei, entfalle eine Einspruchsmöglichkeit zu den ordentlichen Gerichten.

Ob nun, wie Dicey meint[43], die Hauptbedeutung dieser Entscheidung darin zu sehen ist, daß Verwaltungsbehörden sich genau an den Wortlaut des Gesetzes halten müssen oder, wie Robson[44] meint, daß das höchste Gericht des Landes damit die Entscheidung einer Verwaltungsbehörde als endgültig, d. h. den Ausschluß des Rechtsweges vor dem ordentlichen Gericht anerkannt hat, mag dahingestellt bleiben.

Schockierend für den Rule-of-Law-Juristen muß aber vor allem letzterer Gedanke gewesen sein. Von noch größerer Bedeutung war jedoch ein Fall, der sich mit dem Verfahren vor dem Local Government Board befaßte[45]. Die Gemeindebehörde von Hampstead hatte verfügt, daß ein Haus, das für unbewohnbar gehalten wurde, geschlossen werden sollte. Nach den Vorschriften des Public Health Act von 1875 legte der Besitzer Einspruch zum Local Government Board ein. Das vom Minister dabei anzuwendende Verfahren beschreibt das Gesetz in typisch englischer Gesetzessprache: „The Board may make such order in the matter as to the said Minister may seem equitable, and the order so made shall be binding and conclusive on all parties"[46]. Der Minister ließ daraufhin durch einen seiner Beamten ein Anhörungsverfahren durchführen und verwarf schließlich den Einspruch. Während der Court of Appeal der Klage des Besitzers stattgab, da es den Regeln „natürlicher Gerechtigkeit" widerspreche, den Einspruch zu verwerfen, ohne den Schlußbericht des bei dem Anhörungsverfahren tätigen Beamten zu veröffentlichen und ohne dem Kläger die Möglichkeit rechtlichen Gehörs zu geben, folgte das House of Lords der Linie, die es schon in Board of Education eingeschlagen hatte. Hatte es sich dort noch vorsichtig geäußert, daß das Verfahren vor einer Verwaltungsbehörde zwar fair sein müsse, aber keine Gerichtsverhandlung sei, so kam es jetzt — eindeutig von der Institution auf die Funktion schließend — zu dem Ergebnis, daß das Parlament, wenn es auf Verwaltungsorgane rechtsprechende Befugnisse überträgt, ausdrücklich bestimmen muß, daß auch eine gerichtsförmige Verfahrensweise anzuwenden ist. Ansonsten sei das Gesetz so auszulegen, als habe das Parlament die spezielle behördliche Verfahrensweise, die nur auf die „efficiency" der Verwaltung, nicht auf die Relevanz für den Betroffenen abgestimmt

---

[43] *Dicey*, Development S. 497; er wollte damit betonen, daß die Verwaltung nicht mehr befugt ist, sich auf die Prärogative zu stützen, wenn ein Parlamentsgesetz deren Befugnis regelt.

[44] *Robson*, Justice S. 143.

[45] Local Government Board v. Arlidge (1915) A. C. 120.

[46] Zitiert nach *Robson*, Justice S. 103.

war, angewendet wissen wollen[47]. Im übrigen verwiesen die Lords den Kläger darauf, daß der Minister dem Parlament verantwortlich sei und niemand anders sein Verhalten kontrollieren könne. Mit nichtssagenden Wendungen, wie: der Minister müsse aber dennoch „in a judicial temper“, „in a judical spirit“ entscheiden, versuchte man die Orthodoxen zu beruhigen.

War schon durch die Übertragung gerichtlicher Funktionen auf Verwaltungsbehörden die Rule of Law verletzt, so waren die Entscheidungen, daß der Rechtsweg zu den ordentlichen Gerichten auch nachträglich verschlossen sei und die Verwaltungsbehörde bei der Erfüllung gerichtlicher Aufgaben zwar „fair“ und in „richterlichem Geist“ handeln müsse, im übrigen aber ihre vertraute Verfahrensweise beibehalten dürfe, geradezu alarmierend. Die Situation war somit dadurch gekennzeichnet, daß die ordentlichen Gerichte keine Maßnahmen trafen, die expandierende Verwaltung im Griff zu behalten[48], sondern daß sie vielmehr die Verwaltung völlig aus ihrer Kontrolle entließen, ohne daß eine neue Instanz diese Aufgabe übernommen hätte. Mit dieser Entscheidung, die die traditionelle Gegensätzlichkeit von Verwaltung und Recht in England[49] erneut bestätigte, hatte das Oberhaus eine Gelegenheit, das englische Verwaltungsrecht auf eine gesunde Basis zu stellen, „nicht nur verpaßt, sondern sich vorsätzlich ihrer begeben“[50].

In seinem letzten Artikel, der eine Rezension dieser beiden Urteile darstellt, beschwor Dicey noch einmal die Rule of Law, „die schon seit Generationen ein bestimmendes Merkmal der englischen Verfassung gewesen ist“[51]. Er sah in der Delegation solch umfassender Befugnisse an die Verwaltung einen bedeutsamen Schritt hin zur Einführung von einer Art „droit administratif“ aus Frankreich[52]. Diese Gedanken Diceys, vor nunmehr 60 Jahren niedergelegt, haben tiefen Eindruck auf seine Zeitgenossen hinterlassen und bis heute „einen eisigen Schatten über das Verwaltungsrecht in England geworfen“[53].

2. *The New Despotism*

Diese Alarmstimmung wurde schließlich verschärft durch das Buch des damaligen höchsten Richters, des Lord Chief Justice, Lord Hewart,

---

[47] Vgl. (1915) A. C. 120, zitiert nach *Yardley*, Source Book S. 188.

[48] Vgl. *Galeotti* S. 239; *Distel* S. 361.

[49] Vgl. *Robson*, C.T.E. M.o.E. XIII, 483 f.; *Smith* P. A. 1967, 30; *Heuston*, Essays S. 30; *Vile* S. 87, 326; *Wade*, Background S. 233 f.

[50] *Allen*, Orders S. 243 Fn. 20.

[51] *Dicey*, Development S. 496.

[52] *Dicey*, Development S. 499.

[53] *Wade*, Law S. 7; vgl. *Griffith*, Principles S. 3 f.

„The New Despotism". Von den einen gerühmt als brilliant geschriebene Attacke gegen die Beamtenschaft[54] und als ein Beitrag, der 99 % der öffentlichen Meinung widerspiegele[55], hielten andere dieses Buch für eine sehr unzulängliche Diagnose einer komplizierten Krankheit[56]. In dem noch während seiner Amtszeit erschienenen Werk geißelt Lord Hewart den englischen Beamtenstand — „the best civil service of the world"[57] — und sieht in dem Machtzuwachs der Exekutive im beginnenden 20. Jahrhundert einen „neuen Despotismus", der noch gefährlicher und raffinierter sei, als der „alte" der späten Tudor- und Stuartperiode. Damals habe die Exekutive das Parlament bekämpft und habe versagt — was zur Glorreichen Revolution geführt habe. Heute aber sei es die Methode der Exekutive, „das Parlament zu verführen, es zu nötigen und sich seiner zu bedienen — und sie ist sonderbarerweise erfolgreich"[58].

Diese Methode der Exekutive, die sie über die Souveränität des Parlaments und über die Zuständigkeit der ordentlichen Gerichte stelle, zeigt Hewart an eindrucksvollen Beispielen parlamentarischer Ermächtigungsnormen an die Exekutive auf[59]. Danach ermächtigten Gesetze des Parlaments den Minister bisweilen nicht nur, alles zu tun, was ihm zur Erfüllung des Gesetzeszwecks angebracht erscheine, sondern auch Verordnungen zu erlassen, die das Parlamentsgesetz selbst abänderten[60]. Außerdem enthielten diese Gesetze häufig eine Klausel, daß die auf Grund der Ermächtigung getroffenen Entscheidungen der Verwaltung nicht von ordentlichen Gerichten nachprüfbar seien. Daneben setzte sich Hewart auch mit dem Recht der Verwaltung auseinander, richterliche Befugnisse auszuüben, dies ebenfalls unter Ausschluß der Nachprüfbarkeit durch ordentliche Gerichte. Dadurch seien dem Bürger dessen Garantien, wie sie in der Rule of Law verankert seien, genommen. An die Stelle des personifizierten und persönlich verantwortlichen Richters trete eine anonyme Behörde, die den tatsächlich handelnden Beamten nicht preisgebe. Ein Recht auf Gehör werde ihm verweigert. Als Urteilsmaßstab dienten nicht bekannte und bewährte Rechtsprinzipien. „Es ist ohne Zweifel möglich, daß der intern befaßte Beamte

---

[54] *Carr*, Concerning S. 25.

[55] *Robson*, Powers S. 349.

[56] *Allen*, Orders S. 50.

[57] Dieses Attribut, von *Hewart* S. 13 als Gemeinplatz abgetan, wird dem englischen Beamtenstand von dessen Landsleuten noch heute zuerkannt, vgl. „Rule of Law" S. 12.

[58] *Hewart* S. 17.

[59] *Hewart* S. 14.

[60] *Hewart* S. 10 f., 19, 53 f. Diese Ermächtigungsklausel nannte man „the Henry VIII. Clause", denn dieser König wird gemeinhin als die Verkörperung exekutiver Autokratie bezeichnet; vgl. C.M.P. Report S. 36.

bestimmte allgemeine Regeln oder Prinzipien anwendet oder sich dazu aufschwingt, sie anzuwenden. Aber selbst wenn — diese sind für jemanden außerhalb des Ministeriums völlig unbekannt, und welchen Wert hat ein sogenanntes ‚Recht', von dem niemand Kenntnis hat[61].“ Das Verfahren spiele sich somit im geheimen ab, und die Entscheidung erfolge ohne Begründung. Wie Dicey darauf fixiert, nur die Verordnungsgewalt der Verwaltung sowie deren „Sondergerichtsbarkeit“ als Pendant zum „droit administratif“ als „administrative law“ zu bezeichnen, meinte Hewart: „Die Verteidiger des wachsenden Systems oder Nichtsystems, das hier untersucht werden soll, erlauben sich manchmal von ihm zu sprechen, als sei es ‚administrative law'“ und er fährt fort: „It would be a strange misuse of terms if the name of ‚administrative law' were to be applied to that which, upon analysis, proved to be nothing more than administrative lawlessness[62].“ Wenn auch zwischen dem „droit administratif“ und dem Gedanken der Rule of Law der schärfste Kontrast bestehe, so sei jenes wenigstens ein System, das zwar von den Prinzipien des „ordinary law“ abweiche, aber trotzdem ein Rechtssystem sei[63].

„The New Despotism“ ist eine temperamentvolle Bestandsaufnahme der Kompetenzverteilung zwischen Verwaltung und Gerichten — geschrieben von einem Mann, der überzeugter Anhänger der Rule of Law war, so wie sie von Dicey entwickelt wurde, der aber im übrigen denselben Mißverständnissen erlag wie der große Lehrmeister selbst. Zweifellos hatte Lord Hewart nichts Neues gesagt, wie Jennings[64] meint, überdies war auch diese Gesetzgebungstechnik nicht neu[65]; das Verdienst Hewarts bleibt es jedoch, die Öffentlichkeit auf diese Vorgänge, die sich aus anfänglichen Einzelfällen zu einer Übung zu verdichten drohten, hingewiesen und damit auf eine Gefahr aufmerksam gemacht zu haben, die in der Tat bestand, nämlich eine Entmachtung von Parlament und Gerichtsbarkeit durch eine übermächtige Verwaltung — und dies auf formell rechtmäßigem Weg. So sehr es einerseits zu begrüßen war, daß die schwerfälligen ordentlichen Gerichte, die zudem aller Spezialkenntnisse in den verwaltungsrechtlichen Materien entbehrten, von sachkundigen flexibleren Institutionen abgelöst wurden, so war es doch auf der anderen Seite bedenklich, daß dem Bürger auf diese Weise die Verfahrensgarantien der ordentlichen Gerichtsbarkeit entzogen wurden.

---

[61] *Hewart* S. 44.

[62] *Hewart* S. 12 f.

[63] *Hewart* S. 39 f.

[64] *Jennings*, Report S. 333 f.

[65] Vgl. *Carr*, Concerning S. 41; *Parris* S. 189.

Die Rule of Law, sofern man ihr eine echte Bedeutung beimaß[66], und das Prinzip der Parlamentssouveränität waren in der Tat verletzt ja weitgehend ausgehöhlt. „Dicey hatte den Insulanern gesagt, was ‚administrative law' anbelange, könnten sie friedlich in ihren Betten schlafen — und jetzt läuteten plötzlich alle Alarmglocken[67]." Lord Hewarts Attacke auf die Machtfülle der Verwaltung blieb nicht unbeantwortet. Noch im selben Jahr setzte der Lordkanzler eine Kommission ein, die die Befugnisse der Exekutive überprüfen sollte: das Committee on Ministers' Powers[68].

IV. Der Standort der Tribunals

Die durch den Anbruch des Sozialstaates bedingte Verwaltungsexpansion führte auch zur Errichtung der ersten Administrative Tribunals. Diese erfolgte jedoch nicht durch einen bewußten Akt des Gesetzgebers, der damit systematisch eine neue Institution aufbauen wollte. Vielmehr haben sich Tribunals erst allmählich aus anfangs schemenhaften Konturen gelöst und zu ihrer heutigen Form entwickelt.

Zunächst ist zu betonen, daß es bis zum Bericht des Committee on Administrative Tribunals and Enquiries im Jahre 1957 keinerlei Beschreibung, geschweige denn eine Definition gab, die für diese Einrichtungen allgemein in Gebrauch gewesen wäre. Zwar tauchen schon zur Zeit Hewarts die Begriffe „tribunal"[69] und „administrative tribunal"[70] auf, jedoch mit wechselndem Begriffsinhalt und vager Begriffsschärfe. Robson versucht in seinem Buch ein typisches „administrative tribunal" zu schildern und meint: „Im Gegensatz zum High Court of Justice scheinen sie Verwaltungsorgane zu sein, aber wenn man sie mit den typischen Verwaltungsorganen vergleicht, ist ihre ‚Ähnlichkeit, die sie mit den ordentlichen Gerichten haben, stärker betont als ihre Unterschiede zu diesen'[71]." „Die bezeichnendsten Beispiele von Administrative Tribunals findet man", so fährt Robson fort, „in den richterlichen Funktionen, wie sie von den großen Ministerialbehörden ausgeübt werden oder von den mit ihnen verbundenen Tribunals". Ganz ähnlich äußert sich Port, der Verfasser des ersten Lehrbuchs über Verwaltungsrecht in England ein Jahr später, wenn er konstatiert, daß die Schwie-

---

[66] Vgl. *Jennings*, Report S. 343: „Diese Rule of Law ist entweder allen Staaten gemein oder existiert überhaupt nicht". Ebenso ders. in: Law S. 60.

[67] *Carr*, Concerning S. 25.

[68] Vgl. dessen Bericht: Report of the Committee on Ministers' Powers, London 1932, HMSO, Cmnd. 4060 Neudruck 1966.

[69] *Port* S. 192 ff., 339 ff.

[70] *Robson*, Justice S. 101.

[71] *Robson*, Justice S. 101.

rigkeiten, die Grenzlinie zwischen einem Gericht und einem administrative tribunal zu ziehen, groß sind. „Departures from the normal judicial standards vary so much in degree that the point at which variation shall be taken to alter the character of the tribunal may occasionally be an arbitrary one according to the point of view of the person making the decision[72].“

Im Gegensatz zu Port, der schon damals zwischen „public administrative boards or commissions“ und „specially constituted tribunals“ unterschied[73], faßte Robson beide Gattungen unter dem Begriff „administrative tribunals“ zusammen[74]. Während jedoch in den „public boards“ und Ministerialbehörden Beamte bzw. hierarchisch verantwortliche Angestellte tätig wurden, waren dies bei den Tribunals, wie z. B. den schon erwähnten National Insurance Tribunals, Personen außerhalb des Civil Service, die entweder haupt- oder nebenberuflich tätig waren. Das Ausmaß der Abhängigkeit von der Ministerialhierarchie war in solchen Fällen ein ganz anderes; es bezog sich im allgemeinen nur auf den Akt der Anstellung, nicht auf die Ausübung der Tätigkeit[75].

Der Fehler der Zeitgenossen bestand darin, daß sie je nach persönlichem Gutdünken jede Form von Streitentscheidung im Rahmen der Verwaltung unter dem Kennwort „tribunal“ zusammenfaßten, während der Begriff später nur für eine ganz bestimmte institutionalisierte Technik der Streitentscheidung durch die Verwaltung verwendet wurde.

Zu Beginn dieses Jahrhunderts war es noch längst nicht so dringlich, verschiedene Methoden der Streitentscheidung zu unterscheiden. Man war vielmehr noch voll und ganz mit dem Phänomen als solchem beschäftigt, daß Aufgaben, die bisher typischerweise von ordentlichen Gerichten wahrgenommen worden waren, nun von Organen der Verwaltung erledigt wurden.

Insofern verschwanden die heute als „administrative tribunals“ bezeichneten Organe damals noch weitgehend in dem großen Problemkreis der rechtsprechenden Funktionen der Verwaltung oder gar ganz allgemein dem der „Ministers’ powers“[76]. Dazu kommt, daß die Beispiele solcher „administrative tribunals“ noch nicht sehr zahlreich waren. Neben den „Railway Courts“[77] waren dies vor allem die Tribunals für Arbeitslosenversicherung[78] und Altersversorgung[79].

---

[72] *Port* S. 340.

[73] Ders. S. 339.

[74] *Robson*, Justice S. 101; vgl. auch ders., Law S. 125.

[75] Vgl. *Jackson*, Machinery S. 410 f.

[76] So *Jackson*, Tribunals S. 115 noch im Jahre 1955.

[77] Vgl. *Robson*, Justice S. 90 ff.

[78] Tribunals for Unemployment Insurance, vgl. *Robson*, Justice S. 125 ff.

[79] Pension Appeal Tribunal; vgl. *Robson*, Justice S. 137 ff.

Die Vorwürfe, die Dicey, Hewart und auch Robson machten, waren durchaus zutreffend, wenngleich die aufgeführten Mängel wie Geheimniskrämerei[80] und mangelnde Sachaufklärung[81] sich gerade nicht auf die heutigen Tribunals, sondern auf die Tätigkeit der Ministerialbehörden, also der „civil servants" i. e. S. beziehen.

Es sind daher nicht so sehr einzelne Tribunals und bestimmte Mängel, die im Mittelpunkt des Interesses standen, sondern die generelle Daseinsberechtigung dieser Institutionen, widersprach diese doch in eklatanter Weise Dicey's Interpretation der Rule of Law. Auf diesem Hintergrund basierte auch die Einsetzung eines Ausschusses, der sich nicht nur mit „tribunals", sondern generell mit den Befugnissen der Verwaltung befaßte, „the Committee on Ministers' Powers".

3. Kapitel: Das Committee on Ministers' Powers

I. Die „Terms of reference"

Im Jahre 1929 ernannte der damalige Lordkanzler, John Lord Sankey, einen Ausschuß, der unter dem Vorsitz des Earl of Donoughmore[1] die Befugnisse der Minister, d. h. der durch sie personifizierten Verwaltung untersuchen sollte. Die „terms of reference" waren auf die beiden Bereiche zugeschnitten, in denen die Verwaltung einen „new despotism" befürchten ließ[2]: Die Kommission sollte die Befugnisse der Verwaltung auf dem Gebiet der Verordnungsgebung (delegated legislation) und der richterlichen und quasi-richterlichen Tätigkeit (judicial and quasi-judicial decision) untersuchen[3].

Im April 1932 legte der Ausschuß seinen Bericht durch den Lordkanzler dem Parlament vor. Seine Feststellungen und Vorschläge fanden ein weites, wenn auch kritisches Echo.

Nach einer kurzen Einleitung, aus der hervorgeht, wie sehr diese Zeit von literarischer Betätigung auf dem Gebiet des Verwaltungsrechts gekennzeichnet war[4], nehmen mehr als die Hälfte des Berichts Erörte-

---

[80] *Robson*, Justice S. 276.

[81] *Robson*, Justice S. 278.

[1] An die Stelle des Earl of Donoughmore trat nach dessen Rücktritt 1932 Sir Leslie Scott als Vorsitzender.

[2] Vgl. *Jennings*, Powers S. 109.

[3] C.M.P. Report S. V.

[4] Neben den passim zitierten Werken von *Hewart* (1929), *Carr* (1921), *Robson* (1928) und *Port* (1929) sind vor allem noch *Allen*'s „Law in the Making" (1927) und dessen vier Jahre später erschienenes Buch „Bureaucracy Triumphant" zu erwähnen.

rungen über die Verordnungsgebung ein, die im Zusammenhang mit den Tribunals nicht von Bedeutung sind. Ausgehend vom Prinzip der Rule of Law als einem Verfassungsprinzip[5] und dessen historischen Wandlungen bis hin zu Dicey's Formulierung versucht der Ausschuß im zweiten Teil bestimmte Kriterien aufzustellen, anhand deren es möglich sein soll, staatliches Handeln als rechtsprechendes (judicial) quasi-rechtsprechendes (quasi-judicial) und verwaltendes (administrative) zu klassifizieren[6].

II. Die Unterscheidung von judicial, quasi-judicial und administrative decisions

1. Die Ergebnisse des Ausschusses

Eine echte gerichtliche Entscheidung (*judicial* decision), so meinte der Ausschuß, setze einen Streit zwischen zwei oder mehreren Parteien voraus und enthalte vier Bestandteile[7]:

1. Das Vorbringen der Parteien zum Prozeß
2. Falls Tatsachen streitig sind: Feststellung von Tatsachen durch Beweis, erbracht durch die Parteien
3. Falls Rechtsfragen streitig sind: die Unterbreitung von Stellungnahmen zur Rechtsfrage durch die Parteien
4. Eine Entscheidung, die den Streit erledigt durch bindende Feststellung des bis dahin streitigen Sachverhalts, die Anwendung des allgemein geltenden Rechts auf den ermittelten Tatbestand und, falls erforderlich, eine Entscheidung über eine streitige Rechtsfrage.

Im Gegensatz dazu setze eine *quasi-richterliche* Entscheidung zwar auch Bestandteil 1 und 2 voraus, nicht unbedingt aber Bestandteil 3 und niemals Bestandteil 4. An die Stelle von Bestandteil 4 trete hier die administrative Entscheidung, deren Inhalt durch das freie Ermessen des Ministers bestimmt werde[8].

Rein verwaltungsmäßig (purely *administrative*), so meinte der Ausschuß, sei dagegen eine Entscheidung, die getroffen wird ohne Beachtung einer Rechtsvorschrift, die dazu zwingt, Parteivorbringen zu beachten und zu würdigen, irgendeinen Beweis zu erheben oder irgendeinen Streit zu entscheiden. „Die Beweggründe, auf Grund deren der Beamte handelt, sowie die Mittel, deren er sich bedient, um sich über die Sachlage klar zu werden, sind völlig seinem Ermessen überlassen[9]."

[5] C.M.P. Report S. 71.
[6] C.M.P. Report S. 73—82.
[7] C.M.P. Report S. 73.
[8] C.M.P. Report S. 73 f.
[9] C.M.P. Report S. 81.

Als Beispiele führt der Ausschuß an

1. Die Entscheidung der Admiralität, einen ministeriellen Auftrag zur Beschaffung von Proviant zu vergeben;
2. Die Entscheidung des Innenministers, einem Ausländer die englische Staatsbürgerschaft zuzuerkennen.

2. *Analyse*

Der an kontinentaler Dogmatik geschulte Verwaltungsrechtler steht solchen Unterscheidungen zunächst ratlos gegenüber. In der Tat haben sie auch in England in der Folgezeit mehr zur allgemeinen Verwirrung, als zur Klärung beigetragen[10]. Es ist daher notwendig, diese Definitionsversuche des Ausschusses etwas näher zu untersuchen.

a) Wenn auch in diesem Report an anderer Stelle viel die Rede von der Gewaltenteilung ist[11], so bleibt zunächst doch unklar, ob der Ausschuß bei seinen Unterscheidungen nun die Funktion oder die Art der Entscheidungsfindung meint. Denn während er im Bericht selbst nur von „judicial", „quasi-judicial" und „administrative" *decision*[12] spricht, verwendet er in der Zusammenfassung für die Überschrift „decision", im Text aber *„function"*[13]. Klarer wird diese begriffliche Ungereimtheit, wenn man die jeweils vorgebrachten Kriterien untersucht. Was hier als Merkmal einer judicial, quasi-judicial oder administrative decision statuiert wird, sind nicht Kriterien einer rechtsprechenden oder verwaltenden Funktion, sondern Bestandteile bzw. Kennzeichen des *Verfahrens,* so wie es sich vor einem ordentlichen Gericht, einem Minister bzw. einem Beamten des Ministeriums in der Regel abspielt. Dies wird bei der Beschreibung der judicial decision ohne weiteres einsichtig: der Ausschuß hatte hierbei den Verfahrensablauf von einem ordentlichen Gericht vor Augen.

b) Dagegen ist die Bezeichnung „quasi-judicial decision" bis heute von Mißverständnissen nicht verschont geblieben. Diese Bezeichnung wollte der Ausschuß einem Entscheidungsprozeß geben, dem z. B. der Minister nach §§ 35 ff. des Wohnungsgesetzes von 1925 zu folgen hatte[14]. Dieses Gesetz ermächtigt eine Gemeindebehörde, einen Sanierungsplan für ein gesundheitsgefährdendes Stadtviertel aufzustellen. Nach Vorbereitung und Ankündigung öffentlicher Auslegung für Personen, deren Gebiet zu diesem Zweck enteignet werden sollte, suchte die

---

[10] Vgl. *Mitchell,* Control S. 362.

[11] C.M.P. Report S. 5, 8 ff., 94.

[12] C.M.P. Report S. 73 f., 81, 88, 90, 94, 96 f., 109 f.

[13] C.M.P. Report S. 115 f.

[14] C.M.P. Report S. 92; vgl. *Wade,* Background S. 228.

Gemeindebehörde beim Minister um Genehmigung an. Dabei waren dem Minister die Namen der Eigner mitzuteilen, die sich der Enteignung widersetzten. Bevor der Minister nun eine Entscheidung traf, veranlaßte er die Abhaltung einer öffentlichen Anhörung, durchgeführt von einem Ministerialbeamten. Die Ergebnisse dieser Anhörung mußte der Minister zwar zur Kenntnis nehmen, war aber abgesehen von dieser Kenntnisnahme an keinerlei rechtlichen Maßstab für seine Entscheidung gebunden. Diese abschließende Entscheidung hat der Ausschuß auch als „administrative action"[15] bezeichnet. Darunter ist eine im völlig rechtsfreien Ermessen des Ministers liegende Entscheidung zu verstehen[16]. Das ergibt sich zweifelsfrei aus dem angeführten Beispiel[17] sowie aus dem Wortlaut des Reports selbst[18].

Daraus folgt, daß das Verfahren als ganzes nicht deshalb als „quasi-judicial" bezeichnet wird, weil es sich dabei etwa um materiell rechtsprechende Tätigkeit handelt, die von der Verwaltung ausgeführt wird. Vielmehr ist die Entscheidung des Ministers gerade auch materiell nicht „judicial" i. S. des Reports[19]. Die Bezeichnung quasi-judicial soll daher verdeutlichen, daß bei diesem Verfahren zwei Stufen zu durchlaufen sind, eine gerichtsförmige, nämlich das Anhörungsverfahren und eine verwaltungsmäßige, die Entscheidung des Ministers[20].

So gesehen hätte man allerdings mit dem gleichen Recht die Bezeichnung „quasi-administrative decision" wählen können. Dies geschah wohl vor allem deshalb nicht, weil die Gerichte das „judicial element" bei dieser Entscheidung betonen wollten. Für diese Stufe des Verfahrens, die öffentliche Anhörung, finden nämlich die Prinzipien der natürlichen Gerechtigkeit[21] Anwendung, bei deren Verletzung der Rechtsweg zu den Gerichten offensteht[22]. Wegen der letzten Endes autonomen Entscheidung des Ministers bietet die Anrufung eines Gerichts aber nur ganz beschränkten formellen Schutz.

Man wird sich daher fragen müssen, welchen Sinn ein solches Anhörungsverfahren hat, wenn der Minister, der dabei gar nicht anwesend

---

[15] C.M.P. Report S. 74.

[16] Vgl. *Wade*, Background S. 228.

[17] Siehe dieses Kapitel, II 1.

[18] C.M.P. Report S. 74: „But the facts once ascertained his decision (d. h. die Entscheidung des Ministers, Anm. d. Verf.) does not depend on any legal or statutory direction, for ex hypothesi he is left free within his statutory powers to take such administrative action as he may think fit".

[19] *De Smith* hält denn auch den Terminus „quasi-judicial" für überflüssig, da er nur die Verwirrung vergrößere; *de Smith*, Law S. 523.

[20] Vgl. *de Smith*, Law S. 513; vgl. auch Lord Greene M.R. in Johnson (B) & Co (Builders) Ltd. v. Minister of Health (1947) 2 All. E. R., 395, 399.

[21] Vgl. unten Kap. 12, IV.

[22] Vgl. C.M.P. Report S. 99, 117; *Wade*, Law S. 190; *Friedmann*, Law S. 89; *Robson*, Law S. 140.

ist, nach wie vor freie Hand hat. In der Tat hatte schon 1947 im Stevenage Fall[23] der Kronanwalt gemeint, die einzige Funktion des Anhörungsverfahrens sei es, den Opponenten Gelegenheit zu geben, „Dampf abzulassen“[24]. Wade[25] gibt zu bedenken, das Recht habe niemals verlangt, daß irgend eine rationale Verknüpfung zwischen einem Einwand und der endgültigen Entscheidung bestehen müsse. Fraglich bleibt dabei allerdings, welcher Art ein Einwand überhaupt sein kann, wenn der Minister bei seiner Entscheidung an keine Rechtsnorm gebunden ist[26].

c) Wenn wir uns der rein administrativen Entscheidung zuwenden, dann fällt sofort auf, daß „administrative“ — nach dem zur administrativen Entscheidung des Ministers beim „quasi-judicial“-Verfahren Gesagten — soviel wie arbiträr oder rechtsfrei bedeutet[27]. Die beiden im Bericht dafür angeführten Beispiele[28], die wir als privatrechtliches Handeln der Verwaltung einerseits und als hoheitliches Handeln andererseits zwei völlig verschiedenen Kategorien des Verwaltungshandelns zuordnen würden, finden sich hier beide unter dem Stichwort „administrative decision“, weil in beiden Fällen kein Gesetz Maßstäbe für die Entscheidungsfindung liefert; das Parlament hat hier nicht nur die Entscheidung über die Rechtsfolge in Form des Ermessens den addressierten Verwaltungsorganen überlassen, sondern von jeglicher Normierung abgesehen[29].

3. Die Zuordnung dieser Funktionen

Diesen „Funktionen“, oder besser gesagt Formen hoheitlicher Entscheidungsfindung, stellt der Ausschuß neben den „ordinary courts“ folgende Institutionen gegenüber: „specialized courts of law“[30] „ministerial tribunals“[31] und den Minister als Behörde[32].

Hinsichtlich der Zuordnung kam es zu folgenden Empfehlungen, die nach ihrer Formulierung an den Gesetzgeber, also das Parlament, gerichtet sind:

---

[23] Franklin v. Minister of Town and Country Planning (1948), A. C. 87.

[24] Zit. nach *Wade*, Law S. 225.

[25] *Wade*, Law S. 226.

[26] Vgl. auch *Lawson*, C.T.E. M.o.E. X, 356; *Mitchell*, Verwaltungskontrolle S. 177.

[27] Vgl. *Gordon* S. 106; vgl. auch *Denning*, Freedom S. 76.

[28] Siehe oben II 1 in diesem Kapitel.

[29] *Gordon* S. 106 und *Denning*, Freedom S. 76 gehen daher so weit zu sagen, daß die Verwaltung bei einer „administrative decision“ neue Rechte schafft und damit gesetzgebend tätig wird.

[30] C.M.P. Report S. 83—87.

[31] C.M.P. Report S. 87—88.

[32] C.M.P. Report S. 88 ff.

a) 1. Richterliche „Funktionen" sind grundsätzlich den ordentlichen oder spezialisierten Gerichten anzuvertrauen; eine Zuweisung solcher „Funktionen" an Minister oder „ministerielle Tribunals" ist als Ausnahmefall anzusehen und bedarf in jedem Fall einer besonderen Rechtfertigung[33]. Sollte das Parlament schon im Einzelfall die Gerichte nicht für geeignet erachten, dann ist die Übertragung rechtsprechender „Funktionen" an ein ministerielles Tribunal der Übertragung an den Minister selbst vorzuziehen[34].

2. Quasi-richterliche „Funktionen" sollten grundsätzlich dem Minister anvertraut werden[35].

3. Verwaltende „Funktionen" sind von Verwaltungsbehörden wahrzunehmen. Das hat der Ausschuß nicht ausdrücklich ausgeführt; es bestand dafür auch kein Grund, denn Zweck der Untersuchung war vor allem, die richterlichen und quasi-richterlichen „functions" bzw. „decisions" und deren Zuordnung zu untersuchen, da gerade dieser Komplex in den vorangegangenen Jahren die größte Unruhe und Aufregung verursacht hatte.

b) Die vom Ausschuß vorgenommene Unterscheidung zwischen „specialised courts of law" und „ministerial tribunals" ist auf Kritik gestoßen[36] und hat auch für die Argumentation des Ausschusses keine größere Bedeutung. Die dort unter beiden Stichwörtern aufgeführten Einrichtungen fallen heute alle unter den Begriff „administrative tribunal" und der Ausschuß gesteht selbst ein, daß der Unterschied zwischen beiden keiner in der Substanz ist, sondern nur im Grad — ohne allerdings zu erwähnen in welchem Bezug[37]. Bei der Zuordnung der rechtsprechenden Entscheidung („judicial decision") zeigt sich der einzige Unterschied zwischen „specialised courts" und „ministerial tribunals": Der Ausschuß weist ersteren primär gerichtliche Entscheidungen zu, während er für die „ministerial tribunals" primär überhaupt keine Entscheidungsform vorsieht, sondern sie subsidiär für gerichtsförmige Entscheidungen herangezogen wissen will[38]. Er ging daher wohl stillschweigend davon aus, daß „ministerial tribunals" im Einzelfall nicht so unabhängig sein könnten wie „specialized courts"[39]. Die Wahrnehmung quasi-gerichtsmäßiger Entscheidungen hat der Ausschuß den Ministern zugedacht, nicht aber den

[33] C.M.P. Report S. 92 f., 109, 115 f.

[34] C.M.P. Report S. 96 f.

[35] C.M.P. Report S. 93 ff., 116.

[36] *Jackson*, Machinery S. 400.

[37] C.M.P. Report S. 87.

[38] Vgl. C.M.P. Report S. 116.

[39] Vgl. C.M.P. Report S. 109; *de Smith*, Law S. 521 f.

Tribunals[40]. Damit steht jedoch eindeutig fest, daß Tribunals, ob man von „ministerial tribunals" zur Zeit dieses Berichts spricht oder sie modern „administrative tribunals" bezeichnet, niemals für die Wahrnehmung von „quasi-judicial decisions" vorgesehen waren[41].

c) Hinsichtlich der Betrauung von Ministern und ministeriellen Tribunals mit rechtsprechenden Aufgaben stellte der Ausschuß noch folgende Grundsätze auf:

1. Entscheidungen sind zu begründen[42].
2. Die Ergebnisse der öffentlichen Anhörungen bei der Wahrnehmung von quasi-richterlichen Funktionen sind zu veröffentlichen[43].
3. Die Prinzipien „natürlicher Gerechtigkeit" sind in modifizierter Form zu beachten[44].
4. Der High Court überwacht mit Hilfe des Certiorari-Verfahrens die Ausübung der „richterlichen Funktionen"[45]. Das Verfahren selbst ist jedoch zu vereinfachen[46].
5. Daneben soll jeder betroffene Bürger das Recht haben, Einspruch in Rechtsfragen (appeal on a point of law) zum High Court einzulegen[47].

III. Robsons Vorschlag, ein System von Verwaltungsgerichten zu schaffen

Schließlich hat der Ausschuß auch einen Vorschlag Robson's abgelehnt, ein System von Verwaltungsgerichten zu errichten[48]. „In unseren Augen sind sie unvereinbar mit dem Prinzip parlamentarischer Souveränität und dem Primat des Rechts (d. h. der Rule of Law)[49]. Robson hatte ein zweitinstanzliches „Oberverwaltungsgericht" nach dem Muster des Conseil d'Etat vorgeschlagen. Daß sich für einen solchen Gedanken die Mitglieder des Ausschusses nicht erwärmen konnten, war zu erwarten. Geprägt von Dicey's Worten, wie sie auch Lord Hewart unreflektiert übernommen hatte[50], daß ein „droit administratif" als kontinentaler Jargon völlig gegensätzlich sei zu den Prinzipien der englischen

---

[40] Vgl. C.M.P. Report S. 116.
[41] Daher wohl *Becker/König*, Verwaltungsverfahren S. 34 unzutreffend.
[42] C.M.P. Report S. 106, 116.
[43] C.M.P. Report S. 102 ff., 116 f.
[44] C.M.P. Report S. 98 ff., 117.
[45] C.M.P. Report S. 98 f., 117.
[46] C.M.P. Report S. 99, 117.
[47] C.M.P. Report S. 108, 117.
[48] Vgl. *Distel* S. 361 ff.
[49] C.M.P. Report S. 110.
[50] Hewart S. 41.

Verfassung, sah sich der Ausschuß in der Rolle des Verteidigers der Rule of Law, die den Primat der ordentlichen Gerichte zementiere. Daß der Conseil d'Etat zu dieser Zeit sich längst zu einem unabhängigen Gericht entwickelt hatte, war aufmerksamen Beobachtern nicht entgangen[51]; der Ausschuß richtete seinen Blick jedoch immer noch hartnäckig in die Vergangenheit, in der der Conseil d'Etat als Verwaltungsorgan eingerichtet worden war mit dem Ziel, die Verwaltung von den ordentlichen Gerichten abzuschirmen[52]. Damit war das Gespenst der Star Chamber — das zugkräftigste Argument gegen eine Verwaltungsgerichtsbarkeit — beschworen, ohne daß dies ausdrücklich formuliert zu werden brauchte. Mit der Behauptung, ein echtes System von Verwaltungsgerichten und eines Verwaltungsrechts sei konträr zu den Prinzipien der englischen Verfassung und damit zur Rule of Law[53], war Robson's Vorschlag für die meisten Zeitgenossen überzeugend zurückgewiesen.

IV. Kritische Anmerkungen

Wenn wir Bilanz ziehen, so hat der Ausschuß, was den zweiten, hier relevanten Teil seiner Aufgabe anbelangt, außer einigen untauglichen theoretisch-dogmatischen Kraftakten zu den Formen von „judicial" und „quasi-judicial decisions" wenig Klarheit geschaffen[54] und vor allem jedes Verständnis für die neuen Aufgaben und Funktionen der Verwaltung — die Verlagerung von der Eingriffs- auf die Vorsorgeverwaltung fehlen lassen.

1. Zum Versuch, staatliches Handeln zu klassifizieren

Der Versuch, staatliches Handeln in die Kategorien „judicial", „quasi-judicial" und „administrative" zu trennen, blieb ohne jeglichen Nutzen für Rechtswissenschaft und Rechtspraxis und hat die bereits in Gang befindliche babylonische Sprachverwirrung nur einen Schritt vorwärts getrieben.

a) Der Ausschuß hatte sich mit zwei Fragen zu befassen:

Einerseits sollte er untersuchen, in welchem Ausmaß rechtsprechende Funktionen (!) auf Minister und „ministerial tribunals" über-

---

[51] Jennings, Report S. 343 ff.; um so bemerkenswerter ist es, daß man auch 1955 noch formuliert: „Diese Institution ist ein Teil der Exekutive" („Rule of Law" S. 23). Diese Feststellung ist zwar formal richtig, kann jedoch leicht mißverstanden werden.

[52] Vgl. C.M.P. Report S. 110 f.

[53] C.M.P. Report S. 110 f. mit Verweis auf *Dicey*, Development S. 499 . . . „that rule of law which is fatal to the existence of true droit administratif".

[54] Vgl. *Jackson*, Machinery S. 394 ff.; *Mitchell*, Law S. 290.

tragen werden sollten; andererseits sollte er geeignete Verfahrenstechniken für die Ausübung dieser Funktionen und wirksamen Rechtsschutz vorschlagen.

Nur die zweite Frage hat der Ausschuß beantwortet, indem er versuchte, die Entscheidungstechnik der Gerichte der Rechtsfindungsmethode der Minister beim Anhörungsverfahren und im rein administrativen Verfahren gegenüberzustellen. Eine Betrachtung über den Inhalt staatlicher Funktionen unterblieb[55].

b) Mit Hilfe dieser vom Ausschuß entwickelten Kriterien ist es zwar (theoretisch) möglich, bereits positiv-rechtlich erteilte Befugnisse zu unterscheiden; nicht jedoch bieten diese Untersuchungen irgendeine Unterstützung für den Gesetzgeber, staatliches Handeln nach der Funktion zu qualifizieren und gemäß dieser Qualifikation zu entscheiden, ob zur Erfüllung einer Aufgabe der „judicial" oder der „administrative process" einzuschlagen wäre[56].

Gerade zu diesem Zweck war aber der Ausschuß konstituiert worden.

c) Darüber hinaus blieb aber auch die Unterscheidung der drei Arten von Entscheidungsprozessen unbefriedigend und erwies sich zudem als völlig realitätsfremd. Vor allem Jennings[57], Robson[58], Street[59] und Jackson[60] haben anhand von Beispielen die Argumentation des Ausschusses widerlegt.

Der Ausschuß unterlag der Wunschvorstellung, daß Gerichte — und nur sie — im Gegensatz zu Verwaltungsorganen Recht anwenden, indem sie den Sachverhalt formal subsumieren und als Ergebnis die einzig mögliche Entscheidung treffen, während die Verwaltung flexibler sei und grundsätzlich freie, lediglich auf einer vagen Ermächtigung beruhende Ermessensentscheidungen treffen. Dem widerspricht jedoch die Tatsache, daß Strafgerichte grundsätzlich eine Ermessensentscheidung treffen, wenn sie aus einem Strafrahmen eine Strafe bilden[61, 62]; zum anderen stellt Jennings fest, daß auch die Verwaltung an das Recht gebunden sei, da jede Verwaltungs-

---

55 Vgl. *Jennings*, Report S. 344.

56 *Robson*, Law S. 126; vgl. *Jennings*, Report S. 344 f.

57 Vgl. *Jennings*, Report S. 345 ff.; ders., Powers S. 111 ff.; ders., Law S. 296 ff.

58 Vgl. *Robson*, Law (2. Aufl.) S. 374 ff.; ders., Powers S. 362 f.

59 Vgl. *Street*, Principles S. 142 ff.

60 Vgl. *Jackson*, Machinery S. 394 ff.

61 Vgl. *Jackson*, Machinery S. 395; *Street*, Principles S. 143: Die Unterscheidung zwischen Ermessen und unbestimmtem Rechtsbegriff, ist dem englischen Recht unbekannt.

62 Diesem Widerspruch versuchte man mit einer Unterscheidung von gerichtlichem und Verwaltungsermessen zu entkommen.

entscheidung eine Rechtsfrage beinhalte[63] — eine ketzerische Behauptung aus dem Munde eines angelsächsischen Juristen, für den im allgemeinen (freies) Verwaltungsermessen mit „law" nichts zu tun hat.

Das Ausmaß der Gebundenheit an eine rechtliche Norm ist daher in England ebensowenig wie in kontinentalen Staaten das typische Kriterium für die Unterscheidung der Arten staatlicher Entscheidungsprozesse. Auch insofern hat die Arbeit des Ausschusses keinerlei Klärung gebracht.

2. *Das Verständnis des Ausschusses in bezug auf die Rule of Law*

Anstatt Dicey's Interpretation der Rule of Law kritisch zu untersuchen, hat das Kommittee sich einfach dessen Auffassung zu eigen gemacht und auf sie verwiesen[64], ja ihr die Bedeutung positiven Rechts zuerkannt[65]. Dabei hatte Jennings bereits damals überzeugend nachgewiesen, daß Dicey's Interpretation der Rule of Law nicht ein Spiegelbild der englischen Verfassungswirklichkeit — die insoweit mit der Verfassung identisch ist — war, das sich angeblich fundamental von der französischen Praxis unterscheide, sondern Ausdruck der eigenen politischen Haltung Dicey's als Bürgerlich-Liberaler — eine Haltung, die viele seiner Zeitgenossen teilten[66]. Seine Wunschvorstellungen an die Stelle der Realität setzend erblickte Dicey daher im „laissez-faire-Prinzip" und den individualistischen Theorien des 19. Jahrhunderts den Hauptbestandteil einer Verfassung. Von dieser Perspektive aus gesehen mußten alle Versuche, durch Gesetz Kompetenzen der Verwaltung auszubauen, suspekt sein, da sie nur den Freiheitsraum der Bürger einengten[67]. Die Augen vor dieser Wirklichkeit, die durch eine Verwaltungs- und Verwaltungsrechtsexpansion gekennzeichnet war, verschliessend, flüchteten sich Dicey und seine Anhänger wie Hewart und das Donoughmore Komittee in die Wunschvorstellung der unangefochtenen Geltung der Rule of Law. Obwohl Robson in seinem Buch „Justice and administrative law", „a title linking for some cynics two incompatibles"[68], nachgewiesen hatte, daß auch England längst einen Komplex verwaltungsrechtlicher Normen besitzt[69], hatte Dicey einige Jahre zuvor

---

[63] *Jennings,* Powers S. 111.

[64] C.M.P. Report S. 72.

[65] Vgl. *Distel* S. 365.

[66] Vgl. *Jennings,* Law S. 54, 308, 311: „The rule of law is a rule of policy for whigs (if there are any left)."

[67] *Jennings,* Law S. 314.

[68] *Carr,* Law S. 71.

[69] *Robson,* Justice S. 28 ff.; vgl. *Distel* S. 357.

geäußert: „In England haben wir keine Ahnung vom Konzept eines Verwaltungsrechts — und wir wollen davon auch nichts wissen[70].“ Es war nicht zuletzt die lange offizielle Verleugnung eines Verwaltungsrechts, die einen Aufbau von Kontrollorganen verzögerte, wenn nicht gänzlich verhinderte[71].

In diesem Lichte sind auch die Empfehlungen des Ausschusses zu sehen. Obwohl durch die Realität eines besseren belehrt[72], hielt man an der grundsätzlichen Zuständigkeit der ordentlichen Gerichte für „judicial decisions“ fest[73] — wobei, wie oben dargelegt, darunter keineswegs eine rechtsprechende Tätigkeit als unabhängige Streitentscheidung durch einen Dritten, sondern lediglich die gebotene Anwendung einer ermessensfeindlichen Rechtsnorm verstanden wurde[74].

Anstatt die längst praktizierte Technik, auch Verwaltungsbehörden „judicial functions“ zu übertragen, generell zu akzeptieren und konsequenterweise zu untersuchen, welche Garantien für den Schutz des Bürgers dabei einzubauen sind und daneben vor allem den weitaus dubioseren Bereich der „administrative decisions“ in Frage zu stellen, forderte der Ausschuß, das Rad der Geschichte zurückzudrehen[75] und den Primat der ordentlichen Gerichte zu zementieren[76]. Der grundlegende Gedanke war, daß die Gerichte weiterhin die Schützer der individuellen Rechte des Bürgers sein sollten. Aber das Volk suchte nach einer anderen Art von Schutz und nach neuen Rechten. „Es wollte einen Schild gegen die Wechselfälle des Lebens in einer industrialisierten Gesellschaft[77].“

Freilich sind die Empfehlungen systemimmanenter Detailverbesserungen, wie der Begründungspflicht bei Entscheidungen sowie der Eröffnung des Rechtswegs positiv zu erwähnen. Abgesehen davon sonnte man sich jedoch in der selbsttrügerischen Gewißheit, die Rule of Law werde weiterhin befolgt und der Conseil d'Etat verbleibe auf der anderen Seite des Kanals[78]. So schließt der Bericht auch voller Selbstzufriedenheit mit dem Gemeinplatz, daß an der gegenwärtigen Aufgabenzuweisung im Staat nichts grundsätzlich falsch sei, diese jedoch mißbraucht werden könne und zum Schutz der Geltung der Rule of

---

70 Zit. nach *Robson*, Powers S. 346; vgl. *de Smith*, Law S. 510.

71 Vgl. *Cooper*, Limitations S. 261; *Robson*, Powers S. 348.

72 Siehe oben Kap. 2, II 2 b.

73 C.M.P. Report S. 109, 115.

74 Daher sollte man „judicial function“ nicht mit rechtsprechender Funktion im deutschen Sinn gleichsetzen.

75 Vgl. *Bell* S. 10.

76 Vgl. *de Smith*, Law S. 521: „This part of the Report . . . was unrealistic and overweighted with a bias in favour of the ordinary courts“.

77 Vgl. *Bell* S. 10.

78 *Carr*, Law S. 72.

Law gewisse Sicherungen eingebaut werden sollten[79]. Realismus oder gar Weitblick waren dem Ausschuß nicht gegeben; „das enttäuschende an dem Bericht ist seine Unfähigkeit, einen bedeutenden Beitrag zur Struktur des Rechtssystems zu leisten“[80].

4. Kapitel: Die Kriegs- und Nachkriegszeit

Daß der zweite Teil des Berichts des Ausschusses keinen tieferen Eindruck bei den Adressaten, Parlament und Regierung, hinterließ, zeigte sich schon in deren Reaktion auf den Bericht: betonte Untätigkeit[1]. Während die Beratungen und Ergebnisse über die Praxis der Verordungsgebung, die allgemein Anerkennung gefunden hatten[2], Niederschlag im Statutory Instruments Act 1946 — also auch erst 15 Jahre später — fanden, hinterließ der zweite Teil nur allgemeine Konfusion[3]. Erst 25 Jahre später nahm man den Faden wieder auf: ein neuer Ausschuß wurde einberufen, diesmal allerdings mit etwas mehr Erfolg[4].

I. Liversidge v. Anderson

Zunächst hatte der herannahende zweite Weltkrieg zu einer neuen, allgemein konzedierten Machtausweitung der Verwaltung geführt. Die Gerichte übten große Zurückhaltung in der Verwaltungskontrolle. In diese Zeit fiel auch ein Streit um die Auslegung der Defence Regulation 18 B. Danach hatte der Innenminister Befugnis, jemanden zu inhaftieren, falls er Grund zur Annahme hatte, daß diese Person einem Feindstaat oder einer feindlichen Verbindung etc. angehöre. Frage war, ob die Gerichte untersuchen konnten, ob *Tatsachen* vorhanden waren, die dem Minister „reasonable cause to believe“ gaben, zu handeln oder ob sie sich mit der Antwort des Ministers, daß er Grund zur Annahme habe, zufrieden geben mußten. Gegen die Stimme Lord Atkin's, dessen berühmt gewordene dissenting opinion die Entscheidung[5] in milderem Licht erscheinen läßt, hielten sich die Law Lords

---

[79] C.M.P. Report S. 115.

[80] *Robson*, Powers S. 360.

[1] Vgl. *Bell* S. 10; *Elcock* S. 6; *de Smith*, Law S. 521, *Distel* S. 372; *Mitchell*, Verwaltungskontrolle S. 180.

[2] Vgl. *Robson*, Powers S. 351, 355.

[3] Vgl. *Mitchell*, Control S. 362; *Distel* S. 358 ff.

[4] Committee on Tribunals and Enquiries; siehe dazu unten Kap. 5; vgl. *Elcock* S. 13.

[5] Liversidge v. Anderson (1942) A. C. 206; vgl. auch Greene v. Secretary of State for Home Affairs (1942) A. C. 284.

für inkompetent, die Beweggründe des Ministers zu untersuchen. Für die Kriegszeit verständlich, wurde Liversidge v. Anderson zu einem Präzedenzfall, der noch Jahre nach dem Krieg die Verwaltung von der gerichtlichen Kontrolle abschirmte[6].

II. Errichtung neuer Tribunals

Diese Geisteshaltung wirkte sich auch auf die Tribunals aus. Vor allem in der unmittelbaren Nachkriegszeit unter der Labour Regierung entstanden neue Tribunals, teils unter Übernahme von Funktionen, die bisher von ordentlichen Gerichten wahrgenommen waren[7]. Die Entwicklung vollzog sich sprunghaft und völlig unsystematisch. Die ordentlichen Gerichte waren vielfach von einer Kontrolle ausgeschlossen. Nunmehr traten die Tribunals vielen Bürgern als neues Phänomen erst richtig in Erscheinung und ganz langsam wurde man auch auf ihre Mängel aufmerksam, Mängel, die schon zur Zeit des Donoughmore-Committees bestanden, aber durch die Kriegszeit in den Hintergrund gedrängt waren. Vor allem wurde immer wieder die völlig unsystematische Gesamtkonzeption dieser Tribunals, die Anwendung unterschiedlicher Verfahrensregeln und die mangelnde Unabhängigkeit von der Verwaltung gerügt. Hinzu kam, daß immer mehr Engländer eingestehen mußten, daß der bislang verteufelte Conseil d'Etat dem Bürger mehr Rechtsschutz bietet als „ordinary courts" in England und Tribunals zusammen[8]. Tribunals, so wurde weiter bemängelt, verschlössen ihre Türen den Anwälten, eine Folge eines naiven Konzepts vom „people's court", vor dem sich auch der einfache Mann sollte ausdrücken können. Die bis dahin gereizte Stimmung wurde weiter provoziert durch mehrere obergerichtliche Entscheidungen, die das Recht auf rechtliches Gehör ablehnten[9] bzw. die Angabe von Gründen unterließen[10].

III. „Rule of Law"

Schließlich erschien im März 1955 eine Studie der Conservative and Unionist Society der Inns of Court unter dem markanten Titel „Rule

[6] Vgl. *Robson,* Law S. 116; ebenso: „Rule of Law" S. 16.

[7] Die Entscheidung über Sozialleistungen aufgrund von Arbeitsunfällen und Berufskrankheiten (Industrial Injuries) wurde 1946 von den ordentlichen Gerichten auf Tribunals übertragen.

[8] Vgl. *Denning,* Freedom S. 77 ff.; ders. Courts S. 109; *Hamson,* Executive Discretion and Judicial Control; *Distel* S. 373 f.

[9] Nakkuda Ali v. Jayaratne (1951) A. C. 66; The Queen v. Metropolitan Police Commissioner (1953) 1 W.L.R. 1150.

[10] Wollett v. Ministry of Agriculture and Fisheries (1954) 3 All.E.R. 529; die eigentlich relevante Entscheidung ist hier jedoch die des Agricultural Land Tribunal v. 24. 9. 1951; vgl. „Rule of Law" S. 18.

of Law"[11]. Fußend auf der Lehre Dicey's kamen die Mitglieder des Committees zu dem Ergebnis, daß das Element der Willkür der Prärogative und der weiten Ermessensfreiheit auf seiten der Exekutive eine große Ausweitung erfahren habe — etwas, was Professor Dicey als die Negation der Rule of Law angesehen habe[12]. Die Funktion des Parlaments als Kontrollorgan der Verwaltung zurückweisend[13] befaßte sich der Ausschuß mit den Mängeln der Tribunals und führte vor allem ihre Geheimniskrämerei[14], die Zurückhaltung bei der Angabe von Entscheidungsgründen[15], die Mängel bei der Sachaufklärung[16], den Bann anwaltsschaftlicher Vertretung und die Ernennung der Tribunalmitglieder durch den Ressortminister[17] an. Nach einem kurzen Überblick über die Situation in Frankreich[18] und den USA[19] empfahl der Ausschuß eine Ausweitung des formellen Einspruchrechts und die Anwendung der Grundsätze der „natürlichen Gerechtigkeit" auch auf ermessensmäßige Entscheidungen der Verwaltung[20]. Schließlich schlugen die Verfasser der Studie vor, als Kontrollorgan beim High Court eine „Abteilung für Verwaltungsstreitsachen" zu errichten[21].

Daneben sollte auch der Standard der Tribunals, vor allem ihre Unabhängigkeit, verbessert werden[22].

Weit gemäßigter im Ton und viel substantiierter im Inhalt kommt diese Schrift jedoch aus derselben Umgebung wie Lord Hewarts' „New Despotism". Die Konservative Gilde der Juristen hatte wieder einmal Dicey's Dogma verkündet und die diesem widersprechenden Fakten geschildert. Ein Zugeständnis an die Realitäten ist jedoch in der Empfehlung einer Abteilung für Verwaltungsstreitsachen zu sehen. Wenn auch Teil der ordentlichen Gerichtsbarkeit, sollte der Spruchkörper

---

[11] Rule of Law, A Study by the Inns of Court Conservative and Unionist Society, Conservative Political Centre 1955.

[12] „Rule of Law" S. 11.

[13] „Rule of Law" S. 19 ff.

[14] „Rule of Law" S. 21.

[15] „Rule of Law" S. 21.

[16] „Rule of Law" S. 22.

[17] „Rule of Law" S. 22; für deutsche Betrachter ist dies nicht spektakulär, weil hierzulande z. B. Verwaltungsrichter vom Innenministerium, Arbeitsrichter vom Arbeitsministerium etc. ernannt werden. In England hingegen wird jede Person im Status eines Richters vom Lordkanzler, der an sich nicht Minister ist, ernannt.

[18] „Rule of Law" S. 23 ff.

[19] „Rule of Law" S. 25 ff.

[20] „Rule of Law" S. 32 ff.

[21] „Administrative Division of the High Court"; vgl. „Rule of Law" S. 53 ff.; *Distel* S. 377; unten Kap. 13, IV.

[22] Vgl. „Rule of Law" S. 59 f.

dieses Gerichts neben Richtern auch Verwaltungsbeamte und Spezialisten umfassen[23].

IV. Crichel Down — la cause célèbre

Hatte dieser Bericht mehr die Diskussion in Fachkreisen, Ministerien und unter der Richterschaft angeregt, so schlug bei der breiten Masse vor allem der Fall „Crichel Down"[24] hohe Wellen. Er war schließlich die causa efficiens für die Einsetzung des „Committee on Tribunals and Enquiries".

Während des 2. Weltkriegs wurden in der Grafschaft Dorset verschiedene Landbesitzer gegen Entschädigung enteignet. Das Luftfahrtministerium benötigte deren Land als Bombenziel. Bei der Enteignung hatte man jedoch den Eigentümern versprochen, ihnen Gelegenheit zum Rückkauf zu geben, falls der Verwendungszweck wegfallen sollte. Als dies eintrat, verfügte jedoch der Landwirtschaftsminister über das Gebiet, ohne die früheren Eigentümer davon in Kenntnis zu setzen. Nachdem einer von den betroffenen Eigentümern lange und hartnäckig dagegen protestiert hatte und der Streitfall vor dem Unterhaus debattiert worden war, wurden die verantwortlichen Beamten disziplinarisch gemaßregelt und der Minister trat zurück. Entscheidend für die Stimmung in der Bevölkerung war jedoch nicht dieser späte Erfolg, sondern die Erkenntnis, daß kein formelles Verfahren zur Hand war, mit dem man diesem Mißstand hätte beikommen können und der Erfolg letztlich nur der Hartnäckigkeit des Eigentümers zuzuschreiben war[25].

---

[23] Vgl. „Rule of Law" S. 53.

[24] Vgl. dazu vor allem: *Griffith*, The Crichel Down Affair, 1955 M.L.R. 557; *Friedmann*, Kontrolle S. 49 ff.

[25] Vgl. *Lord Salter*, 208 H.L. Deb. 611 f.

Zweiter Teil

Grundlagen des modernen Tribunalverständnisses

5. Kapitel: Das Committee on Administrative Tribunals and Enquiries

I. Aufgabe und Zusammensetzung

Wenn auch nicht innerer Grund, so war die Crichel-Down-Affäre zweifellos der Anlaß zur Einsetzung des Ausschusses[1]. Das ergibt sich nicht zuletzt auch daraus, daß der Ausschuß diese Tatsache in einem obiter dictum mehr oder weniger zugibt[2]. Jedoch konnte sich das Gremium nicht mit der Affäre selbst befassen, da sie außerhalb des Untersuchungsrahmens lag, der vom Lordkanzler entweder absichtlich[3] oder versehentlich eng (genug) gesteckt worden war.

Am 1. November 1955 wurde vom Lordkanzler ein siebzehnköpfiger Ausschuß[4] unter dem Vorsitz von Sir Oliver Franks[5] eingesetzt und ihm folgende Aufgabe zugeteilt[6]: Überprüfung und Stellungnahme zu

1. Aufbau und Tätigkeit von Tribunals, die nicht ordentliche Gerichte sind, sondern auf Grund von Parlamentsgesetzen von einem Minister oder für ministerielle Funktionen eingerichtet wurden.
2. Funktionieren solcher Verwaltungsverfahren, die eine Untersuchung oder ein Anhörungsverfahren durch oder auf Anweisung eines Ministers einschließen, das auf Grund förmlichen Einspruchs oder als

[1] Vgl. *Griffith*, Tribunals S. 125; *Marshall*, Report S. 355; *Hanson*, Governing S. 259; *Wade*, Law S. 264 f.; *Bradley*, Protection, S. 594; *Elcock* S. 12; *The Marquess of Reading*, 206 H.L.Deb. 523; *Distel* S. 375.

[2] Vgl. C.T.E., Report § 15 „... the celebrated case of Crichel Down, which is widely regarded as a principle reason for our appointment".

[3] So *Sir L. Heald*, 575 H.C.Deb. 442; *Marshall*, Report S. 356 spricht in diesem Zusammenhang von „Machiavellian insight"; a.A. *Elcock*, S. 12, der die „terms of reference" für weit gesteckt hält.

[4] Seine Zusammensetzung wird von *Mitchell*, Comment S. 3 f. als sehr orthodox bezeichnet.

[5] Früher Lord Chief Justice in Singapur, inzwischen zum Lord ernannt.

[6] Vgl. C.T.E. Report S. III.

Ergebnis von Einwendungen und Gegenvorstellungen, insbesondere in Fällen der Enteignung von Land durchgeführt wird.

Für diese Arbeit wird vor allem der erste Teil[7], der sich mit Tribunals beschäftigt, von Interesse sein. Der zweite Teil der Untersuchung betrifft die sog. *Public Inquiries,* die damit zum ersten Mal offiziell von Tribunals unterschieden wurden — ein Schritt, der im Interesse rechtswissenschaftlicher Theorie nur begrüßt werden kann[8].

Zur Durchführung der ihm anvertrauten Aufgabe sandte der Ausschuß ausgearbeitete Fragebögen an eine große Anzahl von Ministerien, um Material über die bestehenden Tribunals zu sammeln[9]. Daneben wurden eine Anzahl von Personen aus allen Bereichen des öffentlichen Lebens, darunter mehrere Hochschullehrer[10] sowie verschiedene Organisationen eingeladen, mündlich oder schriftlich vor dem Ausschuß auszusagen[11]. Schließlich erging auch noch ein Aufruf an die Öffentlichkeit, Aussagen vor dem Ausschuß zu machen. Es fanden an 27 Tagen öffentliche Anhörungsverfahren statt. Daneben traf man sich zu 34 nicht öffentlichen Sitzungen für interne Beratung und die Abfassung der Empfehlungen[12].

II. Die Vernehmung von Sachverständigen

Die mündlichen und schriftlichen Stellungnahmen vor dem Ausschuß sind sehr aufschlußreich, geben sie doch ein ziemlich realistisches und repräsentatives Bild über die vielfältigen Standpunkte in bezug auf die Administrative Tribunals. Diese Vielfalt und Gegensätzlichkeit der einzelnen Konzepte ist im Abschlußbericht nur noch teilweise spürbar, da man dort ein nach außen hin einheitlicheres Bild zu geben versuchte.

---

[7] C.T.E. Report, §§ 1—241, sowie die Zusammenfassung § 409, Abschnitte 1—65.

[8] Vgl. *Lord Chancellor,* 208 H.L.Deb. 862 f.; *Sir F. Soskice* 590 H.C.Deb. 1617; *Distel* S. 376; vgl. zur Unterscheidung im einzelnen unten Kap. 9, V; das hinderte viele Abgeordnete nicht, bei der Debatte über den Report dennoch wieder Tribunals und Inquiries in einen Topf zu werfen; vgl. z. B. 206 H.L.Deb. 535 f.; vgl. *Jackson* C.T.E. M.o.E. XII, 449; ders. Tribunals, S 116, der auf die Notwendigkeit der Unterscheidung hinweist.

[9] Die Ergebnisse fanden in den publizierten Memoranda ihren Niederschlag, vgl. Committee on Tribunals and Enquiries, Memoranda, submitted by Government Departments Vol I—VI, 1956 H.M.S.O.

[10] Neben englischen Koryphäen, wie *de Smith, Griffith, Robson* und *H.W.R. Wade* hat man auch Prof. *Schwartz* aus den USA und — was eine kleine Sensation war — Monsieur *M. Letourneur,* Conseiller d'Etat aus Frankreich gebeten, seine Ansicht zu Protokoll zu geben.

[11] Diese Protokolle finden sich zusammengefaßt in den Minutes of Evidence taken before the Committee on Tribunals and Enquiries 1956/57 H.M.S.O.

[12] Weitere Details über den technischen Ablauf finden sich in §§ 1—6 des Reports.

1. *Die Fronten*

Zunächst können wir auch hier wieder die zwei Fronten ausmachen, die sich in England seit Coke und Bacon gegenüberstehen[13]. Im Kontext des 20. Jahrhunderts sind es die Anhänger der Rule of Law einerseits und die Vertreter der „rule of policy“[14] andererseits. Erstere, sich meist aus den konservativen Juristen der Common-law-Tradition rekrutierend, sehen in den Tribunals so etwas wie einen Bastard der Exekutive, der sich unter deren Schutz weitgehender Autonomie erfreut und daher — soll sein Verhalten nicht in „administrative lawlessness“[15] umschlagen — von den ordentlichen Gerichten, den Hütern der Rule of Law argwöhnisch kontrolliert werden muß.

Was die Natur dieser Organe angeht, so werden sie meist als Verwaltungsorgane kategorisiert, da sie nicht mit „law“, wie es vor den ordentlichen Gerichten gesprochen wird, befaßt sind, sondern mit „Problemen der Verwaltung“[16]. Hier zeigt sich die Polarisierung von Verwaltung und Recht, wie sie für die englische Staatspraxis typisch ist[17].

a) Die Rule of Law-Anhänger

Daher votierten die Vertreter dieser Richtung[18] vor dem Ausschuß in erster Linie für eine bessere Kontrolle der Tribunals durch die Gerichte und eine Verbesserung der Klageformen gegen Entscheidungen der Tribunals. Andererseits wollen auch sie die Tribunals heute keineswegs mehr abschaffen und damit das Rad der Geschichte zurückdrehen. Sie brauchen die Tribunals, denn diese nehmen ihnen die Last der Streitigkeiten aus der Sozialstaatsgesetzgebung ab. Diese Streitigkeiten haben nach Ansicht der ordentlichen Gerichte auf Grund ihres traditionell beschränkten Gesichtsfelds wenig mit „law“ aber viel mit „social policy“ zu tun[19]. Diesem Bereich entzieht sich jedoch der englische Richter auf Grund seiner Auffassung als unpolitischer Schiedsrichter nur allzu gern.

---

[13] Vgl. *Dicey*, Law S. 370.

[14] So die Ausdrucksweise *H. W. R. Wade's*, C.T.E. M.o.E. XIV, 482.

[15] Siehe oben Kap. 2, III 2.

[16] Vgl. *Lord Chorley*, 206 H.L.Deb. 553.

[17] Vgl. dazu unten Kap. 13, IV.

[18] Vgl. die Stellungnahmen von *Sir George Coldstream* und Prof. *Lawson:* C.T.E. M.o.E. VII, 189—217 (192); X, 330—356 (330, 349).

[19] Dies beruht auf dem eingeengten Blickwinkel der konservativen englischen Juristen, die in der Entscheidung über eine Frage verwaltungsrechtlicher Art keine rechtliche Streitigkeit sahen, sondern eher eine Gegenvorstellung des Bürgers gegen das auf reiner Zweckmäßigkeit basierende eigengesetzliche Verhalten der Verwaltung (vgl. auch *Lord Chorley*, 206, H.L. 554 ff.: „These tribunals . . . are established for the purpose of dealing with disputes which arise in the application of social policy and not for dealing with the sort of disputes which arise in law and come before the ordinary courts“.).

Durch die Verlagerung dieser Aufgaben auf die Tribunals mußten sich die ordentlichen Gerichte nicht in aktuellen sozialpolitischen Fragen verschleißen, sondern konnten weiterhin der Pflege des common law nachgehen.

Diese Entlastungsfunktion habe es ermöglicht, „das hohe Niveau der Justizjuristen, das für die Rechtspflege essentiell ist, zu halten. Schließlich seien alle Aufweichungsversuche mit größter Aufmerksamkeit zu verfolgen“[20]. „Diese Gründe sind es unter anderem, weshalb das System der Administrative Tribunals, wie es in unserem Land gewachsen ist, positiv zur Erhaltung des Systems der ordentlichen Gerichte beigetragen hat[21].“ Man erkennt die Tribunals zwar an, blickt aber auf sie herab — was im Hinblick auf ihre Funktion keinesfalls gerechtfertigt ist[22]. Die Arbeitsweise der Tribunals selbst ist für die Rule of Law-Anhänger nur von untergeordneter Bedeutung. Auf die (suggestiv zu deutende) Frage des Vorsitzenden, ob denn die geäußerten Vorwürfe gegen die Tribunals wirklich so gravierend seien, lautete denn auch die Antwort: „Das ganze System der Administrative Tribunals ist außerordentlich gesund und außerordentlich im Einklang mit unserer Verfassungsentwicklung[23].“ Es drängt sich hier — die Wahrheit dieser Behauptung unterstellt — für den neutralen Beobachter die Frage auf, womit die Einsetzung des Franks-Committees dann eigentlich zu rechtfertigen ist.

b) Der Civil Service

Den Gegenpol zu den Rule of Law-Juristen bilden die „civil servants“, unter denen entgegen kontinentaler, vor allem deutscher Praxis nur sehr wenige Juristen zu finden sind[24]. Ausgehend von dem Prinzip der Ministerverantwortlichkeit vor dem Parlament ist für sie die Funktion einer gerichtlichen Kontrolle der Verwaltung schwer einsichtig. Der geeignete Ort, Mißstände zu rügen, sei das Parlament, und die Gerichte hemmten durch ihre Kontrolle die Verwaltung nur unnötig.

---

[20] *Sir George Coldstream,* Permanent Secretary to the Lord Chancellor, C.T.E. M.o.E. VII, 192.

[21] Ders. a.a.O.; vgl. auch *Galeotti* S. 38, der Tribunals als Sicherheitsventile zur Erhaltung der Ordnung in der Gemeinschaft bezeichnet.

[22] Aufschlußreich ist der seitenlange Dialog mit *Sir George Coldstream* über die Rechtfertigung einer Unterscheidung zwischen Tribunals und Courts hinsichtlich der Funktion, M.o.E. XXIV, 1099—1108. Es gelang dem Zeugen nicht, für seine Meinung, nach der deutlich zwischen den beiden Institutionen unterschieden werden müssen, einen plausiblen, rationalen Grund anzugeben.

[23] Prof. *Lawson,* M.o.E. X, 355; vgl. XII, 453; XIII, 501.

[24] Vgl. dazu vor allem *Sisson,* C. H., The spirit of British administration, London 1959; *Scarman* S. 257 hält infolge des Beitritts Großbritanniens zu den Europäischen Gemeinschaften eine vermehrte Einstellung von Juristen für notwendig.

Sie sehen daher die Tribunals völlig als Instrument der Verwaltung[25] — insoweit ist der Argwohn der Rule of Law-Anhänger gerechtfertigt —, das lediglich dazu bestimmt ist, den eigentlichen „civil service" von der Entscheidung wesentlich typisierter Sachverhalte freizuhalten. Insofern besteht für die Verwaltung auch wenig Neigung, an der Struktur der Tribunals grundlegende Änderungen vorzunehmen.

c) Das Konzept der „administrative justice"

Haben sich beide Gegenpole in dieser Weise arrangiert, so ist seit dem Beginn dieses Jahrhunderts eine neue Konzeption entstanden, die der „administrative justice". Für diese Auffassung sind Tribunals kein Instrument, das lediglich zur Erhaltung des Selbstverständnisses der ordentlichen Gerichte beiträgt, indem es ihnen die Sozialrechtsprechung abnimmt. Man sieht in ihnen auch nicht mit Personen bestückte Verwaltungsautomaten, sondern die notwendige Folge der Verwaltungsexpansion in den letzten hundert Jahren einerseits sowie des Versagens der zunächst zuständigen ordentlichen Gerichte andererseits. Sie sind somit Kinder und integrierende Bestandteile eines neuen Systems von Rechtsbeziehungen, nämlich des immer noch verfemten öffentlichen Rechts in seiner Ausgestaltung als Sozialstaatsrecht. Angeführt vom Klassiker des englischen Verwaltungsrechts, Professor Robson, will diese Richtung Gegensätze miteinander verbinden, die sich in England anscheinend unüberbrückbar gegenüberstehen: einerseits die Sachkunde und Flexibilität der Verwaltung, andererseits die Garantien der ordentlichen Gerichtsbarkeit, wie Unabhängigkeit, gerichtsförmiges Verfahren, Recht auf Gehör und anwaltschaftliche Vertretung.

Konsequenterweise tritt diese Auffassung für eine weitgehende Systematisierung[26], organisatorische Verschmelzung[27] und Verbesserung des Verfahrensablaufs[28] bis hin zu einer völligen Loslösung der Tribunals von der Rechtsprechung der ordentlichen Gerichte ein[29], die in einem Administrative Appeal Tribunal gipfeln soll[30].

Daneben schlägt Prof. Robson in seinem brillanten und sachkundigen Memorandum[31, 32] die Errichtung eines permanenten Gremiums vor, das

[25] *Sir Norman Brook*, G.C.B. Official Head of the Home Civil Service and Joint Permanent Secretary of the Treasury, M.o.E. XXIV, 1113, 1117. *Griffith* (Tribunals S. 128) hält seine Aussage für die „offizielle Meinung der Verwaltung"; vgl. auch Mr. *Rees-Davies*, 575 H.C.Deb. 478.

[26] M.o.E. XIII, 488.

[27] M.o.E. XIII, 488, XIV, 514 ff., 527 ff.

[28] M.o.E. XIV, 522.

[29] M.o.E. XIII, 491; XVI, 524, 537 ff.; vgl. *Distel* S. 379.

[30] Dieser Gedanke durchzieht als roter Faden *Mitchells* Constitutional Law; vgl. auch *Shonfield* S. 413 f.; siehe dazu auch unten Kap. 13, IV.

[31] Vgl. *Distel* S. 378 f.

[32] M.o.E. XII, 482—500; seine gedankliche Klarheit und logische Beweis-

vor allem beratend tätig werden und für die personelle Besetzung der Tribunals verantwortlich sein sollte[33]. Neben Robson ist es vor allem die Society of Labour Lawyers[34], die für einen selbständigen Ausbau der Tribunals eintritt[35]. Ihre Vertreter bringen die Abneigung gegenüber den ordentlichen Gerichten vor dem Ausschuß besonders deutlich zum Ausdruck. Vor allem die hohen Kosten[36], die völlig starre Präjudizienbindung[37] und die einseitig bürgerlich-liberale Gesetzesinterpretation[38] mache eine Verwendung der ordentlichen Gerichte indiskutabel.

Weniger akzentuiert, als dies die Labour Lawyers und vor allem Prof. Robson getan haben, tritt auch H. W. R. Wade für einen „administrative court" ein[39]. Dessen Aufgabe sollte darin bestehen, Grundsätze des Verwaltungsverfahrensrechts, die noch aufzustellen seien, zugunsten der Verwaltung (!) im Einzelfall für unanwendbar zu erklären[40].

---

führung sprechen den kontinentalen Leser besonders an. Im Vergleich damit fällt die geringe Sachkunde sowie der Mangel an sprachlicher und gedanklicher Präzision bei anderen Gutachten auf.

[33] M.o.E. XIII, 496.

[34] Es dürfte kein Zufall sein, daß die Verfechter der „administrative justice" zum großen Teil auf Seiten der Labour Party zu finden sind, hatte diese doch an der Sozialstaatsgesetzgebung und der Errichtung der Tribunals maßgeblichen Anteil.

[35] M.o.E. XIV, 513.

[36] M.o.E. XIII, 504 f.

[37] M.o.E. XIV, 537.

[38] M.o.E. XIV, 538 ff. Folgender Dialog erscheint besonders interessant, S. 538:

Vors.: Aber die ordentlichen Gerichte sind doch recht vertraut mit den Problemen, die sich aus Parlamentsgesetzen ergeben, indem sie den zugrundeliegenden Zweck des Gesetzes berücksichtigen.

Lab. Lawyers: Ich glaube, man kann ebenso gut sagen, daß es in den ordentl. Gerichten eine bestimmte Tradition sprachlicher oder grammatikalischer Normeninterpretation gibt, die sicherlich von Zeit zu Zeit klar zu Tage tritt; dagegen können jedoch Verwaltungsgerichte einen weit liberaleren Interpretationsmodus im Einklang mit den jeweiligen Sachproblemen wählen. Wir wollen nicht, daß diese Fragen durch Interpretationsmethoden des common law gebunden sind.

Vors.: Aber das bedeutet doch, nicht wahr, daß sie jemanden das Recht einräumen wollen, Normen fehlzudeuten?

Lab. Lawyers: Nein, Sir. Die Methode der ordentlichen Gerichte ist zum großen Teil immer noch die, ich möchte sagen, des 19. Jahrhunderts; sie läßt ein Einfühlungsvermögen in die sozialen Reformen der letzten zwanzig oder dreißig Jahre vermissen. Die Juristen, die diese Gerichte verkörpern, haben wenig oder keine Kenntnis von diesen Gesetzen. Die Prüfungen der Inns of Court schließen solche Fragen nicht ein.

Vors.: Sie können alle lesen!

Lab. Law.: Sie können alle lesen, aber die bloße Tatsache, daß man einen Paragraphen eines Parlamentsgesetzes lesen kann, bedeutet nicht, daß man es richtig oder fair interpretieren kann. In den Entscheidungen der Gerichte ist manchmal mangelndes Verständnis offenbar ...

[39] M.o.E. XIV, 551 ff.

[40] M.o.E. XIV, 552.

Deutlich kommt darin der englische Gedanke eines Verwaltungsgerichts als Institution zum Schutz der Verwaltung, nicht des Bürgers zum Ausdruck. Daneben sollte dieses Verwaltungsgericht organisatorisch nach dem Vorbild des Conseil d'Etat Teil der Exekutive sein[41] und Verfahrensvorschriften für die einzelnen Tribunals ausarbeiten, um so zu einer prozessualen Vereinheitlichung beizutragen[42].

2. *Renaissance oder Neuentwicklung?*

Schwartz[43] schließlich bringt in seinem Gutachten noch einmal die Vorstellung des anglo-amerikanischen Rechtskreises vom Gedanken der Verwaltungsgerichtsbarkeit deutlich zum Ausdruck. Er vergleicht nämlich die momentane Situation mit der der Stuart- und Tudorzeit und hält sie beide für ganz genau gleich. „Auch damals wurde die Gerichtsbarkeit der ordentlichen Gerichte verdrängt von einer Anzahl von ‚executive tribunals', deren wichtigste die Sternkammer und die ‚Chancery' waren. Wie bei der neuen Renaissance der ‚Verwaltungsrechtsprechung' waren es die Unzulänglichkeiten des common law und die Kosten und Verzögerungen bei den Prozessen vor den ordentlichen Gerichten, die zur Expansion von rechtsprechender Gewalt durch die neugeschaffenen Tribunals führten[44]."

Diese Argumentation fordert jedoch zum Widerspruch heraus. Es handelt sich bei der Entwicklung des 19. und 20. Jahrhunderts sicher nicht um eine „Renaissance" der Verwaltungsrechtsprechung aus der Stuart- und Tudorzeit. Denn damals waren all die Aufgaben moderner Verwaltung völlig unbekannt. Die Rivalitäten von common law-Gerichten und „executive tribunals" waren vielmehr der Ausdruck verfassungsrechtlicher Kämpfe zwischen Monarchen und den „commons". Schließlich dient dieser Situationsvergleich von Schwartz nur dazu, das Vertrauen in jede Art von Verwaltungsgerichten von vornherein zu erschüttern. Die Assoziation von Verwaltungsgericht und „star chamber" wird in England noch lange einer vorurteilsfreien Diskussion im Wege stehen[45].

Anderthalb Jahre nach der Einsetzung legte der Ausschuß schließlich im Juli 1957 seinen Bericht[46] dem Parlament vor.

---

[41] Im Laufe der Jahre scheint *Wade's* Faszination vom Conseil d'Etat nachgelassen zu haben; vgl. vor allem ders., Crossroads in administrative law, Current legal problems 1968, 75 ff. und ders., Law, Einleitung S. V, VI.

[42] M.o.E. XIV, 553.

[43] Prof. Bernhard Schwartz, M.o.E. XXII, 1007 ff.

[44] M.o.E. XXII, 1030.

[45] Vgl. *de Smith*, Law S. 528; *Galeotti* S. 28.

[46] Report of the Committee on Administrative Tribunals and Enquiries, Cmnd 218, London H.M.S.O. 1957, Neudruck 1969.

III. Der Bericht des Ausschusses

1. *Die Problemstellung*

In den einleitenden Abschnitten des Berichts zeigt der Ausschuß zunächst die Problemstellung auf: Die Suche nach einem neuen Gleichgewicht zwischen den persönlichen Herrschaftsrechten und dem öffentlichen Wohl, zwischen „fair play“ für den Bürger und der Effizienz der Verwaltung. Vor allem die Expansion des Wohlfahrtsstaates habe in verstärktem Maße auf dieses Gleichgewicht eingewirkt[47]. Nach einer grundsätzlichen Einteilung von Verwaltungsentscheidungen, die mit formalen Rechtsbehelfen und solchen, die nur durch nichtförmliche Behelfe[48] angegriffen werden können[49], stellt der Ausschuß fest, daß er nur mit der Untersuchung der ersteren Gruppe von Entscheidungen betraut ist[50]. Diese Kontrollentscheidungen werden grundsätzlich von ordentlichen Gerichten getroffen, einige von Tribunals oder von Ministern nach einem besonderen Verfahren[51]. Davon befasse sich der Ausschuß nur mit den beiden zuletzt genannten Techniken[52]. Daß der Ausschuß an die Arbeit des Donoughmore Committee's anknüpft, kommt nicht nur in den „terms of reference“ zum Ausdruck[53], sondern die Mitglieder des Ausschusses weisen im Bericht an mehreren Stellen auf die Arbeit jenes Ausschusses hin und lassen zugleich Übereinstimmung und Distanz zu dessen Ergebnissen erkennen. War man 1932 sichtlich überfordert, Maßstäbe für die Zuordnung von Aufgaben an Tribunals und Ministerialabteilungen aufzustellen, so versuchen Franks und seine Kollegen gar nicht erst theoretisch-analytische Klimmzüge, sondern lassen es diesbezüglich bei einigen Allgemeinplätzen bewenden[54].

---

[47] C.T.E. Report § 5.

[48] Vgl. C.T.E. Report § 10; der Ausschuß nennt Gegenvorstellung bei der Behörde und Unterrichtung des zuständigen Abgeordneten, einer Standesorganisation oder der Presse.

[49] C.T.E. Report §§ 10, 11.

[50] C.T.E. Report §§ 11, 12.

[51] C.T.E. Report § 11.

[52] C.T.E. Report § 12.

[53] Die Aufgabe des Franks-Ausschusses stimmt inhaltlich mit dem zweiten Teil der Aufgabe des Donoughmore-Ausschusses überein (vgl. oben Kap. 3).

[54] So vor allem C.T.E. Report §§ 26 ff., insbes. § 28: „What is judicial has been worked out and given expression by generations of judges. Its distinction from what is administrative recalls great constitutional victories and marks the essential difference in the natur of the decisions of the judiciary and of the executive.“ Vgl. auch *Lord Chorley*, 206 H.L.Deb. 552 f.

2. *Die Existenzberechtigung der Tribunals*

Wenn auch der Ausschuß ein erneutes (obligatorisches) Treuebekenntnis zu den ordentlichen Gerichten ablegt[55], konzediert er dennoch, daß Tribunals mittlerweile zu einer festen Institution geworden seien[56] — im Gegensatz zum Donoughmore-Ausschuß, der die Heranziehung von Tribunals nur in eng begrenzten Ausnahmefällen empfohlen hatte[57]. Die unerwartete intensive Expansion staatlicher Betätigung und Verantwortlichkeit hatte jedoch diese Empfehlungen weitgehend ignoriert, so daß *Allen* zur Zeit der Beratungen des Franks-Ausschusses feststellen konnte[58]: „Nichts ist so bemerkenswert auf unserem gegenwärtigen Sektor der Sozialverwaltung wie die Ausbreitung der Tribunals."

Die besonderen Merkmale, die deshalb nach Meinung des Committee's eine Heranziehung von Tribunals vorteilhaft erscheinen ließen, seien niedrige Kosten, leichter Zugang, ein weitgehend formloses Verfahren, kurze Verfahrensdauer und Sachkenntnis[59]. Aus der Entscheidung des Parlaments, solche Streitigkeiten nicht mehr ordentlichen Gerichten anzuvertrauen, ergibt sich jedoch nach Meinung des Ausschusses[60], daß diese nicht in der typischen Manier der Verwaltung entschieden werden sollten, sondern unter Beachtung besonderer Verfahrensvorschriften. Dieser Satz bedeutet nicht weniger als eine eindeutige Absage an Local Government Board v. Arlidge[61]. Ausgehend von dieser Praemisse postuliert der Ausschuß drei Merkmale, die Tribunals und Enquiries charakterisieren sollten: Offenheit, Fairness und Unparteilichkeit[62]. Damit wollte man vor allem der geheimen Verwaltungstätigkeit, die dem Bürger kein Recht gibt, seine Auffassung vorzutragen, sowie der Voreingenommenheit der Verwaltung einen Riegel vorschieben[63]. Freilich sieht sich der Ausschuß gezwungen, diese Auffassung sofort wieder zu relativieren. Daß die Verwaltung gerade typischerweise Partei[64] ist und damit voreingenommen sein muß — wenigstens sofern sie als Verwaltung,

[55] C.T.E. Report §§ 38, 406; mit *Aris* S. 397 kann diese Aussage angesichts der Anforderungen des 20. Jahrhunderts nur als frommer Wunsch bezeichnet werden. Obwohl der Ausschuß nach seiner Diktion wiederum von einem Regel-Ausnahme-Verhältnis in bezug auf Gerichte und Tribunals spricht, empfiehlt er dennoch nicht, die ständig gewachsenen Aufgaben der Tribunals auf die ordentlichen Gerichte (zurück-) zu übertragen. (Vgl. *Foulkes* S. 64.)

[56] C.T.E. Report § 37; vgl. auch *Lord Chancellor*, 206 H.L.Deb. 576; *Lord Denning*, 206 H.L.Deb. 549.

[57] Vgl. C.M.P. Report S. 92 f.

[58] *Allen*, Judisdiction S. 13.

[59] C.T.E. Report § 38.

[60] C.T.E. Report § 20.

[61] Vgl. oben Kap. 2, III 1.

[62] C.T.E. Report §§ 23 ff.; vgl. *Garner*, Law S. 193 f.; *Elcock* S. 13.

[63] Vgl. C.T.E. Report §§ 23, 24.

[64] Vgl. statt vieler *Wolff* I, § 19 I.

nicht als rechtsprechendes Organ tätig wird —, ist auch dem Ausschuß nicht ganz entgangen. Die Unparteilichkeit bezieht sich daher zumindest nicht auf die Entscheidungsfunktion des Ministers nach einem Anhörungsverfahren[65].

3. *Zur Funktion der Tribunals*

Zu den fundamentalen Bestimmungen des Berichts gehört § 40[66]. Dieser Abschnitt drückt den Leitgedanken des Berichts aus: Tribunals sind keine ordentlichen Gerichte, aber auch keine Anhängsel von Ministerialbehörden. „Wir sind der Meinung, daß Tribunals eher als Instrument der Rechtsprechung, vom Parlament eingesetzt, betrachtet werden sollten, als als Teil des Verwaltungsapparates[67].“ Daraus wird der lange Weg offenbar, deı seit dem Donoughmore Report zurückgelegt worden war, der den Eindruck hinterließ, daß „ministerial tribunals“, wie sie damals genannt wurden, Organe der Verwaltung seien — flexible Instrumente zur Durchführung von „executive policy“[68]. Daraus wird deutlich, daß die Mitglieder des Franks-Ausschusses für eine „Judicialisation“ der Tribunals votierten[69]. Streitig blieb jedoch in der Literatur, ob diese Feststellung die Ansichten der aufgetretenen Gutachter widerspiegelt[70].

Sicherlich ist aus den Gutachten keine allgemeine Tendenz ersichtlich, die Tribunals als Anhängsel der Verwaltung anzusehen, für die die Regierung verantwortlich ist[71]. Andererseits stützt sich der Ausschuß bei seinen Feststellungen auf den Willen des Parlaments und stellt diesem die Betrachtungsweise der Regierung gegenüber. Diese Unterscheidung ist jedoch, „wenn auch als Verfassungsfiktion beachtenswert“, falsch[72], denn es ist die Regierung (bzw. die Ministerien), die

[65] Vgl. C.T.E. Report § 25; vgl. auch *Wade* C.T.E. M.o.E. XIV, 548 f.

[66] Seine Bedeutung spiegelt sich in den unzähligen Zitaten wieder: *Lord Chancellor*, 206 H.L.Deb. 576; vgl. *Sir Patrick Spens*, 575 H.C.Deb.429; *Sir J. Heald* ebenda 439; *Sir Lynn Ungood-Thomas*, 575 H.C.Deb. 443 ff. (446); *Griffith*, Tribunals S. 125 ff.; (128); *Marshall*, Report S. 355; *Wade*, Law S. 265 f.; *Lord Lucas of Chilworth*, 206 H.L.Deb. 535; *Lord Denning* ebenda 544: „it contains and reaffirms a constitutional principle of the first importance“.

[67] C.T.E. Report § 40: „... We consider that tribunals should properly be regarded as machinery provided by Parliament for adjudication rather than as part of the machinery of administration. The essential point is that in all these cases Parliament has deliberately provided for a decision outside and independent of the Department concerned ...“

[68] Vgl. *de Smith*, Law S. 522.

[69] Vgl. *Foulkes* S. 75; *The Marquess of Reading*, 206 H.L.Deb. 531.

[70] Vgl. *Marshall*, Report S.355 einerseits und *Griffith*, Tribunals S. 128 andererseits.

[71] Vgl. *Marshall*, Report S. 355.

[72] *Griffith*, Tribunals S. 128; vgl. auch unten Kap. 13, I. ebenso *Lord Chorley*, 206 H.L.Deb. 554: „I do not think that the matter was in the minds of

Gesetzesentwürfe oft unverändert durch das Parlament peitscht. Der Ausschuß hätte daher, so meint Griffith[73], nicht Rückendeckung beim parlamentarischen Willen suchen, sondern Farbe bekennen und einfach sagen sollen: Wir sind der Ansicht, daß Tribunals unabhängig sein sollten.

Wenn auch der Ausschuß nicht immer mit der wünschenswerten Eindeutigkeit Stellung bezogen hat, so bleibt doch schließlich die Tatsache entscheidend, daß der Ausschuß trotz seines Festhaltens am Primat der ordentlichen Gerichte der Einrichtung der Tribunals nicht mehr grundsätzlich feindlich oder argwöhnisch gegenübersteht. „Da Tribunals zu einem festen Bestandteil unserer Gesellschaft geworden sind und ihre Bedeutung wahrscheinlich noch weiter wachsen wird, ist das allgemeine Niveau der Rechtsprechung in diesem Land zu einem beträchtlichen Ausmaß von der Beschaffenheit der Tribunals abhängig[74].“ Auf dieser Basis schlägt der Ausschuß Verbesserungen in bezug auf die Ernennung von Tribunalmitgliedern[75], den Verfahrensablauf im allgemeinen[76] und die mündliche Verhandlung im besonderen[77] sowie in bezug auf Rechtsmittel[78] vor.

4. *Zur Einführung einer allgemeinen Verwaltungsgerichtsbarkeit*

Prof. Robsons erneuter Vorschlag, ein allgemeines Verwaltungsappellationsgericht einzusetzen, das nicht nur als Berufungsinstanz für Administrative Tribunals und ministerielle Entscheidungen nach gesetzlich vorgeschriebenen Anhörungsverfahren, sondern auch für Beschwerden gegen Entscheidungen von Verwaltungsbehörden zuständig sein sollte, gegen die bisher kein Rechtsmittel gegeben ist, wurde wiederum abgelehnt, wie schon 25 Jahre zuvor[79]. Als Gründe wurden angeführt:

1. Mangelnde Sachkunde eines allgemeinen Verwaltungsgerichts[80]
2. Verstoß gegen den Primat der ordentlichen Obergerichte[81]
3. Entstehung zweier Rechtssysteme[82].

Parliament at all. In the most of these cases Bills come before Parliament as drafted in the Departments, and the Departments are directed by the Government, by the Executive, not by the Legislature.“

[73] Vgl. *Griffith*, Tribunals S. 128.

[74] C.T.E. Report § 44; diese Aussage wurde auch vor den beiden Häusern des Parlaments immer wieder bestätigt; vgl. *Lord Denning, 206* H.L.Deb. 549; *Sir Frank Soskice*, 575 H.C.Deb. 416; *Mr. James Griffiths*, 575 H.C.Deb. 505.

[75] C.T.E. Report §§ 45—61.

[76] C.T.E. Report §§ 62—66.

[77] C.T.E. Report §§ 67—73, 74—97, 98—102.

[78] C.T.E. Report §§ 103—119.

[79] C.T.E. Report §§ 120—123.

[80] C.T.E. Report § 121.

[81] C.T.E. Report § 122.

[82] C.T.E. Report § 123.

Diese Einwände sind bei näherem Hinsehen nicht stichhaltig.

ad 1. Daß der Richter eines Verwaltungsappellationsgerichts, der die Entscheidungen von etwa 40 verschiedenen Typen von Tribunals als Berufungsinstanz zu überprüfen hat, spezieller Erfahrungen ermangeln würde, da er mit der Arbeitsweise aller verschiedenen Tribunals vertraut sein müßte, klingt sonderbar angesichts des Bestehens allgemeiner Verwaltungsgerichte (wenigstens in 2. Instanz) in fast allen Ländern des Kontinents. Dort werden die entsprechenden Materien auf verschiedene (Fach-)Kammern bzw. Senate aufgeteilt, deren Mitglieder den Verwaltungsbeamten an Erfahrung und Fachwissen in nichts nachstehen. Die Bildung verschiedener Fachkammern aber wurde vom Franks-Ausschuß abgelehnt, da dieser Vorschlag angeblich nur wenig von existierenden Einrichtungen abweichen würde und das Ziel, ein einheitliches Appellationsgericht zu schaffen, dabei verloren ginge[83].

ad 2. Der Primat der ordentlichen Gerichte, in der Rule of Law verankert, ist ein Dogma englischer Juristen. Es wird verständlich aus der unheiligen Tradition königlicher Sondergerichte, wie der berüchtigten Star Chamber. Die Fixierung an diesen Jahrhunderte zurückliegenden Institutionen, gekoppelt mit der Idee der ordentlichen Gerichte als Schützer der Freiheit des einzelnen gegen den Monarchen und letztlich die leidenschaftliche Propaganda Dicey's gegen das „droit administratif" und den „Conseil d'Etat", eine Propaganda, deren Gehalt zu Dicey's Zeiten wenigstens z. T. der Wahrheit entsprach, inzwischen aber förmlich ins Gegenteil verkehrt wurde, haben die Briten bei dem Gedanken an eine Verwaltungsgerichtsbarkeit nie mehr froh werden lassen[84]. Obzwar immer mehr englische Juristen mehr oder weniger gerne die großen Verdienste des Conseil d'Etat um den Rechtsschutz des Bürgers zugeben, wehren sie sich aber im selben Atemzug gegen einen Import oder auch nur eine Übernahme von speziellen Prinzipien in ihr Rechtssystem[85]. So hatte es auch der Franks-Ausschuß ganz leicht, den Primat der ordentlichen Gerichte mit Gemeinplätzen zu verteidigen[86]. Er führt aus: „Die

[83] C.T.E. Report § 121; zwar wird gegenwärtig in Berufungssachen, sofern gesetzl. zugelassen, das Kammergericht der Queen's Bench Division tätig, das daneben seit Jahrhunderten die gerichtl. Aufsicht über Untergerichte aller Art mit Hilfe der „prerogative orders" durchführt. Wegen der restriktiven Berufungsvorschriften ist bisher eine Spezialisierung auf einzelne Tribunals nicht notwendig gewesen.

[84] Vgl. *de Smith*, Law S. 510 f.

[85] Vgl. *Schwartz*, French Law S. 73 ff.; *Hamson*, S. 213; *Lord Chorley*, 206 H.L.Deb. 551; *Wade*, Law S. 8; zuletzt Administration under Law S. 9.

[86] Vgl. auch die sichtliche Erleichterung im House of Lords über die Ablehnung von *Robson's Vorschlag* 206 H.L.Deb. 531, *The Marquess of Reading;* a. A. wohl *Lord Chorley*, 206 H.L.Deb. 551.

einheitliche Kontrolle besteht so lange und ist von so grundsätzlicher Bedeutung in unserem Rechtssystem, daß die Beweislast eindeutig auf Seiten der Befürworter einer Reform liegt. Wir sind überzeugt, daß die Argumente für eine Reform nicht erfolgversprechend sind."

ad 3. Schließlich wird noch die Einheit des (materiellen) Rechtssystems ins Feld geführt. Hätte eine solche Behauptung, zu Dicey's Zeiten aufgestellt, noch allgemeine Anerkennung gefunden[87], so mutet sie 50 Jahre später grotesk an. Friedmann[88] bezeichnet sie denn auch als den (wahrscheinlich) fundamentalen Trugschluß in der Argumentation des Franks-Ausschusses. Längst gibt es in Großbritannien eine Fülle von Gesetzen, die sich nur mit dem Verhältnis Staat-Bürger befassen und deren Beziehungen zueinander regeln[89], und die Termini „constitutional" und „administrative" law werden immer mehr zum Allgemeingut. Es gibt daher auch in Großbritannien längst zwei Rechtssysteme. Der einzige Unterschied zwischen kontinentalen und Common-law-Rechtsordnungen ist dabei, daß erstere offiziell das Verwaltungsrecht als eigenständige Disziplin anerkennen, während letztere weiterhin mit der Fiktion leben, daß nur ein Rechtssystem existiere mit „verwaltungsrechtlichen Ablegern, die da und dort aus dem Stamm sprießen"[90]. Robson's Vorschlag war damit zum zweiten Mal abgelehnt worden[91].

5. *Die wichtigsten Empfehlungen*

Im einzelnen sprach der Ausschuß folgende wichtige Empfehlungen aus[92]:

---

[87] Wenn auch *Dicey* selbst noch in seinen letzten Lebensjahren einen Artikel mit dem bezeichnenden Titel: „The development of administrative law in England" schrieb (31 L.Q.R. 149), so war die Lehre doch damals fest von einem geschlossenen Rechtssystem überzeugt.

[88] *Friedmann*, Law S. 436.

[89] Natürlich gab es solche auch schon in großer Zahl zu Dicey's Zeit, nur war man damals noch nicht bereit, solche Vorschriften einer besonderen Kategorie zuzuordnen.

[90] So ganz treffend *Friedmann*, Law S. 437; vgl. auch *Becker* S. 438.

[91] Ergänzend ist allerdings zu sagen, daß die Empfehlung, ein allgemeines Appellationsgericht zu errichten, außerhalb der Zuständigkeit des Komitees gelegen hätte. Da die Regierung, so meint *Wade*, Administration S. 481, schon auf die Vorschläge Robsons gefaßt war, wurde die Zuständigkeit des Ausschusses absichtlich so gefaßt, daß eine direkte Entscheidung zu dieser Frage vermieden werden konnte. Vgl. auch *Distel* S. 376.

[92] Eine Konzentration auf wichtigere Empfehlungen erscheint notwendig. Für eine vollständige Übersicht siehe vor allem die Zusammenfassung (§ 409) des Franks-Reports.

1. Errichtung zweier ständiger Kommissionen (eine für England/Wales und eine für Schottland) zur ständigen Kontrolle und Beratung der Tribunals bzw. der zuständigen Ministerien. Die Mitglieder sind vom Lordkanzler zu ernennen und ihm in ihrer Arbeit verantwortlich. Dadurch sollte die „gerichtliche Natur" der Tribunals besonders zum Ausdruck kommen[93].
2. Vorsitzende der Tribunals sind vom Lordkanzler zu ernennen und zu entlassen; Beisitzer sind vom Tribunalrat zu ernennen und vom Lordkanzler zu entlassen[94].
3. Die ständigen Kommissionen sollten Prozeßordnungen für jede Gattung von Tribunals ausarbeiten, die auf gemeinsamen Grundprinzipien beruhen[95].
4. Die mündlichen Verhandlungen sollten grundsätzlich öffentlich sein[96]. Ausnahmen bildeten
   a) die Gefährdung der öffentlichen Sicherheit[97],
   b) Fragen der Intimsphäre und des Steuergeheimnisses[98],
   c) Fragen beruflicher Qualifikation und Reputation[99].
5. Anwaltschaftliche Vertretung sollte grundsätzlich zugelassen sein[100].
6. Befugnis der Tribunals, Eide abzunehmen und die Vorführung von Zeugen anzuordnen; direkte Befragung von Zeugen durch die Parteien[101].
7. Begründungspflicht von Entscheidungen. — Letztinstanzliche Tribunals haben ausgewählte Entscheidungen zu veröffentlichen[102].
8. Grundsätzliches Recht auf vollständige Überprüfung der Entscheidung vor einem Berufungstribunal[103].
9. Revision (appeal on a point of law) zu den ordentlichen Gerichten sowie richterliche Kontrolle durch die prerogativen Aufsichtsformen[104].

---

[93] Vgl. insbesondere C.T.E. Report §130.

[94] C.T.E. Report §§ 48, 49, 51.

[95] C.T.E. Report § 63.

[96] C.T.E. Report § 175; zur Situation vorher vgl. *Allen,* Juristiction S. 23.

[97] C.T.E. Report § 78.

[98] C.T.E. Report § 79.

[99] C.T.E. Report § 80; relevant wird diese Bestimmung vor allem bei Beschwerden gegen praktizierende Ärzte nach den Gesetzen über den Nationalen Gesundheitsdienst.

[100] C.T.E. Report §§ 83—88.

[101] C.T.E. Report §§ 91—93.

[102] C.T.E. Report §§ 98—102.

[103] C.T.E. Report §§ 105, 106.

[104] C.T.E. Report §§ 107—119.

IV. Bedeutung und Kritik

Der Franks-Report ist im In- und Ausland mit viel Lob bedacht worden[105]. Zweifellos ist er ein Markstein in der Geschichte der Tribunals[106] und die oben aufgeführten Empfehlungen legen Zeugnis von seiner Bedeutung für den Rechtsschutz des Bürgers ab. Inwieweit insgesamt 95 Empfehlungen von der Regierung akzeptiert wurden, darüber wird unten zu handeln sein. Sicherlich hat der Franks-Ausschuß, mehr als der Donoughmore-Ausschuß 25 Jahre zuvor dies tat, die Notwendigkeit und Bedeutung der Tribunals für das Verhältnis Staat und Bürger anerkannt[107]. Robson spricht von einer Rezeption des Tribunalsystems, die einen bedeutenden Meilenstein in der Verfassungsgeschichte Englands darstelle[108]. Frappierend war auch, wie schnell nach seinem Erscheinen der Report vom Parlament diskutiert wurde — ein Faktum, das in den Debatten immer wieder mit Genugtuung vermerkt wurde[109]. Dennoch sind die kritischen Stimmen unüberhörbar[110]. Was die Arbeit des Ausschusses selbst betrifft, wird vor allem das Festhalten an den alten prärogativen Aufsichtsmitteln durch den High Court[111] bemängelt. Wohl der größte Experte auf dem Gebiet des gerichtlichen Rechtsschutzes, Prof. S. A. *de Smith* hatte in seinem Gutachten[112] eine wesentliche Vereinfachung empfohlen, die das Committee ignorierte. Marshall meint, in diesem Zusammenhang sei der Bericht für das beachtenswert, was er *nicht* empfohlen habe[113].

Im übrigen habe sich der Ausschuß selbst unglaubwürdig gemacht, wenn er einerseits als Vorteil der Tribunals ihre Sachkunde rühme, zum anderen aber an der grundsätzlichen Kontrolle durch die ordentlichen Gerichte festhalte. Es erscheint tatsächlich etwas seltsam, wenn die Gerichte immer wieder als langsam, kostspielig, schwer zugänglich etc. hingestellt werden, man aber im gleichen Atemzug ihre Kontrollbefugnisse noch weiter ausbaut. Die Berufung geht in diesem Fall von einer effizienten Instanz zu einer weniger effizienten, von einer sachkundigen zu einer sachunkundigen[114].

---

[105] Vgl. *Becker* S. 459; *Aikman* S. 43; *Aris* S. 396; *Lord Chorley*, 206 H.L.Deb. 551 f.; *Lord Lucas of Chilworth*, ebenda 533: „I would say that it is the greatest report that has been produced in the lifetime of nearly all of us in this House."

[106] Vgl. Mr. *Butler*, Secretary of State for the Home Department, 575 H.C. Deb. 401.

[107] Vgl. vor allem C.T.E. Report §§ 35—39.

[108] *Robson, Report* S. 29.

[109] Vgl. 206 H.L.Deb. 524, 533; 575 H.C.Deb. 400, 428, 490, 502 f.

[110] Vgl. dazu *Jackson*, Machinery S. 418; *Robson*, Report S. 12; *Griffith*, Tribunals S. 125; *Bell* S. 27; *Mitchell*, Verwaltungskontrolle S. 171.

[111] Dazu siehe unten Kap. 12, II.

[112] C.T.E. M.o.E. Appendix I, S. 8 ff.

[113] *Marshall*, Report S. 355; vgl. auch *Street*, Justice S. 66.

[114] Vgl. *Jennings*, Law S. 252.

Scharfe Kritik von mehreren Seiten richtete sich jedoch vor allem gegen die eng umgrenzte Zuständigkeit des Ausschusses[115]. Wie schon ausgeführt, war die Affaire Crichel Down Anlaß für die Einsetzung des Ausschusses; diese bzw. solche Entscheidungstechniken, wie sie im Fall Crichel Down aber gerade angewendet wurden, konnten jedoch nicht untersucht werden. Vielmehr beschäftigte man sich mit Tribunals und Enquiries. Tatsächlich arbeitet aber gerade das System der Tribunals verhältnismäßig zufriedenstellend, vor allem für den Bürger, der eine Möglichkeit hat, Einspruch gegen Maßnahmen von Verwaltungsbehörden zu erheben. Daneben gibt es aber einen großen Bereich ohne Rechtsmittel, den Griffith als die „closed side of administration"[116] bezeichnet und von dem auch der Franks-Ausschuß zugibt, daß dort der einzelne weniger geschützt sei als im Verfahren, das eine Einspruchsmöglichkeit zu einem Tribunal vorsehe[117]. Vernünftigerweise wäre nun zu erwarten gewesen, daß man diesen schwarzen Punkt untersucht und das Tribunalsystem einstweilen außer Betracht läßt. So aber hat man einen Untersuchungsausschuß eingesetzt, der solche Verwaltungsverfahren untersuchen sollte, die Einspruchsmöglichkeiten für den Bürger eröffneten („the open side of administration"), wobei man von vornherein schon damit rechnen konnte, daß die zutage tretenden Mängel nicht über Gebühr gravierend sein würden. „In die dunklen und fensterlosen Verfahren der Verwaltung Luft und Licht einzulassen" blieb dem Ausschuß jedoch verwehrt[118]. Robson[119] meint denn auch, daß in Zukunft der Zuständigkeitsrahmen solcher Ausschüsse vom Parlament vorher debattiert werden sollte.

6. Kapitel: Der Tribunals and Inquiries Act 1958[1]

Die Relevanz der zweifellos wichtigen Empfehlungen des Ausschusses wird jedoch erst in der Behandlung durch die Regierung und in der Aufnahme in den Tribunals und Inquiries Act sichtbar[2]. In ungewöhn-

[115] Vgl. *Griffith*, Tribunals S. 127; *Marshall*, Report S.335 f.; *Robson*, Report S. 13 f.; *Wade*, Administration S. 48.

[116] *Griffith*, Tribunals S. 127; *The Marquess of Reading, 206 H.L.Deb. 523.*

[117] Vgl. *Lord Rea*, 206 H.L.Deb. 541: „We feel that this Report, exellent as it is, sweeps the floor only where the floor is seen, it does not go under the sofa or get at the cobwebs in the corner."

[118] Vgl. *Griffith*, Tribunals S. 127.

[119] *Robson*, Report S. 14; vgl. *Hepple* S. 503.

[1] Obwohl das Gesetz inhaltlich eine Antwort auf den Franks-Report darstellt, ist die Schreibweise für den zweiten Teil des Themas uneinheitlich: das Gesetz spricht von „Inquiry", der Report von „Enquiry".

[2] Allerdings ist hier festzuhalten, daß der Tribunals and Inquiries Act von Anfang nur als *ein* Schritt zur Berücksichtigung der Empfehlungen des

lich kurzer Zeit nach Erscheinen des Reports hat sich die Regierung mit dessen Empfehlungen befaßt[3]. Von den 95 ausgesprochenen Empfehlungen hat die Regierung übernommen:

71 ohne wesentliche Einschränkungen,
8 zum Teil,
4 nicht;
12 wurden vertagt[4].

Darin zeigt sich auch der Unterschied zum Donoughmore Report 25 Jahre vorher, der inhaltlich zum Teil dieselben Forderungen enthielt. Nun aber erfolgte endlich die Reaktion von Regierung und Gesetzgeber. Ob diese arithmethisch sehr eindrucksvolle Bilanz auch inhaltlich ein so hohes Maß von Übereinstimmung widerspiegelt, wird zu untersuchen sein.

I. Die bedeutenden Bestimmungen

Zu den bedeutsamen Gegenständen, die somit eine gesetzliche Regelung fanden, zählen vor allem folgende:

1. *Errichtung eines Council on Tribunals*[5]

a) Kompetenzen

Dabei folgte man jedoch nicht den Empfehlungen des Ausschusses, der im Tribunalrat nicht ein rein beratendes Organ sah, sondern ihm auch echte Befugnisse, wie die Ernennung von Beisitzern in den Tribunals anvertrauen wollte[6]. Vielmehr sieht § 4 des Gesetzes vor, daß der Tribunalrat Empfehlungen dem jeweils zuständigen Ministerium gegenüber ausspricht — Empfehlungen, die der Minister zu berücksichtigen hat[7].

Franks-Ausschusses gedacht war (vgl. *Lord Chancellor*, 208 H.L.Deb. 594), daneben wurden die Gedanken des Franks-Reports in vier statutory instruments und sechs innerdienstlichen Anweisungen verwirklicht (Mr. *Bell*, 590 H.C.Deb. 1641) — eine Praxis, die im Parlament auf weitgehende Kritik stieß (590 H.C.Deb. 1643).

[3] Dies wurde im Unter- und Oberhaus immer wieder mit Genugtuung vermerkt. Vgl. 208 H.L. 594, 595: Entgegen der normalen „Verdauungszeit" von sieben Jahren habe die Spanne beim Franks-Report nur neun Monate betragen.

[4] Vgl. *The Attorney-General*, 575 H.C.Deb. 513.

[5] T.I.A. § 1.

[6] Vgl. C.T.E. Report § 49; dieser Vorschlag wurde von der Regierung abgelehnt mit dem Gemeinplatz, er stelle einen Eingriff in die ministerielle Verantwortlichkeit gegenüber dem Parlament dar; vgl. dazu die Debatte vor dem Oberhaus: *Lord Lucas of Chilworth*, 206 H.L.Deb. 537 f. und die Antwort des *Lord Chancellor*, 206 H.L.Deb. 579 ff. u. 208 H.L.Deb. 590.

[7] Vgl. § 4 Abs. 1 „... and (without prejudice, however, to any statutory provision having effect with respect to such appointments) the appropriate

Im einzelnen hat der Tribunalrat folgende Aufgaben[8]:

1. Kontrolle von Struktur und Tätigkeit der Tribunals, die im Anhang zu diesem Gesetz aufgeführt sind[9].
2. Berichterstattung über diese Kontrolle „von Zeit zu Zeit“[10].
3. Kenntnisnahme und Prüfung von Eingaben betreffend Tribunals, unabhängig davon, ob diese im Anhang dieses Gesetzes aufgeführt sind oder nicht[11, 12].
4. Prüfung und Kontrolle von Verwaltungsverfahren, die eine öffentliche Anhörung im Namen des Ministers enthalten — auf Antrag und von Amts wegen[13].

b) Personelle Zusammensetzung

Das Gremium, das diese Aufgaben erfüllen soll, d. h. der Tribunalrat, besteht aus gegenwärtig 16 Personen; fünf von ihnen — darunter der Vorsitzende — sind Frauen[14], was vom deutschen Blickwinkel sicher

---

Minister shall have regard to recommendations under this section“. Mangels einer allgemein anerkannten Terminologie kann man nicht ohne weiteres von Einvernehmen bzw. Benehmen im deutschen Sinn sprechen. *Garner*, Law S. 196, meint, daß davon ausgegangen wird, daß solche Empfehlungen nicht oft gemacht werden; werden sie jedoch ausgesprochen, so muß der Minister sie „berücksichtigen“. *Street*, Principles S. 193 spricht dieser Bestimmung lediglich eine mahnende Funktion (exhortatory) zu, womit den zwingenden Argumenten des Ausschusses gegen unkontrollierte Ernennungen durch den Minister sehr wenig Beachtung geschenkt worden sei. Vgl. auch 208 H.L.Deb. 591, wo der *Lordkanzler* als einzige Sanktion für die Nichtbeachtung einer Empfehlung seitens des Tribunalrats die Veröffentlichung im Jahresbericht des Tribunalrats aufführt. Eine authentische Interpretation dürfte wohl der *Attorney-General* gegeben haben: „I can best paraphrase it by saying that in my view it means ‚pay attention to‘. It does not mean that the Minister is necessarily bound by the recommendation“ (590 H.C.Deb. 1682).

[8] Vgl. *Lord Chancellor* 208 H.L.Deb. 585 ff.

[9] T.I.A. § 1 Abs. 1 a.

[10] T.I.A. § 1 Abs. 1 a.

[11] T.I.A. § 1 Abs. 1 b.

[12] Gedacht war dabei hauptsächlich an Eingaben und Anfragen von verschiedenen Departements. In der Praxis erhält der Council aber auch Eingaben von Privaten und geht deren Problemen nach (vgl. *Wade*, Law S. 268; f.). So behandelte der Council 1961 24 Beschwerden, Tribunals betreffend (vgl. C.o.T., A. R. 1961 31), bzw. in den ersten 10 Jahren 242 Beschwerden. Daraus den Schluß zu ziehen, daß das Tribunalsystem im großen und ganzen reibungslos funktioniere, wie *Aris* (S. 401) und *Loewenstein* (S. 92) meinen, ist wohl etwas voreilig, denn 1961 war der Council noch eine neue Einrichtung, die dem betroffenen Bürger unbekannt war, so daß er etwaige Beschwerden nach alter Gewohnheit seinem Abgeordneten übermittelte. *De Smith* (Law S. 535) hält daher die bis heute niedrigen Zahlen eher für Zeichen einer weitgehenden Unkenntnis von der Existenz oder örtlichen Lage des Council on Tribunals als einer allgemeinen Zufriedenheit der Bürger mit der Tätigkeit der Tribunals.

[13] Vgl. T.I.A. § 1 Abs. 1 c.

[14] Vgl. C.o.T., A. R. 1970/71 S. II.

bemerkenswert ist. Der Tribunals and Inquiries Act legte keine fixe Zahl fest, sondern bestimmte nur einen Rahmen von 10—15 Personen[15]. Der gegenwärtige Bestand von 16 Mitgliedern erklärt sich daraus, daß der 1967 eingesetzte Parliamentary Commissioner ex officio Mitglied des Tribunalrats ist[16, 17].

Daneben besteht ein besonderes Komitee des Tribunalrats für Schottland, das gegenwärtig insgesamt acht Personen umfaßt; von diesen sind vier — darunter der Vorsitzende des Komitees — Mitglied des Tribunalrats selbst[18].

c) Arbeitsweise

Den Vorstellungen über die Bekleidung öffentlicher Ehrenämter entsprechend sind sämtliche Mitglieder des Council on Tribunals hauptberuflich anderweitig beschäftigt. Die Arbeit im Tribunalrat ist nur „part-time" und nur der Vorsitzende erhält ein Gehalt („salary"), während die anderen Mitglieder ein Honorar erhalten, „such fees (if any), as may be determined by the Treasury"[19]. Ob sich unter diesen Voraussetzungen auch Angehörige einfacherer Bevölkerungskreise für die Arbeit im Tribunalrat interessieren, darf bezweifelt werden[20]. Angesichts der geringen Befugnisse, des bloß ehrenamtlichen Charakters der Tätigkeit und des kargen Jahreshaushalts[21] nimmt es nicht wunder, wenn sich die Stimmen der Unzufriedenheit mehren — Unzufriedenheit nicht mit der Arbeit der Mitglieder, sondern mit den für sie geschaffenen Befugnissen. So stellt Street[22] fest, daß es nach wie vor keine effektive Kontrolle der Administrative Tribunals in Großbritannien gebe und auch de Smith konstatiert nicht gerade mit Begeisterung, daß die Mitglieder des Tribunalrats im Jahre 1968 55 mündlichen Verhandlungen beigewohnt hätten — im Vergleich zu ganzen neun im Jahre 1966 — „still not an impressive total"[23].

Der Council on Tribunals wurde eingerichtet als Wachhund, der bellt, aber nicht beißt[24]. Eine Durchsicht der Jahresberichte läßt jedoch die

---

[15] Vgl. T.I.A. § 1 Abs. 2.

[16] Insoweit hat § 1 Abs. 5 Parliamentary Commissioner Act 1967 den § 1 Abs. 2 T.I.A. abgeändert.

[17] Aus dieser Verbindung ergaben sich nicht immer nur Vorteile; vgl. *Wade*, Law S. 276; C.o.T., A. R. 1968 S. 1.

[18] Vgl. dazu T.I.A. § 1 Abs. 3; C.o.T., A. R. 1970/71 S. II.

[19] Vgl. T.I.A. § 1 Abs. 2.

[20] Ein Blick auf die gegenwärtige Namensliste läßt den Schluß zu, daß fast sämtliche Mitglieder des Tribunalrats der Oberschicht oder wenigstens der „upper middle class" angehören.

[21] *Street*, Justice S. 61 spricht von weniger als £ 30 000, also DM 200 000 im Jahr.

[22] *Street*, Justice S. 62.

[23] *De Smith*, Law S. 535.

[24] Vgl. *Wade*, Law S. 268.

Befürchtung zu, daß man ihn bewußt mit schwacher Lautstärke ausgestattet hat, so daß das Bellen eher einem Winseln gleichkommt, das in der großen Politik untergeht.

2. *Ernennung der Vorsitzenden*

Entgegen den Empfehlungen des Ausschusses, die Ernennung der Vorsitzenden generell dem Lordkanzler zu übertragen[25], sieht § 3 Abs. 1 i. V. m. Abs. 6 des Gesetzes vor, daß der Vorsitzende vom zuständigen Minister aus einer Personenliste auszuwählen ist, die vom Lordkanzler zusammengestellt wurde[26]. Diese Bestimmung gilt wiederum nicht für alle im Anhang zum Gesetz aufgeführten Tribunals, sondern nur für acht von ihnen[27]. Das bedeutet, daß, soweit nicht bereits früher erlassene Vorschriften ein anderes vorsehen, bei den übrigen Tribunals die Ernennung ausschließlich in der Hand des zuständigen Ministers liegt.

Die Amtsdauer der Vorsitzenden ist in diesem Gesetz nicht näher geregelt. Es wird lediglich auf die in der jeweiligen Ernennungsurkunde enthaltenen Bedingungen verwiesen, die Beginn und Ende der Amtszeit enthalten[28].

3. *Verfahrensvorschriften für Tribunals*

§ 8 Abs. 1 sieht vor, daß Verfahrensvorschriften für Tribunals nur nach einer Konsultation des Tribunalrats erlassen werden können[29].

4. *Rechtsmittel gegen Tribunalentscheidungen*

Neben dem Festhalten an den alten prärogativen Aufsichtsmaßnahmen (vgl. § 11 d. G.) sieht das Gesetz in § 9 das Recht vor, Revision (appeal on a point of law) einzulegen. In den §§ 107—112 des Reports hatte der Franks-Ausschuß generell die Möglichkeit, Revision zum High Court einlegen zu können, empfohlen. Ausgenommen sollten nur Entscheidungen des National Insurance Commissioner[30] und des National

---

[25] Vgl. C.T.E. Report § 48.

[26] Vgl. die Kritik von *Sir Soskice* MP, 590 H.C. Deb. 1626 f.

[27] Vgl. T.I.A. § 3 Abs. 3; darunter fallen Tribunals für Sozialfürsorge, Sozialversicherung, Arbeitsunfallversicherung, Ausschüsse für die Wiederaufnahme eines Zivilberufs nach dem Wehrdienst, Tribunal für Kriegsdienstverweigerung, Wehrdienstausschüsse für Härtefälle und Miettribunals.

[28] T.I.A. § 3 Abs. 2.

[29] *Garner* sieht diese Funktion als eine der bedeutendsten des Councils an; vgl. *Garner*, Council S. 331; ebenso de Smith, Law S. 535 f. Dies findet auch in den Jahresberichten gebührenden Ausdruck, vol. 1969/70, Appendix D; vgl. dazu unten Kap. 9, IV.

[30] Der Report spricht noch von National Insurance Commissioner und National Industrial Injuries Commissioner. Beide wurden jedoch durch den

Assistance Appeal Tribunal sein[31]. Demgegenüber bestimmt § 9 Abs. 1 des Gesetzes, daß nur von 9 der insgesamt 23 im Anhang aufgezählten Tribunals Revision zum High Court eingelegt werden kann[32]. Diese sind die Children's voluntary homes Appeal Tribunals, die Referees assessing compensation for loss of office or employment and pensions, die Independent School Tribunals, die Mines and Quarries Tribunals, die National Health Service Tribunals, die Nurses'training Tribunals, die Tribunals of inquiry constituted under the Prevention of Fraud Act 1958, die Rent Tribunals und schließlich die Wireless Telegraphy Tribunals. Dabei ist jedoch zu bedenken, daß von manchen Tribunals schon vor dem Zusammentritt des Franks-Ausschusses ein Rechtsmittel zum Supreme Court gegeben war[33].

5. *Begründung von Entscheidungen der Tribunals*

Bis zur Einsetzung des Franks-Ausschusses war es höchst selten, daß ein Tribunal seine Entscheidungen begründete[34]. Daher empfahlen auch fast alle vor dem Ausschuß erschienenen Zeugen die Einführung der Begründungspflicht[35]. Der Ausschuß stellte dazu fest, daß dies das Tribunal veranlassen wird, im Einzelfall seine Entscheidung nochmals zu überdenken und zum anderen den Bürger viel besser in die Lage versetzt, seine Chancen bei der Einlegung eines Rechtsmittels abzuschätzen[36]. Diese Überlegungen haben dann auch Eingang in das Gesetz gefunden, jedoch in geringerem Umfang als es wünschenswert gewesen wäre[37].

So sieht § 12 Abs. 1 vor, daß das Tribunal eine mündliche oder schriftliche Erklärung über die Entscheidungsgründe abzugeben hat, falls dies während oder vor der Entscheidungsverkündung beantragt wurde. Nach dieser grundsätzlichen Regelung ist das Tribunal gehalten, Gründe für die getroffene Entscheidung anzuführen, nicht aber den Tatbestand festzustellen oder gar die Ergebnisse der Beweisaufnahme zusammenzufassen[38]. Trotzdem hält Wade[39] das „Recht" des Bürgers auf eine begrün-

---

National Insurance Act von 1966 verschmolzen, und der Nachfolger trägt die Bezeichnung National Insurance Commissioner (vgl. § 9 N.I.A. 1966).

[31] C.T.E. Report §§ 107—108.

[32] Vgl. T.I.A. §§ 2, 3, 4, 8, 10 b, 14, 18, 19, 23; vgl. *Lord Chancellor*, 208 H.L.Deb. 591 f.

[33] Dies war schon bei sechs verschiedenen Typen von Tribunals der Fall.

[34] Vgl. *Street*, Justice S. 67.

[35] C.T.E. Report 98; vgl. auch die Stimmen im Unter- und Oberhaus: 575 H.C.Deb. 447; 206 H.L.Deb. 526, 544.

[36] Vgl. C.T.E. Report § 98.

[37] Vgl. 575 H.C.Deb. 447 ff. *(Sir L. Ungoed-Thomas)* und 208 H.L.Deb. 601 f. *(Lord Denning)*.

[38] so *Street*, Justice S. 67.

[39] *Wade*, Law S. 270.

dete Entscheidung des Tribunals für sehr bemerkenswert, da eine solche Verpflichtung für die ordentlichen Gerichte nicht bestehe.

Fragwürdig wird die Begründungspflicht jedoch dadurch, daß sie einen Antrag voraussetzt. Wenn man Street[40] glauben darf, wird der Bürger weder mit der Ladung, noch vom Sitzungsbeamten (Clerk), noch vom Vorsitzenden auf das Recht, eine Begründung zu verlangen, hingewiesen. Versäumt der Kläger, den Antrag fristgemäß zu stellen, so wird sich das Tribunal, selbst wenn er einen Anwalt hinzuzieht, nicht bereitfinden, ihm eine Begründung seiner Entscheidung zu liefern.

Selbst wenn der rechtsunkundige Kläger über sein Antragsrecht aufgeklärt wird, bleibt zweifelhaft, ob er den Mut aufbringt, den Antrag wirklich zu stellen. Überdies könnte das Tribunal versucht sein, einen solchen Antrag als eine Mißtrauenskundgebung aufzufassen, was sich — zumindest un- oder unterbewußt — in der Entscheidung für den Kläger nachteilig bemerkbar machen könnte.

Diese Antragspflicht vereitelt daher in hohem Maße das gewährte Recht und führt die Bestimmung ad absurdum. Eine andere Frage ist, ob die Tribunals schon von sich aus ihre Entscheidungen mit Gründen versehen. Sonderbarerweise widersprechen sich in diesem Punkt, der doch einer Verifizierung leicht zugänglich ist, die Autoren[41]. Tatsächlich ist die Praxis der Tribunals unterschiedlich. Wenngleich der Council on Tribunals bemüht ist, bei der Ausarbeitung von Verfahrensvorschriften für die einzelnen Tribunals die Angabe von Entscheidungsgründen obligatorisch zu machen, ist jedoch Wade's Feststellung[42], Tribunals würden im allgemeinen von sich aus eine Begründung geben, etwas übertrieben.

6. *Anwaltschaftliche Vertretung und Armenrecht*

Aus dem Konzept der Tribunals als Gerichte des kleinen Mannes[43] folgt unmittelbar, daß Anwälte, die das Verfahren nach einer verbreiteten Meinung ohnehin nur in die Länge ziehen und versuchen, mit Hilfe von Spitzfindigkeiten aus Unrecht Recht zu machen, vor Tribunals nichts zu suchen haben[44]. Demgemäß gab es bis zur Einsetzung des

[40] *Street,* Justice S. 67.

[41] Während *Wade,* Law S. 271 die Angabe von Gründen durch die Tribunals für eine Selbstverständlichkeit hält, stellt *Street,* Justice S. 68 nach dem Besuch mehrerer Tribunals fest, daß keines von ihnen Gründe i.S. des Gesetzes angab.

[42] *Wade,* Law S. 271; *Wade's* Feststellung wird vielleicht verständlich, wenn man weiß, daß er als Mitglied des Council sich stets für die Begründungspflicht eingesetzt hat.

[43] Vgl. *Wade,* Law S. 258; *Sir Harold Kent* C.T.E. M.o.E. VIII, 255.

[44] Vgl. C.T.E. M.o.E. XIV, 536, vgl. *Sir Diarmaid Conroy,* The Future of Administrative Tribunals, Vortrag geh. anläßlich einer Tagung des Instituts of Public Administration, Birmingham; vgl. auch C.T.E. Report § 85.

Franks-Ausschußes Tribunals, die eine anwaltschaftliche Vertretung nicht zuließen[45] (z. B. die National Insurance Local Tribunals) oder diese nur in besonderen Fällen mit Zustimmung des Vorsitzenden erlaubten wie z. B. die Industrial Injuries Local Tribunals[46]. Solche Verhandlungen haben aber, so meint Elcock, etwas von einem Kampf zwischen David und Goliath an sich. „Einerseits hat der Beamte, der das Department vertritt, wahrscheinlich eine bessere Vorbildung als der Durchschnittsbürger, der sich an ein Tribunal wendet; zum anderen hat der Beamte wahrscheinlich beträchtliche Erfahrung in der Darlegung von Streitigkeiten vor dem Tribunal"[47]. So hatte sich dann auch der Franks-Ausschuß mit den Vor- und Nachteilen anwaltschaftlicher Vertretung auseinanderzusetzen. Das zweifellos stärkere Argument für die Beibehaltung des „Anwaltsbannes" ist, daß ein anwaltschaftliches Vertretungsrecht nur bei Schaffung eines Armenrechtssystems sinnvoll sein kann. Da sich gerade Tribunals in vielen Fällen mit der Zuerkennung von Beihilfen, Unterstützungen etc. beschäftigen, gehören die Kläger vor einem Tribunal meist den unteren sozialen Schichten an. Das Recht, sich einen Anwalt zu nehmen, ist für sie eine Farce, wenn sie ihn nicht bezahlen können[48]. Daher hat der Franks-Ausschuß konsequenterweise empfohlen, grundsätzlich anwaltschaftliche Vertretung zuzulassen[49], aber gleichzeitig das Armenrecht zumindest auf solche Tribunals auszudehnen, die ein besonders formalisiertes Verfahren kennen und bei denen hohe Kosten anfallen sowie auf alle zweitinstanzlichen Tribunals[50].

Im Tribunals and Enquiries Act findet sich dazu kein Wort[51]. Was das Recht anwaltschaftlicher Vertretung anlangt, so waren schon vorher Vorschriften in niederrangigeren Rechtsnormen, den sog. „statutory instruments" enthalten. Der Einfluß der Empfehlungen des Franks-Ausschusses zeigt sich daher in diesen Fällen in vorgenommenen Änderungen der statutory instruments. So hat man z. B. das Problem anwaltschaftlicher Vertretung vor den National Insurance and Industrial Injuries Tribunals durch statutory instrument 1958 bereinigt[52].

---

[45] Da es jedoch immer gestattet war, sich von Freunden vertreten zu lassen, wurde diese Regelung manchmal unterlaufen, indem der Anwalt als „Freund" auftrat (vgl. C.T.E. M.o.E. XIV, 537).

[46] *Wade*, Law S. 263.

[47] *Elcock*, S. 65.

[48] Vgl. *Pollard*, S. 54; *Elcock* S. 60; Mr. *Griffiths* 575 H.C.Deb. 510.

[49] Vgl. C.T.E. Report § 87; vgl. auch *Lord Lucas of Chilworth* 206 H.L. Deb. 536.

[50] C.T.E. Report § 89; diese Empfehlung hatte schon 1944 das Rushcliffe Committee ausgesprochen (vgl. C.T.E. M.o.E. XIV, 536).

[51] Beide Fragenkreise wurden jedoch ausführlich vom Parlament debattiert; vgl. H.C.Deb. 406 ff., 419, 431, 435, 457, 485, 509 f., 525; 206 H.L. 527, 529, 535 f.

[52] Siehe S.I. 1958 Nr. 701, 702.

Daß die Regierung darüber hinaus das grundsätzliche Konzept des Franks-Ausschusses akzeptierte, anwaltschaftliche Vertretung nur in ganz wenigen Ausnahmefällen auszuschließen, ergibt sich auch aus der Debatte vor dem Unterhaus[53]. Um so enttäuschender war daher die Verweigerung des Armenrechts aus finanziellen Gründen[54], eine unlogische und unglückliche Maßnahme[55].

II. Bedeutung und Kritik

Diese wenigen, aber wichtig erscheinenden Details sollen zur Illustration genügen. Bei einem Vergleich von Franks-Report und Tribunals and Inquiries Act fällt zunächst auf, daß der von Franks eingeschlagene Weg einer „judicalisation" von der Regierung auf halben Weg gestoppt wurde[56]. Das zeigt sich vor allem darin, daß der Council on Tribunals — entgegen den Empfehlungen des Franks-Ausschusses — nicht mit der Befugnis ausgestattet wurde, die Vorsitzenden und Beisitzer zu ernennen[57].

Viel Kritik hat der Regierung auch ihre Weigerung eingetragen, wichtige Empfehlungen des Franks-Ausschusses in das Gesetz aufzunehmen, sondern diese durch interne Anweisungen zu regeln. So enthält das Gesetz beispielsweise keinen Satz zur Empfehlung des Franks-Ausschusses[58], daß Tribunalsitzungen grundsätzlich öffentlich sein sollten, keine Stellungnahme zur Empfehlung, grundsätzlich zweitinstanzliche Tribunals zu errichten[59] sowie zumindest für diese Tribunals juristisch vorgebildete Vorsitzende zu verwenden[60]. Die Frage des Armenrechts wurde ebenfalls negativ entschieden. Daraus wird ersichtlich, daß die Leitgedanken des Franks-Reports „openess, fairness, impartiality" sowie „accessability, cheapness and freedom from technicality" nur beschränkten, gesetzlichen Nachhall gefunden haben. Zum anderen setzte der Rahmen der Untersuchung nicht nur dem Report, sondern auch dem Gesetz hinsichtlich der zu regelnden Materie sehr enge Gren-

---

[53] Vgl. Mr. Butler, Secretary of State for the Home Dept., 575 H.C.Deb. 405.

[54] Vgl. Mr. Butler, 575 H.C.Deb. 406 f.

[55] Vgl. *Griffith,* Tribunals S. 143 f.; 206 H.L.Deb. 529 *(The Marquess of Reading).*

[56] *Loewensteins* Urteil (vgl. S.87), die Vorschläge des Committees seien im großen und ganzen vom Gesetz übernommen worden, geht daher wohl zu weit.

[57] Vgl. dazu oben Kap. 5, III 5; vgl. auch *Marshall/Moodie* S. 15.

[58] C.T.E.Report §§ 76 ff.

[59] C.T.E.Report §§ 105 ff.

[60] C.T.E.Report § 58. § 6 d. G. schreibt nur für den „Umpire" im Rahmen von Streitigkeiten innerhalb des Wehrdienstes eine rechtliche Qualifikatiton vor; dieses Amt ist aber durch die Abschaffung der Wehrpflicht obsolet geworden.

zen. Erstens hat man — sicher in guter Absicht — etwas beleuchtet, was ohnehin schon als die „open side of administration“[61] bezeichnet wurde und jenen Bereich unbegrenzter staatlicher Ermessensbetätigung unberührt gelassen[62], zum zweiten wird durch den gesamten Report[63], wie auch das Gesetz die Überzeugung sichtbar, es sei eigentlich alles in Ordnung, wenn dem Bürger ein „fair hearing“ gewährt werde. Prozessuale Bestimmungen als solche können aber immer nur materiellen Ansprüchen zum Durchbruch verhelfen. Für sich gesehen haben sie keine Bedeutung[64]. Es ist daher der Gedanke des Rechtsschutzes gegenüber der Verwaltung nur spärlich verwirklicht, wenn man sich mit einigen technischen Verbesserungen und der Institutionalisierung eines neuen, aber bewußt schwach gehaltenen Organs, dem Council on Tribunals, begnügt. Griffith[65] spricht in diesem Zusammenhang von einer rührenden „sancta simplicitas“ des Ausschusses, die sich mit unbewußter Blasiertheit verbinde.

Männer der Regierung haben bei den parlamentarischen Debatten große Worte in den Mund genommen und an die „Magna Charta“ erinnert[66]. Lord Denning spricht von einem ersten Kapitel in einer neuen „Bill of Rights“[67]. Bei genauerer Prüfung bleibt jedoch eher der bittere Nachgeschmack übrig, eine neue Chance echter Reform sei verpaßt worden[68]. „Wenn das Gestz schon eine Revolution in der rechtsprechenden Tätigkeit der Verwaltung mit sich bringt, dann wird es vermutlich eine ruhige sein“[69].

---

[61] Vgl. *Griffith,* Tribunals S. 127.

[62] Vgl. Mr. *Foot,* 590 H.C.Deb. 1639.

[63] Vgl. C.T.E.Report § 104: „The existence of a right of appeal is salutory and makes for right adjudication. Provision for appeal is also important if decisions are to show reasonable consistency. Finally the system of adjudication can hardly fail to appear fair to the applicant if he knows that he will normally be allowed two attempts to convince independent bodies of the soundness of his case.“

[64] Vgl. *Mitchell,* Causes S. 106.

[65] *Griffith,* Tribunals S. 140.

[66] Mr. *Butler,* Secretary of State for the Home Dept. 590 H.C.Deb. 1606; vgl. *Bell* S. 27.

[67] 208 H.L.Deb. 601.

[68] Vgl. *Distel,* S. 382; vgl. auch *Mitchell,* Verwaltungskontrolle S. 171, 179.

[69] *Lawson/Benthley* S. 67; pointierter *Griffith,* Tribunals S. 145: „... then the Franke Report and its consequences will be remembered as old Kaspar remembered Blenheim, not indeed for its indiscriminate massacre (the Franks Report rolled no heads) but for the contrast between the noise and tumult of the battle and the relative unimportance of the argument which was its cause“.

7. Kapitel: Die neueste Entwicklung

I. Der Whyatt-Report

Es war daher auch nicht weiter überraschend, daß schon vier Jahre später ein neues Committee auf die Bühne trat, diesmal aber nicht auf Grund staatlicher Initiative. „Justice“, die englische Sektion der internationalen Juristenkommission, veröffentlichte 1961 einen neuen Report mit dem Thema: Der Bürger und die Verwaltung[1]. Dieser sollte die Lücke, die durch den engen Untersuchungsrahmen des Franks-Ausschusses offenbleiben mußte, schließen[2]. Der Ausschuß unter Vorsitz von Sir John Whyatt hatte es sich nämlich zur Aufgabe gemacht, Maßnahmen gegen Akte von Ministerien und anderen öffentlichen Stellen zu untersuchen, gegen die kein Tribunal oder gesetzliches Anhörungsverfahren zur Verfügung stand[3]. Wenn dieser Report sich demnach nicht direkt mit den bestehenden Tribunals beschäftigte, sind dessen Ergebnisse[4] doch auch in diesem Zusammenhang von Interesse. Ausgehend von zwei Fallkategorien, nämlich von Beschwerden gegen Ermessensentscheidungen einerseits und Beschwerden über Mißverwaltung[5] andereiseits, schlug der Ausschuß zwei neue Institutionen vor, nämlich

1. die Errichtung eines „General Tribunal“, zuständig für Einsprüche gegen bestimmte Ermessensentscheidungen, deren Prüfung nicht ohne weiteres den bestehenden, speziellen Tribunals überlassen werden kann[6]. Diese Empfehlung, die darauf hinausläuft, jede Ermessensentscheidung justiziabel zu machen[7], erntete keinen Widerhall, da sie der englischen Staats- und Verwaltungspraxis völlig zuwiderläuft;
2. das Amt eines Parlamentsbeauftragten (Parliamentary Commissioner of Administration = P.C.A.) zur Untersuchung von Beschwerden gegen eine „maladministration“[8].

---

[1] The Citizen and the Administration, Report by Justice, London 1961 nach dem Director of Research, *Sir John Whyatt*, auch „Whyatt-Report“ genannt.

[2] Vgl. das Vorwort *Lord Franks'*, Whyatt-Report S. XI; vgl. auch *Lord Denning* 208 H.L.Deb. 605 f., der eine gesetzliche Regelung dieses Bereichs als das 3. Kapitel der „Bill of Rights“ bezeichnet.

[3] Vgl. Whyatt-Report, „Terms of Reference“.

[4] Vgl. dazu im einzelnen: *Bradley*, 1962 C.L.J. 82; *de Smith* 1962 P.Q. 9; *Marshall* 1963 P.L. 1; *Wheare* 1962 P.A. 125; *Ebert*, Ombudsman.

[5] „Maladministration“; zu den Versuchen, diesen Begriff zu präzisieren, vgl. Whyatt-Rep. §§ 70—77; *Lord Chancellor* 279 H.L.Deb. 1374; Mr. *Crossman*, H.C.Deb. 18th Oct. 1966, 51; *Marshall*, 1973 P.L. 32.

[6] Whyatt-Report § 167.

[7] Vgl. Whyatt-Report § 69.

[8] Whyatt-Report § 168.

II. Der Parliamentary Commissioner

Nachdem dieser Vorschlag zunächst als mit dem Grundsatz der Ministerverantwortlichkeit unvereinbar im Jahre 1962 zurückgewiesen worden war[9], wurde die Idee des Ombudsman unter der Regierung Wilson mit dem Parliamentary Commissioner Act 1967 rechtlich institutionalisiert.

Eine einigermaßen befriedigende Bewertung seiner Arbeit ist nach so kurzer Zeit kaum möglich und auch in diesem Rahmen nicht nötig.

Aufgrund seiner geringen Befugnisse[10] — sie wurden aus Rücksicht auf das Parlament bewußt klein gehalten — dürfte er schwerlich eine echte Hilfe für den Bürger sein. Vielmehr hat es den Anschein, als ob man durch die Schaffung einer neuen Institution, deren Machtmittel beschränkt sind, von den eigentlichen Problemen, nämlich einer Reform des materiellen und prozessualen Verwaltungsrechts und der Notwendigkeit, ein neues Grundkonzept Bürger—Staat zu schaffen, ablenken wollte. So meint Mitchell[11]: „Die Ombudsmannlösung hatte eine oberflächliche Anziehungskraft, denn sie war dazu angetan, das Gefühl der Unzufriedenheit zu unterdrücken, ohne sich aber mit dem Grundübel zu befassen — in ähnlicher Weise, wie Aspirin wirken mag bei fortgesetztem starken Alkoholgenuß".

III. Der Bericht der Law Commission

Ein neuer offizieller Vorstoß zur Reform des Verwaltungsrechts wurde 1968 unternommen, wo sich die Law Commission für eine Reform der Klage- und Einspruchsarten sowie der Gerichtsorganisation aussprach[12]; dies sollte durch eine besondere Royal Commission geschehen. Mit der Antwort durch den Lordkanzler, daß die Regierung ihrer Majestät diesen Zeitpunkt nicht für geeignet erachte, eine solche Kommission einzusetzen[13], war dieser neue Anstoß bereits im Keim erstickt[14].

---

[9] Vgl. *Ebert* S. 21.

[10] *R. Crossman* meint daher auch, daß der P.C.A. kein Ombudsman sei; zit. bei *Garner*, Law S. 100.

[11] *Mitchell*, Implications S. 362; vgl. auch ders., Verwaltungskontrolle S. 171 f.

[12] The Law Commission, Administrative Law, Submission to the Lord Chancellor under Section 3 (1) (e) of the Law Commissions Act 1965, Cmnd. 4059 H.M.S.O.

[13] Vgl. *Garner*, Law S. 104, Fn. 11.

[14] Als Trost hatte der Lordkanzler dann eine Überprüfung der bereits existierenden Rechtsmittel durch die Law Commission empfohlen.

IV. Administration under Law

Der bisher letzte Schritt auf dem Weg zu einer Reform des Verwaltungsrechts ist der neueste Report by Justice[15], der sich vor allem zwei Ziele gesetzt hat:

1. Schaffung einer Abteilung für Verwaltungsrechtsprechung beim High Court of Justice mit besonderen, vom bisherigen Common-Law-Prozeß abweichenden Verfahrensregeln und der Bereitstellung neuer effektiver Rechtsmittel zum Schutz des Bürgers.
2. Verabschiedung eines Katalogs von Prinzipien des Verwaltungsrechts[16].

Mögen auch die beiden letztgenannten Reports mit Tribunals selbst nichts zu tun haben[17], so zeigen sie doch, daß man inzwischen auch in Großbritannien die wachsende Bedeutung des Verwaltungsrechts erkannt hat und dessen Existenz nicht mehr wegen angeblichen Verstoßes gegen die Rule of Law zu leugnen sucht. Sätze, wie: „Im modernen Staat besteht ein ungleiches Kräfteverhältnis zwischen Bürger und Staat“ oder „Die Entwicklung eines verwaltungsrechtlichen Systems (‚coherent body of administrative law‘) wird nicht mehr als eine Bedrohung für den Bürger, sondern als ein Mittel zu seinem Schutz angesehen“[18], zeigen, daß Jahrhunderte alte, traditionell begründete Vorstellungen einem sachlichen Verständnis zu weichen beginnen. Eine neue Phase im englischen Verwaltungsrechtsverständnis scheint sich anzubahnen.

---

[15] Administration under Law, A Report by Justice, London 1971.

[16] „A general statement of the principles of good administration.“

[17] Ihre Bedeutung in bezug auf die Tribunals liegt aber darin, daß sie Vorschläge zur Reform des High Court und der Rechtsmittel gegen Entscheidungen von Tribunals entwerfen, wobei der High Court als Revisions- bzw. Aufsichtsinstanz für die Tribunals tätig wird.

[18] Vgl. Administration under Law, Introduction S. 1 bzw. 2.

Dritter Teil

Wesen und Funktion der Tribunals

8. Kapitel: Administrative Tribunals — Typus oder Sammelbegriff?

I. Zum Begriff

Bevor wir uns einer Bewertung von Aufgabe und Funktion der Administrative Tribunals zuwenden können, ist es notwendig, das schillernde, konturlose Bild, das bisher über diese Institution angeboten wurde, aufzuhellen und zu versuchen festzustellen, ob dem Begriff Administrative Tribunals eine über eine Sammelbezeichnung hinausgehende typisierende Bedeutung innewohnt.

Bis hin zu den Untersuchungen des Franks-Ausschusses war diese Bezeichnung in keinem offiziellen Papier aufgetaucht, wenn sie auch schon seit Jahrzehnten in Gebrauch war[1]. Da jedoch die Autoren den Begriff, ohne ihn weiter zu umschreiben oder zu erklären, mit völlig verschiedenem Bedeutungsinhalt verwandten, konnte sich nicht nur keine allgemeine anerkannte Terminologie herausbilden, sondern die Vielfalt der Meinungen, die unter demselben Begriff verschiedene Institutionen verstanden, führte zu weitestgehender terminologischer Unsicherheit, Mißdeutung und allgemeiner Verwirrung[2].

An diesem Zustand hat auch der Franks-Ausschuß grundsätzlich nichts geändert. Zwar wurden Fragen der Terminologie bisweilen gestreift[3], ihnen jedoch keinerlei weitergehende Bedeutung beigemessen. Diese begriffliche Unschärfe machte sich bei der Gutachterbefragung durch den Franks-Ausschuß sehr nachteilig bemerkbar[4]. Lediglich in Appendix II[5] legt der Ausschuß dar, welche Tribunals seiner Prüfungskompetenz unterliegen. Diese müssen

[1] Vgl. *Port* S. 193, 347; *Robson*, Justice S. 90, 101; *Carr, Concerning* S. 93 ff., 101 ff. Diese verstehen unter Administrative Tribunals meist alle „rechtsprechende“ Tätigkeit innerhalb der Verwaltung.

[2] Vgl. *Jackson*, Machinery S. 411.

[3] Vgl. *Sir Harold S. Kent, K.C.B.* Treasury Sollicitor, C.T.E. M.o.E. VIII, 253.

[4] Vgl. C.T.E. M.o.E. X, 346 insbes. 351.

[5] C.T.E. Report S. 106.

1. durch Parlamentsgesetz geschaffen und
2. von einem Minister eingesetzt sein[6].

Damit ist jedoch nicht geklärt, was ein Tribunal bzw. ein Administrative Tribunal eigentlich ist. Eine Definition findet sich schließlich auch nicht im Tribunals and Inquiries Act oder einem anderen einschlägigen Gesetz[7]. Um überhaupt einen generellen Rahmen für den Anwendungsbereich des Gesetzes schaffen zu können, sah man sich gezwungen, dem Tribunals and Inquiries Act eine Liste von Institutionen anzuhängen[8], die in dessen Anwendungsbereich fallen sollten, „since the term ‚tribunal' defied definition in simple terms"[9].

Unklar bleibt daher, was „tribunal" und was „administrative tribunal" in diesem Zusammenhang bedeuten soll. Wird eine Institution zu einem „Administrative Tribunal" durch Aufnahme in den Tribunals and Inquiries Act? Diese Möglichkeit kann außer acht bleiben, da das Gesetz im Gegensatz zum Bericht des Franks-Ausschusses nirgends von „*Administrative* Tribunal" spricht. Zudem wäre es auch vom Wortsinn her wenig einleuchtend, daß durch Aufnahme in ein Gesetz ein Tribunal den Zusatz „administrative" bekommt[10].

Nachdem ein terminus technicus offensichtlich nicht existiert, bleibt noch die Möglichkeit einer allgemeinen Wortinterpretation. Während der Begriff Tribunal im anglo-amerikanischen Sprachraum im allgemeinen eine Gesamtbezeichnung für Gerichte herkömmlicher Art und Spezialorgane mit rechtsprechender Tätigkeit ist[11], war das Adjektiv „administrative" von Anfang an sehr umstritten, vor allem deshalb, weil man damit nicht nur eine sachliche Beziehung zur Verwaltung, sondern auch eine funktionelle Abhängigkeit sah[12], was noch mehr in der Bezeichnung „ministerial tribunal" zum Ausdruck[13] kam. Vor allem die Befürworter der Unabhängigkeit der Tribunals suchten daher das

---

[6] Vgl. C.T.E. Report S. III.

[7] Vgl. *Marshall/Moodie* S. 115; *Elcock* S. 14.

[8] T.I.A. First Schedule: Tribunals under direct supervision of Council, S. 14.

[9] *Lordkanzler* 208 H.L.Deb. 585; *Home Secretary* 590 H.C.Deb. 1606; vgl. auch *Marshall*, Tribunals 263.

[10] Vgl. im übrigen 590 H.C.Deb. 1607, wo der Home Secretary ausdrücklich den Katalog des Gesetzes für nicht abschließend erklärt, weshalb jederzeit neue und bereits bestehende (!) Tribunals hinzugefügt werden könnten. Ebenso Mr. *Gordon Walker* 590 H.C.Deb. 1674: „that we have a distinction between tribunals which are in the schedule and those which are not."

[11] Vgl. die Wendung in den „terms of reference" des Franks-Report: „tribunals other than the ordinary courts of law." C.T.E. Report S. III. Daher wohl verwandten *Robson* und heute noch *Yardley* (Source Book S. 253) den Begriff Tribunals auch für echte ministerielle Verwaltungsorgane, die über Einzelfälle mit Außenwirkung entscheiden.

[12] Vgl. *Marshall/Moodie* S. 108; *Jackson*, Tribunals S. 116, ders. C.T.E. M.o.E. XII, 449; *Foulkes* S. 60; *de Smith*, Review S. 13 f.

[13] Diese Bezeichnung wurde schon vom Committee on Ministers Powers mißverständlich gebraucht (vgl. auch *Jackson*, Machinery S. 411), heute noch verwandt von *Yardley*, Source Book, S. 253.

Adjektiv „administrative“ durch „special“[14] oder „statutory“[15] zu ersetzen. Damit war aber letztlich auch kein Beitrag zur Begriffsklarheit geleistet, weil alle diese Bezeichnungen nicht nur synonym, sondern auch sich überschneidend gebraucht wurden[16]. Wie sich im übrigen schon in den Aussagen vor dem Franks-Ausschuß gezeigt hat[17], sind die Meinungen zu dem Adjektiv „administrative“ gespalten[18]. Wir werden daher aus dem Begriff nicht auf die Natur dieser Gebilde schließen können. Was wir im Wege der Wortinterpretation festhalten können, ist, daß es sich um eine öffentliche Einrichtung zur Entscheidung von Rechtsstreitigkeiten handelt (tribunal), die in irgend einer Beziehung zur Verwaltung steht (administrative).

II. Überblick über die Arten von Tribunals

1. Fragestellung

Welche Spezifikation diese Bezeichnung im einzelnen erfahren muß, wird daher an Hand von Einzelfällen induktiv aufzuzeigen sein. Um den Begriff „Administrative Tribunals“ deuten zu können, müssen wir daher etwas wissen über die einzelnen Arten von „special tribunals“, die mit ihm erfaßt werden. „What has to be looked at is the job the body does, not its name“[19].

Dabei steht vor allem die Frage im Vordergrund, ob diese Tribunals materiell rechtsprechend tätig werden und inwieweit sie Merkmale aufweisen, die uns von deutschen Verwaltungsgerichten vertraut sind. Diese Einzelprüfung wird aber nicht nur dadurch erschwert, daß die Sammelbezeichnung „Administrative Tribunals“ vage bleibt, sondern auch dadurch, daß die verschiedenen Typen, die herkömmlicherweise darunter gezählt werden, Bezeichnungen wie Commissioners[20], Umpire[21], Court[22], Committee[23], Authority[24], Council[25] etc. tragen[26]. Soweit

[14] *Jackson,* Machinery S. 411; *de Smith,* Review S. 13 f.

[15] *O. H. Phillips* S. 591; *Jackson,* Tribunals S. 116. Damit soll auch zum Ausdruck kommen, daß Tribunals im Gegensatz zu dem Common-Law-Gerichten durch Parlamentsgesetz errichtet wurden.

[16] Vgl. *de Smith,* Law S. 526.

[17] *Sir Norman Brook,* C.T.E. M.o.E. XXIV, 1113; vgl. *Street,* Justice S. 2; *Marshall/Moodie* S. 108; *Wade,* Law S. 255.

[18] Vgl. *Robson,* Justice S. 157 f.; auf jeden Fall ist es unzutreffend, „administrative tribunals“ einfach mit Verwaltungsgericht zu übersetzen.

[19] *Foulkes* S. 59.

[20] z. B. National Insurance Commissioner.

[21] z. B. The Umpire under section 41 (4) of the National Service Act 1948.

[22] z. B. Local valuation court.

[23] z. B. Rent assessment committee.

[24] z. B. Civil Aviation Authority.

[25] z. B. Executive Council constituted under the National Health Service Act 1946.

[26] Aus diesen unterschiedlichen Bezeichnungen wird der Mangel einer Grundkonzeption sichtbar; vgl. *Hanson,* Governing S. 255.

diese Tribunals der Aufsicht des Tribunalsrats unterstellt sind, braucht nur auf den Anhang zum Tribunals and Inquiries Act zurückgegriffen werden. Da jedoch das Gesetz selbst davon ausgeht, daß daneben auch andere Tribunals bestehen, müßte logisch zunächst das „omnium commune“ der vom Tribunalrat kontrollierten Tribunals herausdestilliert werden, um dann auf weitere Institutionen zu schließen, die als Tribunals angesprochen werden können. Diese Methode, die auf Grund des streng praxisorientierten englischen „approach“ zum Scheitern verurteilt wäre[27], soll aufgegeben werden. Vielmehr werden wir, was die „unkontrollierten“ Tribunals betrifft, der Fachliteratur folgen.

2. *Übersicht*

Wenn wir uns daher auf die Liste der Tribunals stützen, die dem Tribunals and Inquiries Act beigegeben ist und wie sie sich bis zum letzten Jahresbericht des Council on Tribunals[28] weiterentwickelt hat, finden wir folgende verschiedene Arten von Tribunals[29]:

(1) *Landwirtschaft:*

Die Agrarlandtribunals[30] (Agricultural Land Tribunals) haben die Aufgabe, zu beurteilen, ob die Kündigung eines Pachtvertrages seitens des Verpächters mit den Prinzipien guter Wirtschaftsführung[31], vereinbar ist. Rechtsgrundlage ist § 73 i. V. mit § 25 des Agriculture Act 1947 i. V. mit Agriculture Act 1958. Seit 1947 hatte nämlich der Staat eine weitgehende Kontrolle der Nutzung landwirtschaftlicher Flächen eingeführt und damit auch auf privatrechtliche Pachtverhältnisse zwischen Eigentümer und Pächter Einfluß genommen, indem er die Kündigung solcher Pachtverhältnisse erschwert.

Rechtsmittel: Appeal on a point of law zum High Court[32].

(2) *Luftverkehr*[33]:

Die Zivilluftfahrtbehörde (Civil Aviation Authority), errichtet auf Grund des Zivilluftfahrtgesetzes 1971, ist Nachfolgerin des Air Transport Licensing Board[34]. Sie ist zuständig für die Erteilung der

---

[27] Vgl. *Garner,* Law S. 186.

[28] C.o.T., A.R. 1970/71 S. 30 ff.

[29] Die Reihenfolge sowie die Überschriften sind dem Jahresbericht des Council on Tribunals entnommen.

[30] Vgl. *Garner,* Law S. 229 f.; *Phillips* S. 595 f.; *Foulkes* S. 91 f.; *Loewenstein* S. 80.

[31] „The general principles of good husbandry“, Agricultural Holding Act 1948, § 25.

[32] Vgl. Agriculture (Miscellaneous Provisions) Act 1954, § 6.

[33] Vgl. C.o.T., A.R. 1970—1971 S. 7.

[34] Vgl. dazu *Foulkes* S. 85 f.

Luftverkehrserlaubnis. Das Gesetz gibt einen Negativkatalog für die Versagung der Erlaubnis. In bestimmten Fällen, vor allem beim Antrag eines ausländischen Luftfahrtträgers, ist Rücksprache mit dem Minister zu nehmen, der die Zustimmung oder Ablehnung nach seiner „ministerial policy" trifft. Bei der Entscheidung hat sich die Zivilluftfahrtbehörde im übrigen von den Richtlinien des Ministers („guidance") leiten zu lassen, die über Sinn und Zweck der Erlaubnis Auskunft geben. Diese Richtlinien sind im Gesetz selbst enthalten, können jedoch jederzeit vom Minister mit Zustimmung beider Häuser des Parlaments geändert werden.

Rechtsmittel: Appeal zum Minister.

(3) *Wettabgaben*[35]:

Das Betting Levy Appeal Tribunal — es gibt davon nur eines für England und Wales und eines für Schottland —, errichtet auf Grund von § 29 Betting, Gaming and Lotteries Act 1963, entscheidet Einsprüche gegen die Festsetzung von Abgaben bei den in Großbritannien beliebten Wetten für Pferderennen.

(4) *Kinderpflegeheime*[36]:

Das Children's Voluntary Home Appeal Tribunal, errichtet auf Grund von § 72 Anhang 1 des Children Act 1948, entscheidet über Einsprüche gegen die Versagung einer Anerkennung als Kinderpflegeheim. Das Tribunal wird allerdings nur nach Zustimmung des Innenministers tätig. Bis heute ist noch kein Tribunal gebildet worden.

Rechtsmittel: Appeal on a point of law zum High Court.

(5) *Commons Commissioner*[37]:

Der Commons Registration Act von 1965 sieht vor, daß Privatrechte in bezug auf Sachen im Gemeingebrauch bei den Gemeindebehörden eingetragen werden. Bei Streitigkeiten wird der Commons Commissioner tätig, der erst 1970 bestellt wurde. Gegen seine Entscheidung kann der Commissioner eine Vorlage zum High Court zulassen.

(6) *Erziehung:*

Das Privatschultribunal (Independent Schools Tribunal)[38] entscheidet über die Rechtmäßigkeit von Beanstandungen seitens des Erziehungsministers in bezug auf die Leitung und Durchführung des Schulbetriebes. Grundlage ist § 72 des Education Act 1944.

Rechtsmittel: Appeal on a point of law zum High Court.

---

[35] Vgl. *Loewenstein* S. 89; *Garner*, Council S. 330 f., 333.

[36] Vgl. *Garner*, Law S. 238 f.

[37] Vgl. *Garner*, Law S. 215.

[38] Vgl. *Garner*, Law S. 238 f.

(7) *Forstwirtschaft:*

Das Forstkomitee[39], ernannt vom Landwirtschaftsminister bzw. dem „Secretary of State“ für Wales, entscheidet auf Grund von §§ 20, 21 des Forestry Act 1967 über Streitigkeiten bei der Holzabfuhr, die sich zwischen dem Grundeigentümer und dem Nutzungsberechtigten ergeben. Darüber hinaus vergibt die Commission auch Lizenzen zum Baumfällen.

(8) *Ausländerrecht:*

Gegen Maßnahmen auf dem Gebiet des Ausländerrechts, wie Einreiseverweigerung oder Einreiseerlaubnis unter Bedingungen, Deportation, sieht der Immigration Appeals Act 1969 zwei Einspruchsinstanzen vor[40]. Während das Gesetz selbst nur auf Angehörige der Commonwealth-Staaten Anwendung findet, enthält es jedoch eine Ermächtigung[41], die Regeln des Immigration Appeals Act auch auf andere Ausländer[42] auszudehnen. Der Einspruch ist zunächst beim „adjudicator“ einzulegen; dieser wird vom Innenminister ernannt und braucht über keine besondere Qualifikation zu verfügen. Er darf jedoch nicht Mitglied des Unterhauses sein[43]. Gegen seine Entscheidung kann ein weiterer Einspruch zum Immigration Appeal Tribunal eingelegt werden, in bestimmten Fällen aber nur nach Zulassung durch den adjudicator oder das Tribunal[44]. Das Tribunal setzt sich aus so vielen Personen zusammen, wie der Lordkanzler bestimmt[45]. Alle Mitglieder müssen jedoch Anwälte mit mindestens siebenjähriger Berufserfahrung sein[46]. Liegt die Ausweisung im Interesse der staatlichen Sicherheit, dann kann der Innenminister bestimmen, daß der Einspruch sofort vom Tribunal in einer besonderen Zusammensetzung entschieden wird, also ohne Einschaltung des „adjudicator“[47]. Während die Entscheidung dieses Tribunals den Innenminister grundsätzlich bindet[48], ist er bei einem Fall, der die Interessen der staatlichen Sicherheit betrifft, nicht verpflichtet, der Entscheidung des Tribunals Folge zu leisten[49].

---

[39] Vgl. C.T.E. Ma. III, 71—78.

[40] Vgl. dazu vor allem *Foulkes* S. 61 ff.

[41] Vgl. § 14 I.A.A. 1969.

[42] Die Commonwealth-Angehörigen bilden eine eigene Kategorie neben den „aliens“.

[43] Vgl. § 4 des Anhangs 1 zum I.A.A. 1969.

[44] Vgl. § 7 I.A.A. 1969.

[45] Vgl. § 6 des Anhangs 1 zum I.A.A. 1969.

[46] Vgl. § 7 des Anhangs 1 zum I.A.A. 1969.

[47] Vgl. § 9 I.A.A. 1969; von diesem Verfahren wurde im Fall Rudi Dutschke 1970 Gebrauch gemacht; vgl. dazu *Hepple*, Aliens and Administrative Justice, The Dutschke Case, 1971 M.L.R. 501.

[48] § 8 Abs. 6 I.A.A. 1969.

[49] § 9 Abs. 2 I.A.A. 1969. Durch den Immigration Act 1971 wurde jedoch diese Bestimmung wieder beseitigt und in den Fällen, in denen eine Aus-

(9) *Industrial Tribunals*[50]:

Im Jahre 1965 auf Grund der Industrial Tribunals Regulations (England and Wales) ins Leben gerufen, haben diese Tribunals in den letzten Jahren immer mehr an Bedeutung gewonnen. Bisher waren sie zuständig für

a) Einsprüche gegen die Erhebung von Abgaben zur Deckung der Ausgaben der Lehrlingsausbildungsbehörde (Industrial training board) gem. § 12 Industrial Training Act 1964,
b) Entscheidung über die Frage, ob ein entlassener Arbeiter eine Ausgleichszahlung („redundancy payment") erhält, falls der Arbeitgeber diese Zahlung verweigert oder aus irgendeinem Grund aufschieben will[51]. 50 % dieser Zahlungen werden dabei aus einem gemeinsamen Fond erstattet, in den der Arbeitgeber vorher wöchentliche Beiträge geleistet hat[52],
c) Entscheidung über die Einzelbedingungen eines Arbeitsvertrags auf Vorlage[53],
d) Entscheidung über die Ersatzansprüche, die aus dem Verlust des Arbeitsplatzes oder den Verlust bzw. der Minderung von Einkünften oder Pensionsansprüchen resultieren[54],
e) Entscheidung von Streitigkeiten aus dem Selective Employment Payments Act 1966, der die Verpflichtung des Arbeitgebers begründet, eine Steuer zu zahlen, die Arbeitskräfte aus Dienstleistungszweigen in die produktiven Bereiche der Wirtschaft lenken soll,
f) Entscheidung von Streitigkeiten über die Bedeutung des Ausdrucks „Dockarbeit" (dock work) gem. § 51 des Docks and Harbours Act 1966.

Rechtsmittel: Appeal on a point of law zum High Court.

Diese ohnehin schon vielfältige Zuständigkeit wurde durch den Industrial Relations Act 1971 noch erweitert. Insbesondere wurde eine neue Instanz, der Industrial Relations Court, geschaffen, der teils erst-

---

weisung auf Gründe des öffentlichen Wohles, insbesondere die Gefährdung der nationalen Sicherheit oder andere politische Gründe gestützt wird, jede Einspruchsmöglichkeit gegen die Entscheidung des Ministers versagt; vgl. *Foulkes* S. 61 ff.

[50] Vgl. *Garner*, Law S. 248 f.; *Jackson*, Machinery S. 371 ff.; *Foulkes* S. 81 ff.; *Wade/Phillips/Bradley* S. 700; *Reid*, Industrial Tribunals and the Law, 1972 Juridical Review 32.

[51] Redundancy Payments Act 1965, § 46.

[52] §§ 27, 30 Redundancy Payments Act 1965.

[53] § 4 A Contracts of Employment Act 1963, i.V.m. § 38 Redundancy Payment Act 1965.

[54] Vgl. Anhang 7 zum Redundancy Payments Act 1965 und die dazu ergangenen Verordnungen.

instanzlich, teils als Rechtsmittelinstanz für die Industrial Tribunals tätig wird[55].

(10) *Grund und Boden:*

Geschaffen auf Grund des Lands Tribunal Act 1949 führt das Lands Tribunal[56] die bis ins 18. Jahrhundert zurückreichende Streitentscheidung über die Höhe der Entschädigung bei Enteignungsmaßnahmen fort.

Während das Enteignungsverfahren selbst eine Verwaltungsentscheidung ist, die auf Grund eines öffentlichen Anhörungsverfahrens mit der Zustimmung[57] des zuständigen Ministers getroffen wird (sog. public inquiry)[58] ist die Festsetzung der Höhe der dafür zu leistenden Entschädigung[59] ein davon losgelöster Akt, der jedoch zunächst ebenfalls im Verwaltungswege getroffen wird. Falls der Eigentümer die festgesetzte Entschädigung aus irgendeinem Grunde nicht akzeptiert, kann er oder auch die Enteignungsbehörde das Lands Tribunal anrufen, das als eines der qualifiziertesten Tribunals angesehen werden kann. Von seiner engen Zuständigkeit abgesehen ist es wohl das Tribunal, das „einem Verwaltungsgericht am ehesten gleichkommt"[60], „die Verkörperung all dessen, was ein gutes Tribunal, das unter der Rule of Law tätig wird, sein sollte"[61].

Im einzelnen hat das Lands Tribunal, das zwar in London residiert, aber Verfahren auch auswärts abhält, folgende Zuständigkeiten:

a) Überprüfung der von der Verwaltung im Rahmen eines Enteignungsverfahrens festgesetzten Enteignungsentschädigung,
b) Entscheidung über Einsprüche gegen „Urteile" von örtlichen Schätzungsstellen (local valuation courts) betreffend die Festsetzung des Einheitswerts von Grund und Boden und Gebäuden,
c) Entscheidung über Anträge auf Abweichen von, Abänderung oder Aufhebung von bestimmten beschränkenden Vereinbarungen in bezug auf das Grundstück („restrictive covenant"). Die Zuständig-

---

[55] Vgl. Industrial Relations Act 1971, §§ 99 ff.

[56] Vgl. dazu *Garner*, Law S. 220 f.; *Jackson*, Machinery S. 382 ff.; *Phillips* S. 594; *Foulkes* S. 90 f.; *Griffith/Street*, Principles S. 162 f.; *Wade/Phillips/Bradley* S. 699 f.; *Loewenstein* S. 79.

[57] Obwohl die Enteignungsbehörde eine Gemeinde etc. sein kann, ist der Enteignungsbeschluß eine Entscheidung des Ministers, der dafür im Unterhaus evtl. Rede und Antwort stehen muß, vgl. *Garner*, Law S. 220.

[58] Vgl. dazu unten Kap. 9, V.

[59] Natürlich gibt es wegen der „Sovereignity of Parliament" keine Junktimklausel i.S.d. Art. 14 Abs. 3 GG, wenngleich *Garner* meint (Law S. 216), daß das Parlament bei Enteignung immer die Möglichkeit einer Entschädigung vorgesehen habe.

[60] So *Garner*, Law S. 221.

[61] *Garner*, Law S. 220.

keit des Lands Tribunal in dieser rein zivilrechtlichen Frage überrascht selbst den englischen Juristen[62].

Rechtsmittel: Appeal on a point of law zum Court of Appeal.

(11) *Geisteskrankheit:*

Die Tribunals zur Überprüfung des Geisteszustands (Mental Health Review Tribunals)[63], gebildet gem. § 3 des Mental Health Act 1959, entscheiden über Einsprüche von Patienten, die durch eine Verwaltungsmaßnahme zwangsweise in eine Heilanstalt eingeliefert wurden. Entsprechend dem Charakter der dabei auftauchenden Fragen setzt sich das Tribunal aus Juristen und Medizinern zusammen.

Rechtsmittel: Appeal on a point of law zum High Court.

(12) *Staatlicher Gesundheitsdienst:*

Der 1946 ins Leben gerufene staatliche Gesundheitsdienst, „Eckstein im Sozialstaatsgefüge“[64], kennt drei verschiedene Arten von Tribunals. Die dabei in Betracht kommenden Streitigkeiten sind meist solche von Patienten mit Ärzten des Gesundheitsdienstes.

Beschwerden gegen die Amtsausübung der Ärzte sind zunächst an den zuständigen Ausschuß eines Verwaltungsrats (Service Committee of an Executive Council)[65] zu richten. Dieser Ausschuß klärt die Sachfragen und spricht eine Empfehlung gegenüber dem Verwaltungsrat aus. Dieser hat nun zwei Möglichkeiten:

Falls er zur Entscheidung kommt, den Arzt nicht von der Liste des Gesundheitsdienstes zu streichen oder eine weniger eingreifende Maßnahme für angemessen hält, spricht er dies förmlich aus. Gegen diese Entscheidung steht dem Patienten wie dem Arzt ein „appeal“ zum Minister zu, dessen Entscheidung endgültig ist.

Hält der Verwaltungsrat die Streichung des Arztes von der Liste für angemessen, dann legt er den Fall dem Gesundheitsdiensttribunal (National Health Service Tribunal) vor.

Das Tribunal entscheidet dann über die Frage der Löschung vom Register. Bejaht es die Löschung, hat der Arzt ein Recht auf „appeal“ zum Minister, dessen Entscheidung endgültig ist.

Der Ausschuß, der Verwaltungsrat selbst und das Tribunal sind Tribunals i. S. des Tribunals and Inquiries Act und unterstehen der Kontrolle des Council on Tribunals. Besetzt sind diese Tribunals im

---

[62] Vgl. *Garner,* Law S. 221.

[63] Vgl. *Garner,* Law S. 240; *Foulkes* S. 83 f.

[64] *Garner,* Law. S. 239.

[65] Vgl. zu den Organen des Staatlichen Gesundheitsdienstes: *Garner,* Law S. 239 ff; *Jackson,* Machinery S. 381 ff.; *Phillips* S. 596; *Foulkes* S. 87 ff.; *Griffith/Street,* Principles S. 165 ff.; *Street,* Justice S. 57 ff.; *Aris* S. 387 ff.

Gegensatz zu den meisten anderen nicht mit Privatpersonen, sondern mit Beamten des Ministeriums und Angehörigen des Staatlichen Gesundheitsdienstes.

(13) *Sozialversicherung:*

Zur Gruppe der Tribunals, die auf dem Gebiet der Sozialversicherung tätig sind, gehören neben den Local Tribunals und dem National Insurance Commissioner, über die unten noch die Rede sein wird[66], die Medical Appeal Tribunals (das sind Tribunals, die sich mit medizinischen Fragen befassen) und der Richter („adjudicator") für die Entscheidung von Streitigkeiten aus Teil III des National Insurance Act 1965[67].

Diese Tribunals entscheiden über die Zuerkennung von Ansprüchen aus der Sozialversicherung nach dem National Insurance Act 1965 i. V. m. dem Gesetz von 1966 sowie dem National Insurance (Industrial Injuries) Act 1965.

Das Local Tribunal wird dabei als Beschwerdeinstanz gegen Entscheidungen der Sozialversicherungsverwaltung tätig. Gegen die Entscheidung des Local Tribunal ist ein „Appeal" zum National Insurance Commissioner zulässig. Gegen dessen Entscheidung gibt es kein Rechtsmittel.

Für bestimmte medizinische Fragen ist jedoch ein Medical Board zuständig; so für die Feststellung der Arbeitsunfähigkeit nach einem Unfall im Hinblick auf die Zuerkennung einer Invalidenrente. Gegen die Entscheidung dieses Gremiums, das aus zwei Ärzten besteht, kann das Medical Appeal Tribunal angerufen werden, das mit zwei erfahrenen Fachärzten („consultants") und einem Juristen besetzt ist. Dagegen wiederum ist ein „appeal on a point of law" zum National Insurance Commissioner möglich, dessen Entscheidung auch hier endgültig ist.

(14) *Wehrdienst:*

Der Anhang zum Jahresbericht 1970/71 des Council on Tribunals zählt sechs verschiedene Arten von Tribunals auf, die unter der Überschrift „National Service"[68] zusammengefaßt sind. Dabei sei eingangs gleich festgestellt, daß die Bedeutung dieser Tribunals mit der Abschaffung der allgemeinen Wehrpflicht in Großbritannien praktisch auf Null gesunken ist. Da es sich jedoch dabei um ein „bedeutendes

---

[66] Siehe unten Anhang I und II.

[67] Vgl. zu den Tribunals der Sozialversicherung *Garner*, Law S. 233 ff.; *Jackson*, Machinery S. 379 ff.; *Phillips* S. 596; *Foulkes* S. 77 ff.; *Griffith/Street*, Principles S. 159 ff.; *Wade/Phillips/Bradley* S. 698 ff.; *Street*, Justice S. 11 ff.; *Loewenstein* S. 80; *Mitchell*, Verwaltungskontrolle S. 175 f.

[68] Vgl. dazu *Garner*, Law S. 246 ff.

Beispiel moderner Verwaltungsrechtspflege"[69] handelt, sollen sie wenigstens kurz skizziert werden.

Die Wehrdienstausschüsse für Härtefälle *(Military Service [Hardship] Committees)* können angerufen werden, wenn Anträge auf Aufschub des Wehrdienstes vom Arbeits- und Wehrdienstminister abgelehnt wurden. Sie sind außerdem zuständig für die Rücknahme eines Zurückstellungsbescheids, die der Minister beantragen muß. Gegen die Entscheidung des Ausschusses ist ein Appeal zum „Umpire"[70] möglich.

Die Ausschüsse für die Wiederaufnahme eines Zivilberufs *(Reinstatement Committees)* sind hauptsächlich mit Anträgen von Angehörigen des Berufsheers auf Rückeingliederung in ein ziviles Beschäftigungsverhältnis befaßt. Da unter bestimmten Voraussetzungen ein Anspruch gegeben ist, in das frühere Berufsverhältnis zurückzukehren, ist in diesem Verfahren der frühere Arbeitgeber beteiligt. Auch gegen die Entscheidung dieses Ausschusses besteht ein Recht auf „appeal" zum Umpire.

Der Schiedsrichter *(Umpire)*, von der Krone ernannt, entscheidet endgültig über die Verfahren vor den Hardship und den Reinstatement Committees.

Die *Tribunals für Kriegsdienstverweigerung:* Wer den Waffendienst aus Gewissensgründen verweigerte, hatte einen Anspruch darauf, vor einem fünfköpfigen örtlichen Tribunal mit einem Grafschaftsrichter oder einem Barrister als Vorsitzenden gehört zu werden.

Gegen die Entscheidung dieses Tribunals konnte das Einspruchstribunal *(appellate tribunal)* angerufen werden, das sich aus drei Personen zusammensetzte, mit einem Vorsitzenden, der über mindestens 10 Jahre Berufserfahrung als barrister oder sollicitor verfügen mußte. Dessen Entscheidung war endgültig.

Schließlich ist noch der Schiedsrichter gem. § 23 Abs. 3 des National Service Act 1948 zu erwähnen. Alle diese Tribunals haben 1970 keinen einzigen Fall entschieden[71].

(15) *Sozialfürsorge:*

Die Sozialfürsorgetribunals (National Assistance Appeal Tribunals)[72] entscheiden über Einsprüche gegen die Maßnahmen der Fürsorgeverwaltung. Die staatliche Fürsorge, die zurückverfolgt werden kann bis

---

[69] *Garner*, Law S. 246.

[70] „A barrister or sollicitor of at least ten years' standing"; vgl. *Garner*, Law S. 247.

[71] Vgl. C.o.T., A.R. 1970/71 S. 33.

[72] Vgl. *Garner*, Law S. 237 f.; *Jackson*, Machinery S. 381; *Phillips* S. 596; *Loewenstein* S. 80.

in das Jahr 1601, als der Poor Relief Assistance Act erlassen wurde, ist heute zu einer echten Pflichtaufgabe der englischen Verwaltung geworden, die den Beigeschmack der freiwillig gewährten Unterstützung unter dem Gesichtspunkt polizeilicher Gefahrenabwehr völlig verloren hat.

Rechtsmittel: Keines[73].

(16) *Schwesternausbildung:*

Diese Tribunals entscheiden über Einsprüche gegen die Weigerung des General Nursing Council, eine Institution als Schwesternausbildungsstätte anzuerkennen.

Rechtsmittel: Appeal on a point of law zum High Court.

(17) *Patente, Muster und Warenzeichen:*

Gem. § 62 Abs. 3 des Patents and Designs Act hat der Präsident des Patentamtes (Comptroller-General of patents, designs and trade marks)[74] die Befugnis, Anträge auf Anmeldung zum Patent abzuweisen bzw. ihnen stattzugeben.

Gegen dessen Entscheidung ist ein Appeal zum Patents Appeal Tribunal[75] möglich, das mit einem Richter des High Court besetzt ist und im Gegensatz zum Comptroller-General nicht unter der Kontrolle des Council on Tribunals steht.

(18) *Versorgungsbezüge:*

Die Einspruchstribunals für Versorgungsbezüge (Pensions Appeal Tribunals)[76] entscheiden über Einsprüche gegen Entscheidungen des Minister of pensions betreffend Bezüge für erlittene Verletzungen in den Kriegen und solche während des Militärdienstes in Friedenszeiten. Das Tribunal besteht aus einem Juristen, einem Mediziner und einem Laien im Alter und Rang des Antragstellers. Bei Fragen des Grades der Beschädigung entscheidet statt des Juristen ein zweiter Mediziner. Für die Frage, ob ein Anspruch auf Versorgungsbezüge dem Grunde nach besteht, ist die Möglichkeit des Appeal zu einem nominierten Richter des High Court gegeben.

(19) *Aufführungsrechte:*

Das nach § 23 des Gesetzes über die Aufführungsrechte errichtete Tribunal (Performing Right Tribunal)[77] entscheidet über bestimmte

[73] Vgl. *Garner*, Law S. 237. Auch das Franks-Committee hat sich gegen die Einführung eines Appeal on a point of law ausgesprochen, allerdings ohne Begründung. Wenn auch kein Appeal eingelegt werden kann, so besteht doch die Möglichkeit, einen Antrag auf „certiorari" zu stellen.

[74] Vgl. dazu *de Smith*, Law S. 533 f.; *Robson*, Justice S. 157 ff.; *Phillips* S. 594; *Jackson*, Machinery S. 466; *Loewenstein* S. 79.

[75] Dazu siehe unten Nr. (36).

[76] Vgl. dazu *Jackson*, Machinery S. 375; *Phillips* S. 595; *Foulkes* S. 80 f.

[77] Vgl. *Phillips* S. 596; *Loewenstein* S. 79.

Streitigkeiten im Zusammenhang mit Lizenzen für die öffentliche Wiedergabe von Literatur, Schauspiel oder Musik- sowie von Rundfunk- und Fernsehaufnahmen und ist für die Erteilung anderer Erlaubnisse zuständig.

Rechtsmittel: Appeal on a point of law zum High Court

(20) *Pflanzenzüchtungsrechte:*

Seit dem Gesetz über Pflanzen- und Samenarten (Plant Variety and Seeds Act 1964) gibt es in Großbritannien ein neues Recht, das Pflanzenzüchtungsrecht. Dieses Recht wird verliehen vom Pflanzenzüchtungsrechtsamt (Controller of Plant Variety rights)[78]. Gegen dessen Entscheidung sieht das Gesetz einen Appeal zum Pflanzenrechtstribunal (Plant Variety Rights Tribunal) vor, dagegen wiederum Appeal on a point of law zum High Court.

(21) *Steuerfestsetzung:*

Die örtlichen Steuerfestsetzungsgerichte (local valuation courts)[79] sind als Einspruchsinstanz für Entscheidungen des örtlichen Steuerfestsetzungsbeamten (local valuation officer) zuständig. Sie sind mit drei Personen besetzt, die juristisch nicht vorgebildet sind und auch nicht bezahlt werden, von der Erstattung von Auslagen abgesehen.

Rechtsmittel: Gegen die Festsetzung der Steuer Appeal zum Lands Tribunal[80], ansonsten Appeal on a point of law zum Court of Appeal

(22) *Mietkontrolle:*

Das Gesetz über die Mietkontrolle bei möbliertem Wohnraum (Furnished Houses [Rent Control] Act 1946, ergänzt durch Teil VI des Gesetzes von 1968) führte Miettribunals (rent tribunals)[81] ein. Bei Streitigkeiten über die Höhe der Miete können Mieter und Vermieter und auch die Gemeindebehörde Mietverträge dem Tribunal vorlegen, das dann eine „angemessene Miete" (reasonable rent) auf Grund verschiedener Kriterien festsetzt. Von den Mitgliedern des Tribunals ist grundsätzlich keines juristisch ausgebildet. Bis zum Tribunals and Inquiries Act war ihre Entscheidung endgültig; jetzt ist „appeal on a point of law" zum High Court möglich. Für das Verfahren vor dem Tribunal gibt es keinerlei Vorschriften.

Das Mietengesetz von 1965 hat daneben noch ein neues Tribunalsystem geschaffen, das für die Kontrolle von Mieten unmöblierten

---

[78] Vgl. *Foulkes* S. 91; *de Smith*, Law S. 543.

[79] Vgl. dazu *Garner*, Law S. 227 ff.; *Wade/Philips* S. 377 f.; *Phillips* S. 594; *de Smith*, Law S. 531.

[80] Siehe dazu oben Nr. (10).

[81] Vgl. dazu *Garner*, Law S. 230 ff.; *Phillips* S. 596; *Jackson*, Machinery S. 375 ff.; *Griffith/Street*, Principles S. 164; *Foulkes* S. 92 ff.; *Street*, Justice S. 33 ff.; *de Smith*, Law S. 532; *Loewenstein* S. 80 f.

Wohnraums zuständig ist: die Mietfestsetzungsausschüsse (rent assessment committees). Das Gesetz stellte einen Miethöchstbetrag auf und errichtete einen neuen Instanzenzug für die Festsetzung angemessener Mieten. Mieter oder Vermieter können sich an den örtlichen Beamten (rent officer) wenden, der eine angemessene Miete festsetzt und diese durch Registrierung gewissermaßen einfriert. Gegen die Entscheidung des örtlichen Beamten kann der Mietfestsetzungsausschuß angerufen werden, dem häufig ein Jurist als Vorsitzender beigegeben ist. Gegen die Entscheidung dieses Tribunals steht ein „appeal on a point of law" zum High Court offen. Die Stimmen in Literatur und Praxis mehren sich, beide Tribunals zusammenzulegen. Erste Schritte sind bereits unternommen worden[82].

(23) (Einkommen-) *Steuern:*

Bei Streitigkeiten wegen des Entstehens einer Steuerschuld kann sich der Bürger, je nach Art der Streitigkeit, entweder an den Spezialrichter für Steuersachen (Special Commissioner of Income Tax) oder an den Laienrichter für Steuersachen (General Commissioner of Income Tax) wenden[83]. Gegen die Entscheidung des ersteren ist Vorlage in Rechtsfragen (appeal by case stated) bei der Chancery Division des High Court möglich, von dort Appeal zum Court of Appeal und zum House of Lords.

Gegen die Entscheidung des General Commissioner steht nur der „appeal on a point of law" zur Chancery Division beim High Court offen. Die Special Commissioners sind hauptamtlich tätige Beamte der Krone, während die General Commissioners gewöhnlich ortsbekannte Geschäftsleute und freiberuflich Tätige sind.

Daneben gibt es noch einen besonderen Schiedsrichterrat (Board of Referees) und ein Tribunal für die Streitigkeiten nach § 463 des Einkommen- und Körperschaftssteuergesetzes von 1970 mit eng begrenzter Zuständigkeit.

(24) *Straßenverkehr:*

Die Verkehrsbehörden (*Traffic Commissioners*)[84], von denen es zehn in England und Wales und eine in Schottland gibt, sind zuständig:

1. für die Zulassung eines Fahrzeugs als öffentliches Verkehrsmittel,
2. für die Erteilung einer Erlaubnis zur öffentlichen Personenbeförderung sowie schließlich
3. für die Erteilung einer Lizenz, die dazu berechtigt, ein öffentliches Verkehrsmittel zu führen oder dort als Schaffner tätig zu sein.

---

[82] Vgl. *Garner*, Law S. 232 f.

[83] Vgl. dazu *Jackson*, Machinery S. 374; *Phillips* S. 595; *Foulkes* S. 84 f.

[84] Vgl. dazu *Garner*, Law S. 243 ff.; *Jackson*, Machinery S. 360 ff.; *Griffith/Street*, Principles S. 184 ff.; *Street*, Justice S. 80.

Das Tribunal besteht aus drei Commissioners, von denen einer hauptamtlich tätig ist. Bei neuen Antragsverfahren haben die bisherigen Erlaubnisträger sowie die betreffenden Gemeindebehörden ein Recht auf Gehör. Wer durch die Entscheidung der Behörde beschwert ist — auch Konkurrenten — kann Einspruch erheben. Für die Zulassung zum öffentlichen Straßenverkehr ist der Appeal beim Verkehrsminister einzulegen; für die Fahr- und Schaffnererlaubnis ist das örtliche Gericht (local magistrate) zuständig.

Neben den Verkehrsbehörden gibt es die Erlaubnisbehörde für den Lastwagenverkehr (*Licensing Authority for Goods Vehicles*), die allerdings mit der obengenannten Verkehrsbehörde personell und organisatorisch verzahnt ist. So decken sich die zehn Verkehrsregionen der ersteren Behörde mit denen der Lastwagenverkehrsbehörde. Die Entscheidungen trifft jedoch stets der hauptamtliche Traffic Commissioner allein. Die Behörde erteilt Erlaubnisse für den Betrieb von Lastkraftwagen sowie für das Führen dieser Fahrzeuge.

(25) Im Zusammenhang damit steht das *Transport Tribunal*[85], das bereits auf eine lange Geschichte zurückblicken kann, ist es doch als Nachfolger jener berühmten Eisenbahn- und Kanalkommission anzusehen, die den Anfang des Tribunalsystems bildete[86]. Heute entscheidet das Transport Tribunal auf zwei getrennten Zuständigkeitsbereichen:

a) Als Abteilung für Personenverkehrstarife und ähnliche Gebühren für den Großraum London *(London Fares and Miscellaneous Charges Division)* kann das Tribunal auf Antrag hin Tarifsysteme der Londoner Verkehrsbehörde abändern oder widerrufen. Dabei muß das Tribunal jedoch einen Maximalfahrpreis angeben, den die Behörde einzuhalten hat, bei dem sie aber nach unten freies Ermessen in der Tarifgestaltung hat.
b) Als Einspruchsabteilung für den Straßengüterverkehr *(Road Haulage Appeals Division)* ist es Einspruchsinstanz für Entscheidungen der Traffic Commissioners in deren Eigenschaft als Güterverkehrserlaubnisbehörde (Licensing Authority for Goods Vehicles).

Daneben sind im Anhang zum Jahresbericht des Tribunalrats noch aufgeführt[87]:

(26) Tribunals für Streitigkeiten über die Entschädigung von Friedensrichtern;

---

[85] Zur Aufgabe des Transport Tribunal vgl. Zitate in Fn. 84; siehe auch *Phillips* S. 594 f.; *Foulkes*, S. 62 f. (2. Aufl.).

[86] Vgl. *Parris*, S. 197; *Loewenstein* S. 80; *Aris* S. 386.

[87] C.o.T., A.R. 1970/71 S. 30 ff.

(27) Das Eisen- und Stahlschiedsgericht;

(28) Das London Building Tribunal;

(29) Die Molkereitribunals;

(30) Die Bergwerkstribunals;

(31) Tribunal für Betrugsbekämpfung bei Investmentzertifikaten;

(32) Tribunals für Streitigkeiten aufgrund des Gesetzes für drahtlose Telegraphie.

Diese Tribunals sind entweder noch gar nicht zusammengetreten oder haben im ganzen Jahr keine Streitigkeiten entschieden.

Außerdem zählt man allgemein folgende Institutionen zu den Tribunals, die allerdings nicht dem Tribunalrat unterstellt sind:

(33) *Criminal injuries compensation Board*[88]

Dieses Gremium wurde 1964 nicht aufgrund eines Parlamentsgesetzes, sondern aufgrund der königlichen Prärogative errichtet.

Es entscheidet über Entschädigungszahlungen an Personen, die bei Straftaten verletzt wurden.

(34) *Industrial Court*[89]

Trotz des hochtrabenden Namens handelt es sich dabei nur um ein Schiedsgericht, das 1919 durch ein gleichnamiges Gesetz ins Leben gerufen wurde und für Streitigkeiten zwischen Arbeitgeber und Arbeitnehmer zuständig ist. Es agiert als staatliche Schlichtungsstelle, die vom Arbeitsminister mit Interessenvertretern beider Seiten paritätisch besetzt wird, wenn eine berufsständische Schlichtungsstelle nicht vorhanden ist oder erfolglos tätig war und beide Parteien mit der Befassung durch den Industrial Court einverstanden sind. Der Industrial Court steht trotz des ähnlichen Namens in keinerlei Verbindung mit den Industrial Tribunals und dem neuen Industrial Relations Court[90].

(35) *Foreign Compensation Commission*[91]

Diese Commission, 1950 gesetzlich errichtet, entscheidet über Ansprüche britischer Staatsbürger und deren Rechtsnachfolger wegen Enteignung oder Zerstörung ihres Vermögens im Ausland. Die Geldmittel werden aus einem Fonds bestritten, der mit Entschädigungszahlungen ausländischer Regierungen an die Krone aufgefüllt wird.

---

[88] Einzelheiten dazu siehe *Garner*, Council S. 323 ff.

[89] Vgl. dazu *Lord Forster* „The Industrial Court" (1954) B.J.A.L. S. 35; *Phillips* S. 593; *Jackson*, Machinery S. 366 f.; *Loewenstein* S. 79.

[90] Dazu siehe oben Nr. (9) a.E.

[91] Vgl. dazu *de Smith*, Law S. 532, 554 f.

36) *Patents Appeal Tribunal*[92]

Besetzt mit einem Richter des High Court, wird dieses Tribunal als Berufungsinstanz gegen Entscheidungen des „Comptroller-General of Patents" (d. h. des Patentamts)[93] im Verfahren der Patenterteilung tätig.

(37) *Royal Commission of Awards to Inventors*[94]

Dieses Gremium entscheidet unter dem Vorsitz eines Richters des Supreme Court[95] über die Entschädigung, die an den Erfinder zu zahlen ist, wenn seine Erfindung staatlich genützt wird.

(38) *The Chief Registrar of the Friendly Socities*[96]

Diese Behörde — am ehesten wohl mit dem deutschen Bundesversicherungsamt zu vergleichen — ist mit den Aufgaben des Friendly Societies Act 1896 betraut. Sie wird tätig als Einspruchsinstanz gegen die Ablehnung der Registrierung von (Versicherungs-)Vereinen auf Gegenseitigkeit, in Streitigkeiten zwischen der Gesellschaftsführung und den Unterabteilungen, den Unterabteilungen untereinander sowie in Streitigkeiten zwischen Mitgliedern und Vertretern des Vereins.

(39) *Die sog. „Three Advisors"*[97]

Sie werden tätig bei der Versetzung oder Suspendierung von Beamten aus dem Staatsdienst aus Gründen staatlicher Sicherheit. Nachdem zunächst der zuständige Minister eine vorläufige Entscheidung getroffen hat, kann sich der betreffende Beamte an die „Three Advisors" wenden, die in einem besonderen Verfahren unter Heranziehung des gesamten Materials, das dem betroffenen Beamten nicht im Detail eröffnet wird, eine neue Entscheidung treffen. Diese trägt jedoch nur empfehlenden Charakter.

Die vorstehende Aufzählung der Tribunals erhebt keinen Anspruch auf Vollständigkeit, weil die Zuordnung verschiedener Institutionen zu dem Begriff „Tribunal" mangels einer theoretischen Konzeption dem persönlichen Geschmack überlassen ist.

3. *Ergebnis*

Nach diesem Überblick dürfte klar geworden sein, wie hier die Systemlosigkeit geradezu zum System erhoben wurde. Was Verfah-

---

[92] Vgl. dazu *Phillips* S. 594.

[93] Im Gegensatz zum Patents Appeal Tribunal findet sich der Comptroller-General of Patents auf der Liste der dem Council on Tribunals unterstellten Tribunals; vgl. oben Nr. (17).

[94] Vgl. *Phillips* S. 594; *Loewenstein* S. 79; *Robson,* Justice S. 150 ff.

[95] Unter Supreme Court wird der High Court zusammen mit dem Court of Appeal verstanden.

[96] Vgl. *Phillips* S. 595.

[97] Vgl. dazu *de Smith,* Law S. 200 ff.; *Hepple* S. 514 f.

ren, personelle Besetzung, Unabhängigkeit von der Exekutive, Art der Tätigkeit und Rechtsmittel anbelangt, ist es schwer, einen gemeinsamen Nenner zu finden. Zweifellos ist der Grund für diesen Wildwuchs darin zu sehen, daß nur allzu lange die einzelnen Departments immer neue Tribunals errichten konnten, ohne einen Blick über die Ressortgrenzen zu werfen. Ja selbst innerhalb der einzelnen Ministerien wurde mit jedem neuen Gesetzgebungsvorhaben ein eigenes System von Tribunals errichtet — ohne daß die Möglichkeit einer Zuständigkeitserweiterung bereits bestehender Einrichtungen in Betracht gezogen wurde[98]. „In the interests of the machinery of justice this tendency needs to be reversed“[99].

Trotz der überzeugenden Aussagen Prof. Robsons[100] und der Society of Labour Lawyers[101], die vor dem Franks-Ausschuß eine Verschmelzung und Systematisierung der Tribunals befürworteten, waren die Empfehlungen des Ausschusses in diesem Punkt mehr als halbherzig: „We do not, however, consider that there is much scope for amalgation at present“[102]. Wade stellt dazu lapidar fest: „The tribunal system has an inherent resistance to uniformity of any kind“[103].

Angesichts dieser hoffnungslosen Zersplitterung ist gerade die integrierende Wirkung des Council on Tribunals von großer Bedeutung; leider hat der Gesetzgeber diesem Umstand bei der Festlegung der Kompetenzen des Council nur in ganz unzureichender Weise Rechnung getragen[104].

9. Kapitel: Versuche einer Klassifikation

Um dennoch die Vielfalt der Tribunals besser in den Griff zu bekommen, erscheint es zweckmäßig, unter Zuhilfenahme von Verfahrenskriterien Gemeinsames und Trennendes darzustellen. Nur auf diese Weise ist es möglich, einer Gesamtaussage über das Wesen der als „administrative tribunals“ bezeichneten Gebilde näherzukommen.

---

[98] Vgl. C.o.T., A.R. 1969/70 S. 10; *Mitchell,* Verwaltungskontrolle S. 176.

[99] *Wade,* Law S. 275.

[100] Vgl. C.T.E. M.o.E. XIII, 488 ff.; vgl. auch oben Kap. 5, II 1 c.

[101] Vgl. C.T.E. M.o.E. XIV, 514 ff.; vgl. auch oben Kap. 5, II 1 c.

[102] C.T.E. Report § 139.

[103] *Wade,* Law S. 273 f.

[104] Vgl. oben Kap. 6, I 1.; *Chapman,* Observed S. 50 bezweifelt, ob bei fortschreitender Internationalisierung solch ein „System“ jemals in eine größere europäische Einheit eingebaut werden kann.

I. Sachliche Zuständigkeit

Untersucht man die verschiedenen Tribunals auf ihr Tätigkeitsfeld, so zeigt sich, daß das einzelne Tribunal oft auf die Beurteilung bestimmter Einzelfragen begrenzt ist, zum anderen aber, daß Tribunals als Institution in voneinander sehr verschiedenen Bereichen tätig werden. Bei einem Versuch, ihre vielfältige Tätigkeit in bestimmte Sachgebiete zu kategorisieren, lassen sich folgende Zuständigkeitsbereiche unterscheiden:

1. Arbeitsverhältnisse, soziale Fürsorge und Gesundheitsdienst
2. Kontrolle von Wohnraum, Grund und Boden
3. Überwachung von Straßen- und Luftverkehr
4. Ausländerrecht
5. Erziehung und Ausbildung
6. Steuern und Abgaben
7. Patent- und urheberrechtliche Fragen

Daneben finden sich noch einige Tribunals, die schwer zu einer bestimmten Gruppe zu zählen sind.

Den Hauptanteil machen die zu Ziffer 1 genannten Tribunals aus. Daraus wird deutlich, daß das Entstehen der Tribunals eng mit der Schaffung des modernen Sozialstaates verbunden ist. Auf der anderen Seite sind die Tribunals für Steuerstreitigkeiten ein Beispiel dafür, daß auch auf dem Gebiet der klassischen Eingriffsverwaltung Tribunals tätig werden.

Letztlich gibt daher der Aufgabenbereich wenig Aufschluß über das Wesen der Tribunals.

II. Arten streitiger Rechtsbeziehungen: Öffentlich-rechtliche und privatrechtliche Streitigkeiten

Der Überblick über die Arten der Tribunals hat gezeigt, daß darunter einerseits Institutionen verstanden werden, die im Verhältnis zwischen zwei Bürgern streitentscheidend tätig werden, wie z. B. Rent- oder Industrial Tribunals, andererseits aber auch solche, die Streitigkeiten zwischen Bürger und Staat oder halbstaatlichen Einrichtungen entscheiden, z. B. die National Insurance Tribunals, Traffic Commissioner. Während man schon vom Wortlaut „administrative tribunals" her geneigt sein mag, diese Tribunals als Instanz im Verhältnis zwischen Bürger und Staat anzusehen, so überrascht ihre „zivilrechtliche" Tätigkeit. Das Franks Committee stellt diesen Unterschied zwar fest, sieht darin aber kein Problem[1]. Für den englischen Juristen ist dies auch tatsächlich keine Besonderheit, haben doch schon seit alters die ordentlichen Gerichte sowohl Streitigkeiten zwischen Bürger und Staat sowie zwischen Bürger und Bürger entschieden. Selbst wenn man heute mehr und mehr dogmatische Unterschiede im Rechtsverhältnis zwischen Bürger und Staat und dem Rechtsverhältnis von Bürgern untereinander feststellt[2], hat sich doch wegen des Primats der Ordinary Courts für die Frage des Rechtswegs nichts geändert. Dasselbe gilt mutatis mutandis auch für Tribunals. Geschaffen aus praktischen Gründen[3], haben sie mehr und mehr Aufgaben an sich gezogen, die früher die ordentlichen Gerichte wahrgenommen hatten. Dabei hat man nie danach gefragt, ob es sich um öffentlich-rechtliche" oder „privatrechtliche" Streitigkeiten handele. Die geschilderten Vorzüge waren Grund genug, den Tribunals alle Aufgaben anzuvertrauen, die die Gerichte und die Verwaltung nicht besser erledigen konnten.

Auf der anderen Seite fällt jedoch bei genauer Betrachtung auf, daß bei all diesen Streitigkeiten zwischen zwei Bürgern, sei es zwischen Arbeitgeber und Arbeitnehmer, sei es zwischen Vermieter und Mieter ein besonderes öffentliches Interesse im Spiel ist. So fließen z. B. die Gelder für die Entlassungszahlungen (redundancy payments) aus einem staatlich verwalteten Fonds, und vor den Rent Tribunals ist auch die örtliche Gemeindebehörde berechtigt, einen Antrag auf Überprüfung von Mietverträgen zu stellen[4].

Man könnte vielleicht von Streitigkeiten sprechen, an denen ein wenn auch nur mittelbares öffentliches Interesse besteht.

In diesem Zusammenhang soll auf die sog. *„domestic tribunals"*[5] eingegangen werden. Es handelt sich dabei um Ehren- und Disziplinargerichte für bestimmte Berufsgruppen, Vereine und Gewerkschaften[6]. Da sie jedoch in ihrer ganzen Ausgestaltung nicht allgemein gültigem, staatlichen Recht folgen, sondern sich selbst bestimmte Regeln und Gesetze

---

[1] Vgl. C.T.E. Report § 13: „There are few tribunals (for example Rent Tribunals) which determine disputes not between the individual and authority, but between citizen and citizen", und § 35: „Most tribunals deal with cases in which an individual citizen is at issue with a Government Department."

[2] Vgl. z. B. *Mitchell,* Causes S. 102; Administration under Law S. 1; *Robson,* C.T.E. M.o.E. XIII, 485: „A fundamental distinction has in fact been established for many years between public law and private law."

[3] Vgl. C.T.E. Report § 38: Niedrige Prozeßkosten, leichte Zugänglichkeit, weitgehende Formlosigkeit des Verfahrens, Sachkunde und kurze Verfahrensdauer.

[4] Vgl. *Garner,* Law S. 230.

[5] Vgl. dazu *Loewenstein* S. 81; *Griffith/Street,* Principles S. 149 ff.; *Garner,* Law S. 250 ff.

[6] Vgl. *Garner,* Law S. 250 ff.

geben, erscheint eine Absonderung dieser Gruppe von Tribunals gerechtfertigt[7]. Domestic tribunals waren auch nicht Gegenstand der Untersuchungen des Franks Committee's und werden auch nicht vom Council on Tribunals kontrolliert. Garner[8] nennt fünf Gruppen von Organisationen, die „domestic tribunals“ ad hoc oder als ständige Einrichtung unterhalten:

1. Gewerkschaften
2. Arbeitgeberverbände
3. Private Clubs
4. Berufsgenossenschaften
5. Universitäten

Tribunals werden also im Verhältnis Staat-Bürger oder im Verhältnis von Bürgern untereinander tätig, in letzterem Fall aber nur, wo ein starkes öffentliches Interesse im Spiel ist.

III. Funktionale Zuständigkeit

Ebenso überraschend wie die Erledigung „öffentlich-rechtlicher“ und „privatrechtlicher“ Streitigkeiten durch Tribunals ist ihre verschiedengestaltige Aufgabenstellung. Währung z. B. die Zivilluftfahrtbehörde über die Vergabe von Lizenzen für den Flugverkehr entscheidet, überprüft das National Insurance Tribunal die vom Insurance Officer getroffene Entscheidung über die Gewährung einer Leistung aus der Sozialversicherung. Bei ersterer handelt es sich nach deutschem Sprachgebrauch um die Maßnahme einer Behörde, die unzweifelhaft administrativen Charakter hat, während das National Insurance Appeal Tribunal je nach Ausgestaltung in Deutschland eine Verwaltungskontrolle administrativer Art oder eine externe (gerichtliche) Verwaltungskontrolle wäre:

Im ersten Fall erläßt die Behörde einen Bescheid, im zweiten überprüft sie eine bereits wirksam getroffene Entscheidung der Verwaltung.

Auch dieser Unterscheidung wird im englischen Raum keine allzugroße Bedeutung beigemessen. Lediglich der Franks-Report spricht in einem obiter dictum von „a decision ... either at first instance (for example in the case of Rent tribunals and the Licensing Authorities for Public Service and Goods Vehicles) or on appeal from a decision of a minister or of an official ...“[9].

---

[7] Vgl. *Griffith/Street,* Principles S. 149: „Separate from administrative tribunals are domestic tribunals“; a.A. *Loewenstein* S. 81, der domestic tribunals zu den Administrative Tribunals zählt.

[8] *Garner,* Law S. 253.

[9] C.T.E. Report § 40, Satz 9; vgl. auch *de Smith,* Law S. 516: „The jurisdiction of these tribunals may be original or appellate.“

Man sieht also keinerlei bedeutenden Unterschied in der Funktion zwischen Maßnahme erlassender und überprüfender Institution; von Interesse ist lediglich die instanzielle Verschiedenheit.

Eine Erklärung dafür, daß man nie zwischen den beiden Gruppen getrennt hat, ist einerseits darin zu sehen, daß der Grundsatz der Gewaltenteilung nie Bedeutung hatte. Die Frage, ob Appellate Tribunals im Gegensatz zu den erstinstanzlichen Tribunals vielleicht materiell Rechtsprechungsaufgaben wahrnehmen, hat sich nie gestellt[10]. Zum anderen war auch in prozessualer Hinsicht eine solche Unterscheidung nicht notwendig, da die Befugnisse des High Court, Maßnahmen für nichtig zu erklären, über die Prerogative Orders sich auf alle Arten von „inferior bodies" erstreckten. Die Frage, ob es sich um eine Erlaubnisbehörde oder ein Einspruchstribunal handelte, war nicht von Bedeutung; beide waren „inferior"; das genügte, um die Kontrollgewalt des High Court in Gang zu setzen. Die Zäsur verläuft also nicht zwischen erlassender und kontrollierender Funktion, sondern zwischen High Court einerseits und allen niederrangigeren Institutionen andererseits. Überdies sind die erstinstanzlichen Tribunals alle „licensing tribunals", vor denen jeweils Konkurrenten ein Recht auf Gehör haben. Da man dadurch auch in ein solches Verfahren einen „lis inter partes"[11] hineininterpretiert hatte, sah man die Funktion beider Instanzen als dieselbe an: als „judicial function", womit man auf beide Instanzen das „certiorari-Verfahren" anwenden konnte.

Tribunals werden somit teilweise als aktüberprüfende, teilweise als akterlassende Organe tätig, wobei der zweite Typ an Zahl wie an Bedeutung überwiegen dürfte.

IV. Formalität des Verfahrens

Im Gegensatz zu anderen Entscheidungen, die innerhalb des Organisationsbereichs der Verwaltung getroffen werden, sind diejenigen der Tribunals dadurch gekennzeichnet, daß ihnen grundsätzlich eine mündliche Verhandlung (hearing) vorangeht. Im übrigen aber lassen sich allgemeine Aussagen über das Verfahren der Tribunals nicht treffen. So verschiedenartig ihre Funktion und Zuständigkeit sind, so verschiedenartig sind auch die Regeln, denen sie bei den mündlichen Verhandlungen folgen. So hat jeder Typ von Tribunals — wenn überhaupt — eigene Verfahrensvorschriften[12].

---

[10] Vgl. dazu unten Kap. 11.

[11] Vgl. *de Smith*, Review S. 67 f.

[12] Vgl. *Wade*, Law S. 272.

1. *Ablehnung eines einheitlichen Verfahrensrechts*

Schon vor dem Franks-Ausschuß hatten mehrere Gutachter einen „standard code“, der auf alle Tribunals Anwendung finden sollte, befürwortet[13].

Wie aber der Ausschuß selbst[14], so hat acht Jahre später auch der Attorney-General ein solches Vorhaben mit folgendem Zirkelschluß zurückgewiesen: „It would not be practicable to standardise the procedure of all administrative tribunals because their circumstances differ so widely“[15].

Man blieb deshalb weiterhin bei der gewohnten Praxis, Verfahrensvorschriften vom zuständigen Ministerium aufstellen zu lassen. Der vernünftige Vorschlag des Franks-Ausschusses, diese Regeln jeweils vom Council on Tribunals ausarbeiten zu lassen[16] und so wenigstens eine gewisse Vereinheitlichung zu erreichen, wurde von der Regierung abgelehnt. Der Tribunals and Inquiries Act sieht lediglich vor, daß der Council on Tribunals bei der Abfassung solcher Verfahrensregeln, die grundsätzlich in der Form eines Statutory Instrument ergehen, zu konsultieren ist[17].

2. *Wichtige Verfahrensgrundsätze und ihre Anwendung bei verschiedenen Tribunals*

Bei der Ausgestaltung der Verfahrensvorschriften für Tribunals lehnt man sich an die Verfahrensprinzipien der ordentlichen Gerichte an. Diese sind: Öffentlichkeit des Verfahrens, anwaltschaftliches Vertretungsrecht, Möglichkeit des Kreuzverhörs, Befugnis zur Vereidigung, Verhängung von Beugestrafen, Anwendung der „rules of evidence“, Gewährung von „absolute priviledge“ und Kostenpflichtigkeit des Verfahrens.

a) Der Bogen der Tribunals spannt sich nun von solchen, wie etwa dem Lands Tribunal, das alle diese Prinzipien und Techniken bei seinen Verhandlungen beachtet, bis zu den Rent Tribunals, die bis heute noch keinerlei gesetzliche Verfahrensvorschrift kennen und nur auf Grund der Direktiven des Vorsitzenden prozedieren.

Der Franks-Ausschuß wollte die Prinzipien der ordentlichen Gerichte nur soweit auf Tribunals angewandt wissen, als sie zur Durchführung eines geordneten Verfahrens notwendig schienen. „The object to be aimed at in most tribunals is the combination of a formal procedure

---

[13] Vgl. C.T.E. Report § 62.

[14] C.T.E. Report § 62.

[15] *The Attorney General*, H.C.Deb., 16th June 1965, 85.

[16] Vgl. C.T.E. Report § 63.

[17] Vgl. T.I.A. § 8; vgl. dazu *Garner*, Council S. 331 ff.

with an informal atmosphere"[18]. Gemäß dieser Leitlinie gab der Franks-Ausschuß folgende Empfehlungen in bezug auf den Verfahrensablauf: Das Verfahren sollte grundsätzlich öffentlich sein[19], Anwälte sollten zugelassen sein[20], die gerichtliche Praxis des Kreuzverhörs sollte Anwendung finden[21]. Die Befugnis zur Vereidigung sollte grundsätzlich allen Tribunals zustehen. Solche, die den ordentlichen Gerichten ähnlich seien[22], sollten Zeugen generell vereidigen, die übrigen Tribunals nur nach Ermessen des Vorsitzenden[23].

b) Während Lands Tribunals z. B generell die Zeugen vereidigen[24], steht dies bei National Insurance Appeal Tribunals im Ermessen des Vorsitzenden[25]. Zwangsweise Vorladungen können entgegen den Vorstellungen des Franks-Ausschusses nicht vom Tribunal angeordnet werden[26]. Vielmehr haben die Parteien einen dahingehenden Antrag an den High Court zu richten[27].

Zwar haben Tribunals, wie schon in Board of Education v. Rice entschieden[28], die Regeln „natürlicher Gerechtigkeit" zu beachten, wozu auch das Recht gehört, Zeugen und Parteien ins Kreuzverhör zu nehmen[29]. Im übrigen brauchen die Tribunals jedoch nicht den strikten „rules of evidence", wie der „best evidence rule" zu folgen. Vielmehr sind auch Beweise „vom Hörensagen" möglich[30].

In der Frage der Straffreiheit von diffamierenden Äußerungen („priviledge") hat sich der Franks-Ausschuß dafür ausgesprochen, daß die Aussagen der Zeugen vor den Tribunals absolut privilegiert sein sollten[31]. Eine positivrechtliche Regelung dieser Materie fehlt. Die Recht-

[18] C.T.E., Report § 64.

[19] C.T.E., Report § 76 ff.

[20] C.T.E., Report § 83 ff.; dazu siehe oben Kap. 6, I 6.

[21] C.T.E., Report § 93.

[22] C.T.E. Report § 91: „Those tribunals which are most akin to courts of law ...".

[23] Vgl. *Garner*, Law S. 200: „The power to administer an oath is not perhaps so important at the present time when most witnesses are reasonably educated, as it was when the oath was administered to impress on the witness the importance and solemnity of the occasion."

[24] Vgl. C.T.E., Report § 91.

[25] Vgl. The National Insurance (Determination of Claims and Questions) (No. 2) Regulations 1967, § 12.

[26] Vgl. *Garner*, Law S. 200.

[27] Vgl. *Wade*, Law S. 272.

[28] Vgl. dazu oben Kap. 2, III 1.

[29] Vgl. *Wade*, Law S. 213.

[30] = Hearsay; vgl. *Wade*, Law S. 213 mit Verweis auf R.v. Deputy Industrial Injuries Commissioner (1965) 1 Q.B. 456 und *Garner*, Law S. 114 unter Hinweis auf Miller v. Minister of Housing and Local Government (1968) 2 All E.R. 633.

[31] C.T.E. Report § 82.

sprechung der ordentlichen Gerichte stellt im allgemeinen mit Hilfe eines Zirkelschlusses darauf ab, ob das Verfahren vor dem Tribunal dem Verfahren vor den ordentlichen Gerichten sehr ähnlich ist oder nicht[32]. In den meisten Fällen wird nur „qualified priviledge" gewährt[33]. Kosten fallen vor Tribunals grundsätzlich nicht an. Nach den Empfehlungen des Franks-Ausschusses sollen vielmehr beiden Parteien notwendige Auslagen erstattet werden[34]. Das Verfahren vor dem Lands Tribunal und dem Transport Tribunal ist jedoch kostenpflichtig. Zusammenfassend ist daher festzustellen, das trotz der Leitgedanken des Franks-Ausschusses der Verfahrensablauf bei den einzelnen Tribunals verschieden geregelt ist. Die Gesetzgebungszuständigkeit der einzelnen Ressorts hat bisher eine einheitliche Verfahrensregelung verhindert.

V. Die Verbindlichkeit der Entscheidung

Gemeint ist damit die Frage, ob die verschiedenen Tribunals Entscheidungen treffen, die unmittelbare Rechtswirkung nach außen entfalten, wie dies Akte deutscher Verwaltungsbehörden und Entscheidungen deutscher Gerichte tun, oder ob es unter Tribunals auch solche Organe gibt, die lediglich empfehlend tätig werden.

Tatsächlich handelt es sich hier um ein Kriterium, das bei den meisten Tribunals anzutreffen ist. Sieht man nämlich von den unbedeutenden Ausnahmen der „three advisors"[35], dem Ausschuß des Verwaltungsrats im staatlichen Gesundheitsdienst[36] bei Ablehnung des Antrags und schließlich dem Einwanderungstribunal bei der Entscheidung von Fällen nationaler Sicherheit[37] einmal ab, so treffen alle Tribunals Entscheidungen, die die Parteien binden, üben also nicht eine bloß empfehlende Tätigkeit aus[38].

Dieses Kriterium unterscheidet die Tribunals jedoch von den sog. *Public Inquiries*[39], mit denen sich der Franks-Ausschuß ebenfalls zu beschäftigen hatte. Da diese Inquiries vor allem bis hin zum Zusammentritt des Franks-Ausschusses und auch nachher noch zu Unrecht oft

---

[32] Vgl. dazu *Garner*, Law S. 201.

[33] Dabei stützt man sich auf § 7 des Defamation Act 1952.

[34] Vgl. C.T.E. Report § 94.

[35] Vgl. oben Kap. 8, II 2 Nr. (39).

[36] Vgl. oben Kap. 8, II 2 Nr. (12).

[37] Vgl. oben Kap. 8, II 2 Nr. (8).

[38] Vgl. *Garner*, Law S. 93; *Wade*, Law S. 256.

[39] Vgl. dazu *Boussard*, J. L., L'Enquête Publique en Angleterre und neuestens *Wraith*, R. E. und *Lamb* G. B., Public Inquiries as an Instrument of Government, London 1971.

unter dem Begriff „tribunals" auftauchen, erscheinen einige Ausführungen zu diesem Komplex notwendig.

Vor allem auf dem Gebiet des Städtebaus, der Raumordnung und der Slumsanierung liegt die Entscheidung über enteignende Einzelmaßnahmen beim zuständigen Minister[40], gegen dessen Spruch kein Rechtsmittel zur Verfügung steht[41].

Begrenzter Schutz wird dem betroffenen Bürger in solchen Verfahren dadurch zuteil, daß er, wenn er zum gegebenen Zeitpunkt Einwendungen erhoben hat, diese einem aus dem Ministerium entsandten Inspektor im Rahmen eines „local public inquiry", also eines örtlichen Anhörungsverfahrens vorträgt. Der Bericht über dieses örtliche Anhörungsverfahren wird vom „Inspektor" dann dem Minister vorgelegt, der zwar davon Kenntnis zu nehmen hat, bei seiner Entscheidung jedoch in keiner Weise an die Ergebnisse des Reports gebunden ist.

Das Public Inquiry ist also nur ein Ausschnitt aus einem längeren mehrstufigen Entscheidungsprozeß. Es schließt mit einer Empfehlung an denMinister und unterscheidet sich damit von den Tribunals[42].

VI. Die personelle Besetzung

In der obigen Gesamtdarstellung der Tribunals haben sich schon weitgehende Unterschiede in der personellen Besetzung abgezeichnet.

Als typisches Tribunal kann das Drei-Personen-Tribunal bezeichnet werden[43]. Neben den meist juristisch qualifizierten Vorsitzenden ist es

[40] Meist handelt es sich um ein mehrstufiges Verfahren, bei dem neben dem Minister als endgültiger Instanz zunächst die Gemeindebehörde tätig wird.

[41] Seine Entscheidung ist „purely administrative". Lediglich für formelle Fehler während der Anhörung stehen die praerogativen Klageformen zur Verfügung. Vgl. dazu oben Kap. 3, II 2 und die Präzedenzfälle Franklin v. Minister of Town and Country Planning (1947) 2 All E.R. 289, (1948) A.C. 87 und Nelsovil Ltd. v. Minister of Housing and Local Government (1962) 1 All E.R. 423.

[42] Vgl. *Garner*, Law S. 93. „A tribunals is convened to hear and determine once and for all time (subject of course to any possible appeal) the matter in dispute or the gravamen of the complaint. An inquiry on the other hand is essentially a fact-finding agent, convened to ascertain what the facts may be relating to the matters in issue, with the object of so informing the Minister or other Person who may have convened the inquiry, in order that he may the better be able to come to a decision on the questions before him." Vgl. auch C.T.E., Report § 25; *Wade*, Law S. 256; Jackson, Tribunals S. 115; ders. C.T.E. M.o.E. XII, 449; *Foulkes* S. 96; *Friedmann*, Kontrolle S. 190; a.A. *Lawson*, C.T.E. M.o.E. X, 342; *Lord Lucas of Chilworth* 206 H.L.Deb. 536; *Elcock* S. 21.

[43] Vgl. *de Smith*, Law S. 536; *Robson*, Law S. 127.

mit zwei Laienbeisitzern besetzt, die entweder als Spezialisten[44] oder als Interessenvertreter[45] oder in doppelter Funktion[46] auftreten[47]. Daneben finden sich mit Einzelpersonen besetzte Tribunals, wie z. B. der National Insurance Commissioner, der Traffic Commissioner oder auch der Commisioner of Income Tax. Ihre Ausbildung, Tätigkeit und Amtsstellung ist jedoch grundverschieden, so daß eine solche Gruppierung wenig Aussagekraft besitzt.

Schließlich gibt es auch Tribunals mit wesentlich mehr Personen, z. B. die Civil Aviation Authority[48].

Zusammenfassung:

1. Der Begriff „Administrative tribunal" hat keine typisierende Bedeutung.
2. Tribunals sind unterschiedlich strukturierte Gebilde.
3. Sie werden hauptsächlich im Verhältnis Staat - Bürger tätig; ansonsten besteht zumindest ein mittelbares öffentliches Interesse an dem streitigen Rechtsverhältnis.
4. Soweit Tribunals im Verhältnis Staat - Bürger tätig sind:
   a) liegt ihr Schwerpunkt auf dem Gebiet der Sozial- und Arbeitsverwaltung
   b) werden sie zum Teil als akterlassende, zum Teil als aktüberprüfende Organe tätig.
5. Für jedes Tribunal stellt das zuständige Ministerium eine eigene Verfahrensordnung auf. Der koordinierunde Einfluß des Council on Tribunals wird nur bei den neu errichteten Tribunals sichtbar.
6. Tribunals treffen grundsätzlich bindende Entscheidungen und unterscheiden sich damit von den „public inquiries".
7. Ihre personelle Besetzung ist uneinheitlich. Die meisten Tribunals sind mit einem Vorsitzenden und zwei Beisitzern besetzt.

---

[44] So vor allem bei den Tribunals des Nationalen Gesundheitsdienstes und den Tribunals für Geisteskrankheit.

[45] Z. B. bei den Miettribunals.

[46] So vor allem bei den Industrial und National Insurance Tribunals.

[47] Vgl. *Elcock* S. 37.

[48] Vgl. § 1 Abs. 2 Civil Aviation Act: „The Authority shall consist of not less than six nor more than twelve persons ...".

10. Kapitel: Die Einordnung der Tribunals in den gewaltenteilenden Staat

I. Das Prinzip der Gewaltenteilung in England

Im Gegensatz zu der Bundesrepublik Deutschland, wo der Grundsatz der Gewaltenteilung ein tragendes Organisationsprinzip der Verfassung[1] ist, dessen Nichtbeachtung zur Nichtigkeit einer Norm führen kann[2], hat diese Doktrin zu keiner Zeit die englische Staatspraxis entscheidend beeinflußt und wegen der Souveränität des Parlaments nie größere Bedeutung erlangen können[3]. In Anspielung auf Montesquieu, der ja England als Vorbild für seine Theorie der Gewaltenteilung genommen hatte[4], meint Maitland[5]: „It is curious that some political theorists should have seen their favourite ideal, a complete separation of administration from judicature, realised in England: in England of all places in the world, where the two have for ages been inextricably blended. The mistake comes of looking just at the surface and the showy parts of the constitution". Neben der Person des „justice of the peace" ist es vor allem der Lordkanzler, der am eindrucksvollsten dieses Prinzip widerlegt[6]. „To the English it is a respectable idea, not even a legal fiction; the multitude of exceptions disproves the rule[7]."

Da diese Doktrin von den Realitäten so sehr entfernt sei, ist es besser, meint Griffith, sie ganz zu ignorieren[8].

II. Organisatorische Einordnung der Tribunals

Wenn auch zu keiner Zeit die Staatsfunktionen in England „neatly compartementalized"[9] waren, so finden sich doch auch da drei staatliche Organe, die diese Gewalten ausüben: „Parliament enacting, Whitehall administering and the law courts judging is a familiar picture"[10]. Einer der klassischen Vorwürfe gegenüber den Tribunals war es nun,

---

[1] Vgl. BVerfGE 3, 247; siehe auch BVerfGE 2, 13; 2, 239.

[2] Z. B. die Nichtigerklärung von §§ 421 Abs. 2, 445, 447 Abs. 1 AO durch das Urteil des BVerfG vom 6. 6. 1967 — BVerfGE 22, 49 ff.

[3] *De Smith,* Law S. 41 ff.; Aris S. 373.

[4] Vgl. *de Smith,* Law S. 40.

[5] Maitland, Shallows S. 478; vgl. auch C.M.P. Report S. 8.

[6] Vgl. *Friedmann,* Law S. 383; *Lord Chancellor* 206 H.L.Deb. 618: „The Lord Chancellor is the personal contradiction of Montesquieu's theory of the separation of powers because I am at the same time head of the Judiciary, a Minister and have the honour of being Speaker in your Lordships' House."

[7] *Carr,* Concerning S. 18.

[8] *Griffith,* Principles S. 6.

[9] *De Smith,* Law S. 42.

[10] *Jackson,* Machinery S. 393.

daß diese von der Verwaltung abhängig, ja in sie eingegliedert seien[11]. Es soll daher untersucht werden, in welchem Verhältnis Tribunals zur Exekutive stehen, vor allem was die Organisation und die personelle Besetzung anlangt.

Schon aus der berühmten Formulierung des § 40, Franks-Report[12], ergibt sich doch zumindest *auch*, daß Tribunals „part of the machinery of administration“ sind. An dieser Tatsache[13] kamen auch die Mitglieder des Franks-Ausschusses nicht vorbei. Zurecht wandten sie sich jedoch gegen die Argumentation der Verwaltung, die, von der organisatorischen Eingliederung ausgehend, die Tribunals als „ihr Instrument“ betrachtete[14]. Ein solcher Schluß ist jedoch alles andere als denknotwendig, da die organisatorische Zugehörigkeit zur Verwaltung keineswegs bedeutet, daß die Verwaltung auf die streitentscheidende Tätigkeit Einfluß nehmen kann. Dies zeigen die Tätigkeit des Conseil d'Etat sowie letztlich auch unsere Spezialgerichtsbarkeiten, die dem Innen-, Arbeits-, bzw. Sozialministerium zugeordnet sind. Allein aus der Tatsache, daß die Tribunals den sachlich zuständigen Ministerien angegliedert sind[15], kann deshalb nicht der Schluß gezogen werden, Tribunals seien in ihrer Tätigkeit von der Verwaltung, d. h. dem Minister bzw. dem Civil Service abhängig[16]. Eine negative Auswirkung der Zuordnung der Tribunals zu den jeweiligen Departements ist jedoch zweifellos ihre völlig unsystematische Errichtung, die ohne jede Koordination zwischen mehreren Departements vorgenommen wurde und häufig ein unnötiges Neben- oder gar Durcheinander zur Folge hat.

III. Personelle Abhängigkeit

Entscheidend für das Verständnis von Aufgabe und Funktion des Tribunals ist daher die Frage der personellen Abhängigkeit.

1. Allgemeines

Gemeinhin wurde zur Zeit des Donougmore-Reports und wird noch heute teilweise behauptet, Tribunals seien mit Beamten besetzt[17]. Diese

[11] Vgl. vor allem *Robson*, Justice S. 249; *Ebert* S. 17; *Hewart* S. 43 ff.

[12] C.T.E. Report § 40 Satz 4: „We consider that tribunals should properly be regarded as machinery provided by Parliament for adjudication rather than as part of the machinery of administration.“

[13] So auch *Chapman* S. 185; *Wade*, Law S. 255; *Garner*, Law S. 183.

[14] Vgl. oben Kap. 5, II 1 b.

[15] So erscheinen z. B. die National Insurance Tribunals im Kapitel „Adjudication“ des Jahresberichts des Dept. of Health and Social Security.

[16] Das meint der Franks-Report, § 40 Satz 1: „... but neither are they appendages of Government Departments.“

[17] So vor allem *Lord Hewart* S. 43 ff.; z. T. auch *Robson*, Justice S. 249 ff.

Ansicht entspricht jedoch nicht der Realität. Vielmehr sind die meisten Tribunals mit Personen besetzt, die nicht dem „civil service" oder dem „local government service" angehören[18]. Für diese Unterstellung sind vor allem zwei Gründe maßgebend. Einmal gab schon die Bezeichnung „administrative tribunals" Anlaß zu der Befürchtung, diese seien bloße Abteilungen der Departements[19]. Zum anderen wurde dieser Irrglaube gefördert durch die jahrzehntelange Verknüpfung von „Ministers' powers" und „tribunals"[20], wie sie schon der Donoughmore-Ausschuß vorgenommen hatte[21]. Daraus zog man den Schluß, daß Ministerialabteilungen und Tribunals „merely different forms of the same kind of body"[22] sind.

2. Gesetzliche Regelung und Praxis bei der Ernennung von Tribunalmitgliedern

Die Tatsache jedoch, daß die Tribunals nicht mit „civil servants" besetzt sind, schließt noch nicht aus, daß dennoch eine Abhängigkeit in irgendeiner Form besteht. „If there is one thing above all others of which the Englishman can be sure it is that judges are independent of the executive. They are paid a salary and have a security of tenure which ensures their independence." Diese Zeilen Lord Dennings[23] aus dem Jahre 1949 legen es nahe, die Position der Tribunalmitglieder mit denen der Richter zu vergeichen.

a) Das Drei-Personen-Tribunal

Wenn wir uns zunächst dem typischen Drei-Personen-Tribunal zuwenden, so müssen wir zwischen dem Amt des Vorsitzenden (chairman) und dem der Beisitzer (members) unterscheiden.

α) Die Vorsitzenden der National Insurance Local Appeal Tribunals (LAT) — um ein Beispiel zu nennen — werden vom zuständigen Ressortminister, dem Secretary of State for Social Service bezahlt, d.h. „entschädigt"[24]; die Richter hingegen — und wir sprechen hier nur von jenen 300 Richtern der oberen Instanzen, die aber andererseits nur einen Bruchteil der rechtsprechenden Tätigkeit erledigen — aus dem „Consolidated Fund". Dabei handelt es sich um „permanent expenditure", die im Gegensatz zu den übrigen jährlichen Ausgaben von den Haus-

---

[18] Vgl. *de Smith,* Law S. 536, der Ausnahmen nennt; *Jackson,* Machinery S. 411; ders., Tribunals S. 115; *Wade,* Law S. 258.

[19] Vgl. *Foulkes* S. 60; *Marshall/Moodie* S. 108; *Jackson, Machinery* S. 411.

[20] Dies hatte auch *Robson übersehen;* vgl. Justice S. 249 ff.

[21] Vgl. *Jackson,* Machinery S. 410.

[22] *Jackson,* Machinery S. 410.

[23] *Denning,* Freedom S. 82; vgl. *Lawson* C. T. E. M.o.E. X, 342.

[24] Vgl. § 80 Abs. 2 NIA 1965: „The Minister may pay ..."

haltsdebatten im Parlament ausgenommen sind. „This practice tends purposely to preserve their independent position“[25]. Mag daher für die Engländer die Bezahlung der Vorsitzenden und Beisitzer der Tribunals angesichts dieser besonderen Bestimmungen für die Bezahlung der Richter ein Indiz für die Abhängigkeit der Tribunalsmitglieder sein, so bleibt dies ohne Bedeutung für den deutschen Betrachter.

Die Richter dieser oberen Gerichte werden von der Krone ernannt, d. h. vom Premierminister bzw. vom Lordkanzler und üben ihr Amt aus: „during good behaviour, subject to a power of removal by Her Majesty on an address presented to Her Majesty by both Houses of Parliament“[26]. Diese Vorschrift wurde aus dem Act of Settlement übernommen, wo es heißt: „Judges commissions were to be made quamdiu se bene gesserint, but upon the adress of both Houses of Parliament it shall be lawfull to remove them“[27]. Daraus folgt einerseits, daß auch ein englischer Richter absetzbar ist, auch wenn das seit dem Jahre 1701 nur einmal praktiziert wurde[28], zum anderen, daß infolge der Parlamentssouveränität jederzeit neue weitergehende Vorschriften erlassen werden könnten.

Diese kontinental legalistische Betrachtung würde jedoch dem Ansehen und dem Amt eines englischen Richters nicht gerecht werden. Tatsächlich genießt er ein Ansehen und damit eine Unabhängigkeit gegenüber allen politischen Kräften, auch dem Parlament, die sein Amt schier unangreifbar machen[29]. Bis 1959 bedeutete die Amtszeit grundsätzlich „lebenslange “Amtszeit; durch den Judical Pensions Act 1959 wurde eine Obergrenze von 75 Jahren festgelegt.

Wenn wir dem die Tätigkeit der Tribunalmitglieder gegenüberstellen, fällt folgendes auf: Wie schon bei den Ausführungen zum Franks-Report erörtert[30], wird der Vorsitzende eines Tribunals entgegen den Empfehlungen dieses Gremiums vom zuständigen Minister ernannt. Für National Insurance Local Appeal Tribunals vgl. NIA 1965 § 77 Abs 1 Nr. c „... a person appointed by the Minister to act as chairman“. Wie diese „appointments“ in der Praxis vor sich gehen, das gehört zu den unerforschten Geheimnissen, denn niemand weiß genau — nicht einmal auf höherer Ebene —, wie und mit Hilfe welcher Methode ein Kandidat aus dem Anwaltsstand ausgewählt wird „for elevation to the Bench“[31].

---

[25] *Wade/Philips* S. 231.

[26] Supreme Court of Judicature Act 1925, § 12.

[27] Act of Settlement 1701, zitiert nach *de Smith,* Law S. 374.

[28] Vgl. *de Smith,* Law S. 375.

[29] Das nicht zuletzt deshalb, weil der Richterstand ein „closed shop“ ist; d. h. alle seine Mitglieder rekrutieren sich aus der „Bar“, dem etwa 2500 Personen umfassenden Barristerstand, vgl. *de Smith,* Law S. 368 f.

[30] Vgl. oben Kap. 5, III 5, Kap. 6, I 2.

[31] So *Allen,* Jurisdiction S. 81.

Trotz dieser düsteren Diagnose gibt es dennoch einige bekannte Details und Kriterien, nach denen diese Ernennungen vollzogen werden. So liegt im Bereich der Tribunals für National Insurance die Hauptarbeit zur Erfassung neuer Vorsitzender in den Händen des Ministeriums („Headquarters") und der örtlichen Außenstelle des Ministeriums („Regional office")[32, 33]. Beide Stellen führen eine „Schubladenliste" mit möglichen künftigen Kandidaten. Vor Erstellung dieser Listen werden vor allem die örtlichen Gerichte sowie die örtlichen juristischen Beamten, wie Town Clerk, Local Clerk to the Justice of the peace konsultiert. Denn den Empfehlungen des Franks-Ausschusses folgend, wonach die Vorsitzenden solcher zweitinstanzlicher Tribunals juristisch qualiziert sein sollten — eine Empfehlung, die im übrigen vom Tribunals and Inquiries Act praktisch unberücksichtigt blieb[34] —, versucht man, qualifizierte Juristen für dieses Amt zu finden[35]. Nach Vervollständigung der Listen und einer ersten Vorauswahl finden Interviews mit den Kandidaten in den örtlichen Außenstellen statt. Danach sind die sog. „Local Advisory Committees" zu konsultieren, die vertrauliche Stellungnahmen über die einzelnen Kandidaten abgeben[36]. Schließlich wählt der Vorstand der Außenstelle — mindestens im Rang eines Regional Controller[37] — drei Kandidaten aus und leitet diese Vorschlagliste an das Ministerium weiter. Dieses unterbreitet die Liste nach etwaiger Überprüfung oder Korrektur dem Lordkanzler, der neben den ihm auf diese Weise empfohlenen Kandidaten noch weitere in Betracht zieht, die ihm als „suitable" bekannt sind. Aus der so zusammengestellten Liste wählt dann der Minister den Vorsitzenden aus[38]. Dieses geschilderte Ausleseverfahren ist in einem vertraulichen Dokument, dem „Code for Tribunals and Committees", festgehalten. Dort finden sich auch folgende Anforderungen[39]:

1. Der Kandidat soll „barrister, advocate[40] oder solicitor" sein.
2. Die Bereitschaft des Kandidaten, sich mit den einschlägigen Gesetzen

---

[32] Vgl. dazu den im folgenden zitierten Aufsatz von *S. McCorquodale*, The Composition of Administrative Tribunals, 1962 P.L. 298.

[33] Das sind völlig unselbständige und weisungsabhängige Außenstellen; sie als Verwaltungsunterbau zu bezeichnen, wäre zu anspruchsvoll.

[34] Siehe oben Kap. 6, II; vgl. auch *Lord Chancellor*, 208 H.L. Deb. 591.

[35] Nach Auskunft des Ministeriums sind gegenwärtig von 272 Vorsitzenden 270 juristisch vorgebildet.

[36] Vgl. N.I.A. 1965, § 89.

[37] Dieser Position entspricht in Deutschland das Amt eines Regierungsdirektors.

[38] Vgl. N.I.A. 1965, § 77; T.I.A. § 3 Abs. 1, Abs. 6.

[39] Zit. nach *McCorquodale* S. 299

[40] Advocate ist die schottische Bezeichnung für barrister.

und Verordnungen sowie den Entscheidungen des Commissioners[41] vertraut zu machen.

3. Kenntnis der Verhältnisse in der Industrie, sowie der sozialen Bedingungen der Arbeiter[42].
4. Eine Person, die in bezug auf Unabhängigkeit und Unparteilichkeit verläßlich ist.

Außerdem ist folgender Negativkatalog vermerkt:

An folgende Personen sollte nicht herangetreten werden:

1. Parlamentsmitglieder;
2. Kandidaten oder voraussichtliche Kandidaten für die nächsten Parlamentswahlen;
3. Politische Repräsentanten[43], auch wenn nur nebenamtlich tätig;
4. Sprecher, die öffentlich für politische Parteien werben;
5. Vorsitzende von Nominierungsausschüssen in den einzelnen Wahlkreisen.

Zweifellos übt unter den hier entscheidenden Instanzen — Lordkanzler, Ministerium, örtliche Außenstelle — letztere die bedeutungsvollste Funktion aus. Weil sie über die besten Orts- und Personenkenntnisse verfügt, wird das Ministerium nur in außergewöhnlichen Fällen nicht den in der Dreierliste aufgeführten Kandidatenvorschlägen folgen.

Etwas unverständlich erscheint in diesem Zusammenhang, warum der erwähnte „Code for Tribunals and Committees" eine interne Anleitung bleibt und der Öffentlichkeit vorenthalten wird. Damit wird nur unnötig Anlaß zu Verdächtigungen gegeben. In Deutschland finden sich diesbezügliche Vorschriften seit langem in einschlägigen Gesetzen, wie dem Richtergesetz, dem Gerichtsverfassungsgesetz bzw. den Beamtengesetzen.

Was die Amtsdauer betrifft, stellt § 77 Abs. 7 NIA nur lapidar fest: „A person appointed to act as chairman of a local tribunal shall hold and vacate office in accordance with the terms of his letter of appointment". In der Praxis wird jedoch der Vorsitzende zunächst auf 3 Jahre[44] ernannt und leitet durchschnittlich einmal pro Woche ein Verfahren[45].

---

[41] Zu seiner Stellung siehe unten Anhang I.

[42] Der engl. Wortlaut ist: He must have a knowledge of industrial and working class conditions.

[43] Der Code spricht von „political agents".

[44] Vgl. C.T.E. M.o.E. II, 31 ff.

[45] So *McCorquodale* S. 300; dabei sagt die durchschnittliche wöchentliche Beschäftigungsdauer wenig über die tatsächlichen Verhältnisse aus. Es gibt heute schon Vorsitzende, die an 3—4 Tagen pro Woche den Vorsitz in mündl. Verhandlungen übernehmen müssen; d. h. die Nebentätigkeitseigenschaft dieses Amts steht mehr und mehr auf dem Papier und es liegen im Ministerium auch Pläne vor, „full-time chairmen" einzusetzen. Daß bei solch

Dabei ist darauf hinzuweisen, daß es sich bei dieser Tätigkeit um ein Nebenamt handelt, d. h. der Barrister oder Sollicitor übt nach wie vor seine Privatpraxis aus, muß sich jedoch, was einzelner Übereinkunft überlassen bleibt und nicht normiert ist, für eine monatliche Mindeststunden- oder Tageszahl als Chairman zur Verfügung stellen. Dabei wird auch versucht, private Anwaltstermine vor den ordentlichen Gerichten mit den Sitzungsterminen in Tribunals organisatorisch abzustimmen. Daneben bildet die Vollendung des 72. Lebensjahres eine definitive zeitliche Begrenzung.

Schließlich kann der Vorsitzende aber auch während der laufenden Amtszeit seines „Jobs" verlustig gehen, „if he becomes the subject of local comment or notice in the press — for example on conviction for any offence or bankrupty"[46].

Wenn wir diese beiden Merkmale eines Chairman, nämlich die nur dreijährige Amtszeit und den Nebentätigkeitscharakter mit dem Bild des „High Court Judge" vergleichen, erscheint das Amt des Tribunalvorsitzenden nicht geeignet, Achtung und Ansehen auszustrahlen.

Dabei dürfen wir jedoch nicht außer acht lassen, daß der „High Court Judge" zur oberen Klasse der Richter gehört. Der Hauptanteil richterlicher Tätigkeit wird von den etwa 17 000 Friedensrichtern, den Justices of the peace, verehrungsvoll „The great unpaid" genannt, erledigt[47]. Sie aber können ihres Amts enthoben werden „at the Lord Chancellor's pleasure"[48]. Im Gegensatz zu der Vorschrift des Art. 97 GG kennt das englische Recht keine entsprechende allgemeine Vorschrift, die für alle richterlich tätigen Personen gültig wäre. Lediglich für die Mitglieder des High Court ist der Grundsatz richterlicher Unabhängigkeit staatsrechtlich verankert[49]. Der Chairman besitzt somit nicht die persönliche Unabhängigkeit eines deutschen Richters. Ob seine Tätigkeit die Ausübung richterlicher Funktion darstellt, ist damit nach englischer Auffassung aber noch nicht ausgeschlossen.

β) Für die Beisitzer[50] gilt folgendes:

Sie haben entscheidungstechnisch grundsätzlich dieselbe Funktion wie der Vorsitzende, d. h. sie nehmen an der Verhandlung gleichberechtigt

---

hoher Beanspruchung eine Anwaltspraxis nicht mehr entsprechend geführt werden kann, versteht sich von selbst.

[46] *McCorquodale* S. 300.

[47] *Allen*, Jurisdiction S. 13; diese Tatsache kann nicht genug hervorgehoben werden, da immer noch allzu häufig bei einem Vergleich der Anzahl deutscher Richter mit der Großbritanniens lediglich die 300 Oberrichter einbezogen werden; so z. B. *Friedmann*, Kontrolle S. 186, wodurch ein verzerrtes Bild entsteht.

[48] Vgl. *Jackson*, Machinery S. 397.

[49] So *Aris* S. 398.

[50] Auch hier wird zur Illustration das Beispiel der National Insurance Local Tribunals herangezogen.

teil und geben ihre Stimme in der Beratung ab. Sie können sogar den Vorsitzenden überstimmen (arg. § 77 Abs. 6 NIA 1965). Jedoch sieht § 77 Abs. 6 NIA 1965 andererseits vor, daß die mündliche Verhandlung auch bei Abwesenheit eines oder beider Beisitzer durchgeführt werden kann, wenn der Kläger zustimmt[51]. Die Beisitzer werden aus Listen, die vom Ministerium zusammengestellt sind, vom Clerk[52] des Tribunal für die einzelnen mündlichen Verhandlungen eingeteilt[53]. Die eine Liste umfaßt Arbeitgeber und Angehörige freier Berufe, die andere Arbeitnehmer. Die Listen werden alle drei Jahre neu zusammengestellt[54]. Auch hier wird bei der Ernennung der örtliche Empfehlungsausschuß (local advisory committee) tätig, dessen Vorschläge der Minister berücksichtigen soll[55].

Ein Beisitzer kann auch während seiner Amtszeit vom Minister entlassen werden, jedoch seit Inkrafttreten des Tribunals and Inquiries Act 1958 nur noch mit Zustimmung des Lordkanzlers[56]. Der oben erwähnte „Code for Tribunals and Comittees" führt zwei besondere Gründe zum Rücktritt bzw. zur Entlassung an:

1. Aufnahme politischer Tätigkeit
2. Straffälligkeit, Konkurs.

Zusammenfassend ist folgendes festzustellen:

Die Ernennung der Vorsitzenden und auch der Beisitzer liegt grundsätzlich in Händen des Ministers. Zwar sieht § 3 TIA vor, daß der Ressort-Minister aus einer Liste, die vom Lord Chancellor zusammengestellt wird, den zu ernennenden Kandidaten auswählt. In der Praxis wird diese Liste selbst jedoch aus dem Ministerium heraus dem Lordkanzler unterbreitet, so daß sein Einfluß nicht zu hoch veranschlagt werden darf.

Vorsitzende wie Beisitzer werden zunächst auf drei Jahre bzw. vier Jahre ernannt. „It is unreal in these circumstances to speak of their (sc. tribunal members) independence", meint Allen[57]. Sicherlich ist die Position der Tribunalmitglieder[58] in dieser Beziehung schwächer als die-

[51] Falls ein Beisitzer anwesend ist, erhält der Vorsitzende eine 2. Stimme.

[52] Siehe dazu unten IV.

[53] Vgl. *Street*, Justice S. 14.

[54] So *McCorquodale* S. 302; der N.I.A. 1965 stellt die Amtsdauer des einzelnen Beisitzers in das Ermessen des Ministers (§ 77 Abs. 4 N.I.A.): The members of the panels shall hold office for such period as the Minister may direct.

[55] Vgl. N.I.A. 1965, § 77 Abs. 3; mit Minister ist hier das Local Office gemeint.

[56] Vgl. T.I.A. § 5.

[57] *Allen*, Jurisdiction S. 106; vgl. auch *Ganz* S. 221.

[58] Hier als Oberbegriff für Vorsitzende und Beisitzer verstanden.

jenige der Justices of the Peace oder vergleichbarer Ämter. Solange andererseits die Tätigkeit als Vorsitzender — sie steht dabei im Mittelpunkt des Interesses — nebenamtlich ist, liegt es vielleicht ohnehin nicht in der Absicht des amtierenden Vorsitzenden, eine lebenslange oder wenigstens langjährige Beschäftigung daraus zu machen, so daß ihn die drohende Nichtwiederernennung in seiner Unparteilichkeit nicht zu sehr beeinflussen dürfte. Mag in der Praxis auch keinerlei Mißbrauch geschehen, so ist andererseits die jeweils auf drei Jahre begrenzte Amtsdauer nicht geeignet, die Unabhängigkeit des Tribunals zu stärken. Hinzu kommt, daß mit dem weiteren Anwachsen der Streitigkeiten vor Tribunals immer mehr Vorsitzende benötigt werden. Dabei trägt man sich zunehmend mit dem Gedanken, hauptamtliche Vorsitzende einzusetzen[59].

Schon im Hinblick darauf erscheint es notwendig — nach einer eventuellen Probezeit, wie wir sie bei Gerichtsassessoren kennen — die Amtszeit zumindest langfristig festzulegen. Auch hier gilt der Satz Lord Hewarts „It is of fundamental importance that justice should not only be done but should manifestly and undoubtedly be seen to be done“[60].

b) Das Ein-Personen-Tribunal am Beispiel des National Insurance Commissioner

Das National Insurance System kennt neben dem Local Tribunal eine weitere Spezialinstanz, den Umpire, wie er früher in Anlehnung an die Welt des Sports bezeichnet wurde[61] oder National Insurance Commissioner (NIC), wie er seit 1948 genannt wird. Im Gegensatz zum „Local tribunal“ entscheidet der Commissioner grundsätzlich als Einzelperson[62]. Der Commissioner wird von der Krone ernannt[63] und muß über minde-

---

[59] Diesem Gedanken stehen die Empfehlungen des Franks-Ausschusses entgegen; vgl. C.T.E. Report § 57: „... we are agreed in rejecting any suggestion that in general, tribunal service should become whole-time or salaried, such a change would, we think, impair many valuable features of the system“ — eine letztlich unbefriedigende Antwort; vgl. auch die anderslautenden Empfehlungen *Robson* und der Labour Lawyers: C.T.E. M.o.E. XIII, 503 bzw. XIV, 530, 531.

[60] *Lord Hewart* C. J. in R.v. Sussex Justices, ex parte McCarthy (1924) 1 K.B. 256, S. 259.

[61] Umpire = Schiedsrichter; vgl. *Robson*, Justice S. 129: The umpire ... whose position has been denoted by a title used nowadays almost exclusively to signify the man whose job it is to see that cricket is played fairly according to the rules of the game ...

[62] Zum System der National Insurance Tribunals siehe im einzelnen unten Anhang I.

[63] Vgl. § 9 Abs. 1 i.V. mit § 14 Abs. 3, Abs. 2 a N.I.A. 1966: Her Majesty may from time to time appoint ...

stens zehnjährige Berufserfahrung als Barrister verfügen[64]. Seine Amtszeit ist grundsätzlich nicht befristet, sondern endet mit der Vollendung des 72. Lebensjahres[65]. Der Commissioner ist hauptamtlich tätig und bezieht ein Gehalt[66].

In der Tat nimmt der National Insurance Commissioner eine Stellung ein, die etwa zwischen der eines County Court Judge und eines High Court Judge liegt. Dies drückt sich auch darin aus, daß er letztinstanzlich tätig wird, d. h. kein Appeal zum High Court zulässig ist.

Aus diesen Beispielen wird wiederum klar, wie verschiedengestaltig auch die Besetzung der Tribunals und der Modus der Ernennung ist. Es fällt daher schwer, ein einheitliches Urteil über die dadurch implizierte Abhängigkeit der Tribunalmitglieder zu fällen. Während das Amt des Commissioner schon durch den Modus der Besetzung seine Unabhängigkeit offenbart, bleibt die zeitlich eng befristete Beschäftigung der Vorsitzenden und Beisitzer bei den „local tribunals" doch bedenklich. Zumindest die Möglichkeit ministerieller Einflußnahme ist daher nicht der Hand zu weisen.

IV. Beeinflussung durch den „Clerk"

„The practice whereby the majority of clerks of tribunals are provided by the Government Departments concerned from their local and regional staffs seems partly to be responsible for the feeling in the minds of some people that tribunals are dependent upon and influenced by those Departments"[67]. Das Amt des Clerk[68] ist in der deutschen Gerichtsbarkeit unbekannt. Gewissermaßen als „Jack of all trades" fungierend ist er Geschäftsstelle, Gerichtsdiener und auch Geschäftsverteilungsstelle für die einzelnen mündlichen Verfahren, d. h. er setzt die Termine für die mündlichen Verhandlungen fest und teilt die einzelnen Beisitzer für die mündlichen Verhandlungen ein[69]. Einen Sturm der Entrüstung im Zusammenhang mit dem „clerk to the tribunal" entfachte der Umstand, daß dieser sich als Beamter des Ministeriums bei manchen Tribunals mit den Mitgliedern zur Beratung zurückzog[70]. So

[64] Vgl. § 9 Abs. 1 N.I.A. 1966.

[65] Vgl. § 79 Abs. 1 a N.I.A. 1965.

[66] Vgl. § 80 Abs. 1 N.I.A. 1965; dieses Gehalt betrug am 1. 1. 1970 £ 9000 im Jahr; das Gehalt eines High Court Judge betrug £ 11 500 im Jahr.

[67] C.T.E. Report § 59 Satz 1.

[68] Von „clericus"; siehe dazu *Hatschek* II, 568 ff.

[69] Vgl. *Street*, Justice S. 14 und 16. Wie dies zu geschehen hat, darüber gibt das Gesetz wenig Auskunft; § 77 Abs. 5 N.I.A. 1965 sagt lediglich: So far as practicable, each member of a panel shall be summoned to serve in turn upon a local tribunal.

[70] Vgl. *Garner*, Law S. 197; *Elcock* S. 43 f.

fühlte sich der Franks-Ausschuß veranlaßt, zu empfehlen[71], daß die Pflichten des Clerk auf „secretarial work" beschränkt würden.

„Like a magistrates' clerk he should be debarred from retiring with the tribunal when they consider their decision, unless he is sent for to advise on a specific point"[72]. Der Council on Tribunals hat denn auch als eine seiner ersten Aufgaben diese Frage untersucht[73]. Im Zusammenhang mit den National Insurance Local Tribunals ergab sich folgende Pikanterie: Bei Visiten dieser Tribunals stellten die Mitglieder des Tribunalrats fest, daß der Clerk sich normalerweise mit den Tribunalmitgliedern zur Entscheidung zurückzieht, ihnen, den Mitgliedern des Council, jedoch der Zutritt verwehrt wurde, da eine ministerielle Verordnung die Teilnahme Dritter an der Beratung verbiete[74]. Der Vorwurf, der gegen die Clerks erhoben wurde, konnte daher nicht überprüft werden. Erst nach dreijährigem Einsatz gelang es dem Tribunalrat, dem Minister das Versprechen abzulocken, daß dieser Bann beseitigt würde[75]. In die Verordnung Nr. 1570 vom 24. 10. 1967[76] wurde dann folgender Passus aufgenommen (§ 9 Abs. 5):

„For the purpose of arriving at their decision, or discussing any question of procedure, a local tribunal shall, notwithstanding anything in this regulation order all persons not being members of the tribunal, other than the person acting as clerk to the tribunal, to withdraw from the sitting of the tribunal:

Provided, that if the chairman and the members of a local tribunal all agree they may, if no person having the right to be heard objects, permit a member or members of the Council on Tribunals, or of the Scottish Committee of the Council, present only in that capacity, to remain present at any sitting of the tribunal even though by virtue of this paragraph other persons are ordered to withdraw".

Faßt man den Inhalt dieses eindrucksvollen Beispiels englischer Gesetzessprache zusammen, so bedeutet das:

1. Der Clerk darf weiterhin an der Beratung teilnehmen.
2. Mitglieder des Tribunalrats dürfen mit Zustimmung aller Beteiligten ebenfalls bei der Beratung anwesend sein.

Abgesehen von Spezialgesetzen im Verordnungsrang, wie dem eben zitierten, hat man noch keine allgemein gültige Regelung in Form eines

[71] Vgl. C.T.E. Report § 61.

[72] C.T.E. Report § 61 Satz 4.

[73] C.o.T. A.R. 1959 § 93.

[74] Vgl. C.o.T. A.R. 1962 § 21.

[75] Vgl. C.o.T. A.R. 1965 § 6. In einem solchen Fall zeigt sich die Schwäche des Tribunalrats, dem letztlich ohne Zustimmung der verantwortlichen Exekutive die Hände gebunden sind.

[76] S. I. 1967 No. 1570, Social Security, The National Insurance (Determination of Claims and Questions) (No. 2) Regulations 1967.

Parlamentsgesetzes zustande gebracht. Sicher wäre es hier falsch, nun einen grundsätzlichen oder auch nur gelegentlichen Einfluß dieser Clerks auf die einzelne Entscheidung anzunehmen. Zu bedenken ist jedoch folgendes:

Inwieweit das Tribunal auf die Unterstützung des Clerk angewiesen ist, der Lebensbeamter ist und das Metier in fast allen Fällen weitaus besser kennt als die Mitglieder des Tribunal, die nur turnusmäßig und nur auf bestimmte Zeit tätig sind, hängt vor allem von der Person des Vorsitzenden ab. Je stärker seine Position, je sicherer seine Verhandlungsführung und vor allem je umfassender seine Rechtskenntnisse, umso geringer ist die Gefahr etwaigen Einflusses von seiten des Clerk, Daher ist vor allem bei den Tribunals, die Laienvorsitzende haben, größere Aufmerksamkeit angebracht, als bei Tribunals mit qualifizierten Vorsitzenden[77].

Zusammenfassung:

Zurückkehrend zum Ausgangspunkt, nämlich zu der Frage, wo die „administrative tribunals" organisatorisch einzuordnen sind, können wir daher feststellen:

Unbeschadet ihrer noch zu klärenden Eigenschaft als materiell rechtsprechende oder verwaltende Institutionen stehen die Administrative Tribunals im Gegensatz zu den Ordinary Courts unter der Verwaltung der jeweiligen Fachministerien, von denen sie nicht nur finanziell und räumlich ausgestattet werden, sondern die auch de facto die „appointments" der Vorsitzenden sowie der Beisitzer vornehmen. Im Gegensatz zu den echten Richterämtern werden dabei mit Ausnahme der Commissioners keine Ernennungen auf Lebenszeit vorgenommen, vielmehr wird die Amtszeit auf 3 Jahre beschränkt — unbeschadet einer oder mehrerer Wiederernennungen.

Daneben kann, je nach der Stellung des Vorsitzenden, ein gewisser Einfluß von seiten des Ministeriums durch die Person des Clerk erfolgen.

11. Kapitel: Zur Funktion der Tribunals

Damit sind wir aber noch nicht der Frage enthoben, ob Tribunals generell oder wenigstens einige der unter diesem Begriff zusammengefaßten Gebilde materiell als Gerichte oder als Verwaltungsbehörden

[77] Vgl. *Elcock* S. 51 f.; zur Bedeutung des Juristen als Mitglied eines Tribunals vgl. *Whitmore* S. 489 ff.

anzusehen sind, d. h. ob die von ihnen wahrgenommene Funktion verwaltender oder rechtsprechender Natur ist.

Während Friedmann[1] der Ansicht ist, die Briten seien sich noch nicht darüber einig, ob Tribunals zur Verwaltung oder zur Rechtsprechung zu zählen seien, sieht sie Ritter[2] sowohl als Teil der Verwaltungsmaschinerie als auch als Instrument der Rechtsprechung an; Stein[3] andererseits siedelt Tribunals in der Mitte zwischen einer Selbstkontrolle der Verwaltung und unabhängigen Verwaltungsgerichten an; Aris[4] schließlich hält sie gar für echte Gerichtsorgane. Um diese verschiedenen Meinungen würdigen zu können, müssen wir einen Blick auf das englische Funktionenverständnis werfen.

I. Die Funktionenlehre in Großbritannien

1. Ihre verfassungsrechtliche Bedeutung

Wie schon das Prinzip der Gewaltenteilung, so ist auch die generelle Beschreibung dieser materiellen Gewalten in England nie von größerer verfassungsrechtlicher Bedeutung gewesen. Während in der Bundesrepublik auf Grund von Art. 92 und 97 GG die Funktionenlehre vom Verfassungsgericht bemüht wird, hat es in England bis heute keinen Versuch gegeben, die staatlichen Funktionen generell zu formulieren[5]. Dem empirisch-praktischen Denken des Engländers liegt es nun einmal fern, eine Theorie aufzustellen, die den Realitäten nicht Rechnung trägt, ja ihnen sogar widerspricht — wo obendrein nicht einmal eine verfassungsrechtliche Notwendigkeit besteht, staatliche Funktionen zu definieren[6]. Demgemäß beschäftigt sich auch die englische Literatur nur sehr spärlich mit diesen Fragen[7]. Soweit daher überhaupt eine Unterscheidung der verschiedenen Funktionen vorgenommen wird, handelt es sich um die Unterscheidung der von den Gewalten im organisatorischen Sinn typischerweise angewandten Entscheidungsprozesse, nicht um eine Analyse von Zweck und Eigenart der staatlichen Tätigkeit[8]. „It is no

---

[1] *Friedmann,* Kontrolle S. 189.

[2] *Ritter* S. 327 in Anlehnung an C.T.E. Report § 4; vgl. auch *Ebert* S. 17.

[3] *Stein* S. 231.

[4] *Aris* S. 397.

[5] *de Smith,* Review S. 54.

[6] Vgl. *Jackson,* Machinery S. 406.

[7] Kurze Erörterungen finden sich bei *Phillips* S. 13 ff.; *Wade/Phillips* S. 18; *de Smith,* Review S. 54 und *Marshall/Moodie* S. 105 ff.

[8] Vgl. *de Smith,* Law S. 513; *Jennings,* Law S. 281 f., 303; *Mitchell,* Verwaltungskontrolle S. 175 hält daher die Tribunals der National Insurance für „one form of control which is in effect to convert administration itself steadily into the judicial process".

new thing in the English legal system to find that procedure gives us a key to distinctions that are baffling when considered as substantive matters"[9]. So hatte schon das Committee on Ministers' Powers[10] versucht, „judicial" und „administrative decisions", nicht aber „functions" zu unterscheiden. Auf den Prozeß des „decision making" bezieht sich auch de Smith[11], wenn er vier Handlungsformen unterscheidet; nämlich neben der gesetzgebenden die verwaltende („administrative or executive"), die rechtsprechende („judicial") und die sog. „ministerial function"[12].

2. *Die Rechtsprechung der Obergerichte*

Diese Einteilung, die sich auch bei anderen Autoren findet[13], ist jedoch kein Ergebnis der englischen Rechtswissenschaft, sondern entstammt der Rechtsprechung der englischen Obergerichte, vor allem der Kings' Bench Division. „In so far as the task of definition has been attempted at all it has been left almost entirely to the courts; and where a definition formulated by the courts for a particular purpose has appeared to them to be unserviceable for a different purpose they have shown no hesitation in disregarding it and adopting another definition. In the result, the terms used to characterise the four classes of statutory functions are riddled with ambiguities of expression"[14]. Somit ist der Boden, auf dem wir argumentieren, sehr schwankend.

II. Konsequenzen für die Tribunals

1. *Die Unterscheidung „administrative" und „judicial"*

Für das Verständnis der Tätigkeit der Tribunals kommt es darauf an, zu klären, ob diese „judicial" oder „administrative" ist. Auf die Entscheidungen der Obergerichte zurückgreifend, lassen sich folgende Aussagen über eine rechtsprechende Tätigkeit machen: Eine „judicial function" wird meist dann angenommen, wenn das angewandte Verfahren dem vor einem ordentlichen Gericht nicht unähnlich ist[15], wenn weiter die in diesem Verfahren gewonnene Entscheidung endgültig ist und

[9] *Jackson,* Machinery S. 407.

[10] Vgl. oben Kap. 3, II.

[11] *de Smith,* Law S. 512; vgl. auch ders., Review S. 54.

[12] Ministerial acts sind lediglich der Vollzug einer zwingenden gesetzlichen Regelung, haben also nichts mit der Tätigkeit von Ministern zu tun; vgl. *Gordon* S. 98 ff.; *Stein* S. 233.

[13] Vgl. schon *Gordon* S. 94 ff.; *Wade,* Background S. 224.

[14] *de Smith,* Review S. 55.

[15] Vgl. *de Smith,* Review S. 66; so auch *Stein* S. 233.

einen Eingriff in die Rechte des einzelnen beinhaltet[16] und wenn schließlich, soweit ein Ermessen eingeräumt ist, dieses objektiv, d. h. ohne Rücksicht auf Gesichtpunkte von „policy“ und Zweckmäßigkeit auszuüben ist[17].

Daß es bei dieser begrifflichen Unsicherheit[18] nicht leicht fällt, die Tätigkeit der Tribunals kurzerhand als rechtsprechende oder als verwaltende zu klassifizieren, liegt auf der Hand. Das Problem erweist sich jedoch darüber hinaus deshalb als schwierig, weil Tribunals, wie oben festgestellt[19], keine homogene Kategorie von staatlichen Organen bilden, vielmehr ihre Aufgabe und Zusammensetzung sehr verschieden sind.

Folglich findet sich auch in der britischen Literatur keine generelle Bestimmung der Funktion der Tribunals, von der vorsichtigen und etwas unklaren Aussage des Franks-Ausschusses einmal abgesehen[20]. Wade[21] spricht der überwiegenden Mehrheit der Tribunals rechtsprechende Funktion zu. Marshall[22] sieht graduelle Unterschiede, angefangen von Tribunals, „which are judical in the strictest sense“, über solche, die bei ihrer Entscheidung unbestimmte Begriffe („variable standards“) anzuwenden haben, bis hin schließlich zu solchen Tribunals, die nur ein rein informatives Anhörungsverfahren ohne Entscheidung anwenden. Wir sehen daraus schon, daß die Bezeichnung „administrative tribunals“ irreführend ist[23] und über die Tätigkeit dieser Organe keinen Aufschluß gibt.

2. *„Policy making“ und „rule applying“ tribunals“*

Wenn wir aus Marshalls dreigliedriger Unterscheidung der Tribunals die letzte Gruppe, die in der Praxis ohnehin keine Rolle spielt, außer Betracht lassen, so bleiben noch „judicial tribunals“ im engeren Sinn auf der einen und solche Tribunals, die bei ihrer Tätigkeit der Policy des Ministers Rechnung tragen müssen[24], auf der anderen Seite übrig. Es wird demnach — um es anders auszudrücken — zwischen „policy-making“ und „rule-applying“ tribunals unterschieden[25]. Typisches „rule-applying“ tribunal ist z. B. das National Insurance Local Appeal Tri-

[16] Vgl. *de Smith,* Review S. 69.

[17] Vgl. *de Smith,* Review S. 72 f.

[18] Vgl. *de Smith,* Review S. 80. „In this highly acrobatic part of the law an aptitude for verbal gymnastics is obviously of advantage“.

[19] Siehe oben Kap. 8 und 9.

[20] C.T.E. Report § 40; vgl. dazu oben Kap. 5, III 3.

[21] *Wade,* Law S. 255.

[22] *Marshall,* Report S. 349 f.

[23] Vgl. *Wade,* Law S. 255; *Marshall/Moodie* S. 108.

[24] Vgl. *Marshall/Moodie* S. 109.

[25] *Elcock* S. 27 ff., 33; vgl. *Griffith,* Principles S. 148 ff.; *Mitchell,* Law S. 285; *Bradley,* Law S. 697.

bunal[26], denn es entscheidet nur auf Grund von Rechtsvorschriften; als typisches policy-making tribunal gilt hingegen die Zivilluftfahrtbehörde (Civil Aviation Authority)[27]. Begründet wird diese Auffassung damit, daß die Zivilluftfahrtbehörde — mag ihr Verfahren im übrigen auch gerichtsähnlich sein — die Vergabe von Luftfahrtlizenzen davon abhängig macht, ob diese im öffentlichen Interesse liegt[28].

Solche Standards wie „öffentliches Interesse" gäben jedoch den entscheidenden Organen „freedom of action"[29], „an area of discretion"[30], also einen Spielraum, der jeweils gemäß der „ministerial policy" auszufüllen sei. Zu diesem Zweck ruft der zuständige Minister die Vorsitzenden solcher Tribunals zu Konferenzen zusammen, auf denen „policy", also die Richtlinienpolitik des politisch verantwortlichen Ministers, diskutiert wird[31].

Die englischen Autoren, auf die Beachtung von „ministerial policy" abstellend, sehen nun alle Ausübung von „regulatory functions", vornehmlich die Erteilung von Erlaubnissen (Licensing), als typische Beispiele von „policy decisions" an — Entscheidungen, die politisch, nicht rechtlich zu verantworten seien[32]. Da diese Tribunals daher der Policy des Ministers, die sich auch in Weisungen, Runderlassen etc. äußern kann, Rechnung tragen müssen, sind sie Ausführungsorgane ministerieller Politik, ohne Ministerialabteilungen zu sein. „Certainly these bodies are approaching the borderline between independent arbitration and departmental decision"[33].

Die Engländer sprechen ihnen daher das Charakteristikum „judicial" ab.

Im Ergebnis können wir daher festhalten, daß schon aus englischer Sicht eine allgemeingültige Aussage über die Funktion der Tribunals nicht möglich ist. Vielmehr finden sich neben „judicial tribunals", die tatsächlich nur spezialisierte Gerichte sind[34], als zweite Gruppe vor allem Behörden zur Erteilung von Erlaubnissen, insbesondere auf den Gebieten des Straßen- und Luftverkehrs, die aus dem engeren Bereich des Departments herausgenommen sind. Diese Unterscheidung der Engländer deckt sich weitgehend, aber nicht notwendigerweise, mit der

---

[26] *Elcock* S. 27 ff.; *Jackson* S. 411 ff.; zur Tätigkeit dieses Tribunal vgl. oben Kap. 8, II 2 Nr. (13) und unten Anhang I und II.

[27] *Elcock* S. 30; zur Tätigkeit dieses Tribunal siehe oben Kap. 8, II 2 Nr. (2).

[28] *Elcock* S. 30.

[29] *Griffith*, Principles S. 149; Ermessen und unbestimmter Rechtsbegriff werden in England nicht unterschieden.

[30] *Bell* S. 80.

[31] Vgl. C.T.E. M.o.E. VII, 229; *Street*, Justice S. 29.

[32] Vgl. dazu *Griffith/Street*, Principles S. 150 ff.

[33] *Marshall/Moodie* S. 109.

[34] Vgl. *Jackson*, Machinery S. 399, 400.

oben vorgenommenen Unterscheidung von akterlassenden und aktüberprüfenden Tribunals[35]. Es wäre nämlich auch ein akterlassendes Tribunal denkbar, das gerichtsähnlich verfährt und sein Ermessen ohne Einflüsse von außen ausübt und somit ein „judicial tribunal" wäre.

Deutsche Maßstäbe zugrundelegend können wir solche Organe, wie die Straßenverkehrsbehörde oder die Luftfahrtbehörde ohne Schwierigkeit als echte Verwaltungsbehörden bezeichnen. Wegen unseres andersartigen, mehrstufigen Verwaltungsaufbaus kennen wir keine funktionellen Unterschiede zwischen einer Ministerialabteilung und einem „extra-departmental tribunal", das als Erlaubnisbehörde fungiert. Zum anderen qualifiziert sich ein solches Organ schon deshalb als Verwaltungsbehörde, weil es Entscheidungen in eigener Sache trifft, nicht aber als unbeteiligtes Staatsorgan handelt. Als Folge davon ist auch nach deutscher Auffassung eine Einflußnahme seitens der Behördenhierarchie ein legitimes, ja typisches Verhalten der Verwaltung. Bei den „judicial tribunals" im englischen Sinn handelt es sich fast ausschließlich um zweitinstanzliche, also aktüberprüfende Tribunals. Was ihre Unabhängigkeit betrifft, dürften sie jedoch nicht ganz den Maßstäben unserer Verfassung entsprechen, um sie als unabhängige Gerichte zu bezeichnen. Vor allem die Wahl und Amtszeit der Vorsitzenden[36] entspricht nicht den Anforderungen an die persönliche Unabhängigkeit des deutschen Richters[37].

Das sollte uns jedoch nicht daran hindern, diesem Typ von Tribunals dennoch den Charakter von Spezialgerichten zuzusprechen oder sie zumindest als eine aus der eigentlichen Staatsverwaltung herausgehobene Kontrolle anzusehen. Steins Ansicht[38], Tribunals stünden systematisch etwa in der Mitte zwischen einer Selbstkontrolle der Verwaltung und unabhängigen Verwaltungsgerichten, ist daher, was diesen Typus von Tribunals anbelangt, zuzustimmen.

3. Konsequenzen bei der Einlegung von Rechtsmitteln

Dieser grundsätzliche Unterschied zwischen „Tribunals of original jurisdiction" einerseits und „Tribunals of appellate jurisdiction" andererseits kommt auch in der Person des „judex ad quem" zum Ausdruck.

Einsprüche gegen Entscheidungen der als Verwaltungsbehörden qualifizierten Tribunals sind beim zuständigen Minister einzulegen[39]. Auch

[35] Oben Kap. 9, III.

[36] Siehe dazu oben Kap. 10, III 2.

[37] Vgl. jedoch BVerfGE 18, 241; *Menger*, JuS 1966, 69.

[38] *Stein* S. 231.

[39] Trotz der gegenteiligen Empfehlungen des Franks-Ausschusses (vgl. C.T.E. Report § 105) blieben die gesetzlichen Vorschriften, die einen „appeal to the Minister" vorsehen, unverändert.

darin zeigt sich das unmittelbare Interesse des Department, daß Einzelentscheidungen mit der allgemein verfolgten „policy“ übereinstimmen[40].

Spätestens seit dem Tribunals and Inquiries Act 1958 steht gegen die Entscheidungen der sog. „appellate tribunals“ die Revision zum Supreme Court offen[41]. Zur Klärung sei jedoch darauf hingewiesen, daß nur sehr wenige Tribunals einen Instanzenzug von „tribunals of original decisions“ über „tribunals of appellate decisions“ zum High Curt kennen, wie dies der Franks-Ausschuß empfohlen hatte[42].

Vielmehr gibt es zu den meisten Tribunals of first instance kein solches of second instance. Dessen Funktionen werden vielmehr vom zuständigen Minister als zweiter und letzter Instanz wahrgenommen. Andererseits entspricht den meisten Tribunals of „appellate“ bzw. „second instance“ kein Tribunal of first instance. Das diese Aufgaben wahrnehmende Organ ist einfach eine Abteilung bzw. Außenstelle des Ministerium, z. B. der National Insurance Officer.

III. Auswirkungen von Art. 177 EWGV

Mit dem Beitritt Großbritanniens zu den Europäischen Gemeinschaften am 1. Januar 1973 ist auch die Frage akut geworden, inwieweit englische Gerichte überhaupt und ob insbesondere Tribunals Adressaten der Bestimmungen des Art. 177 EWGV sind.

1. Die Vorlagepflicht nach Art. 177 Abs. 3 EWGV

Sie obliegt nur letztinstanzlichen Gerichten; der englische Text formuliert: „... a court or tribunal of a Member State, against whose decisions there is no judicial remedy under national law ...“. Seit den Tagen des Tribunals and Inquiries Act[43] ist gegen die Entscheidungen der meisten Tribunals ein „appeal on a point of law“ zum High Court oder zum Court of Appeal eröffnet. Insoweit besteht also eine Möglichkeit, ein innerstaatliches Gericht anzurufen. Zur Sicherung dieses Rechts bestimmt überdies § 3 Abs. 1 E.C.A., daß alle Fragen der Interpretation von Verträgen oder untergesetzlichen Normen („instruments“) von Gemeinschaftsorganen als „questions of law“ zu behandeln sind. Damit ist es den angerufenen Gerichten verwehrt, sich auf die Rüge einer bloßen „question of fact“ zu berufen und so die Rechtsmittelbefugnis gegen

---

[40] Vgl. *Wade*, Law S. 257 f.; *Foulkes* (2. Aufl), S. 62.

[41] Siehe oben Kap. 6, I 4.

[42] Vgl. C.T.E. Report §§ 105, 107.

[43] Siehe dazu oben Kap. 6.

Entscheidungen von Tribunals, die die Anwendung von Gemeinschaftsrecht voraussetzen, lahmzulegen.

Aber auch in den Fällen, in denen gegen die Entscheidung eines Tribunal ein „appeal" gesetzlich nicht zugelassen ist, besteht jedoch immer die Möglichkeit, mit Hilfe der „prerogative orders" den High Court mit der Entscheidung zu befassen[44]. Wenn auch die Voraussetzungen bei diesen Rechtsbehelfen nicht klar umrissen und damit für den Bürger nicht immer berechenbar sind, wird man jedoch auch die „prerogative orders" als innerstaatliche Rechtsmittel, d. h. als „judicial remedy" i. S. des Art. 177 EWGV ansehen müssen. Es sind somit nach der gegenwärtigen Rechtslage keine Fälle denkbar, in denen ein Tribunal nach Art. 177 Abs. 3 EWGV vorlagepflichtig ist. Vielmehr wird sich die Vorlagepflicht, was Zivilsachen[45] anbelangt, auf das House of Lords beschränken; es ist die letzte Instanz im englischen Gerichtsaufbau.

2. *Das Vorlagerecht nach Art. 177 Abs. 2 EWGV*

Nach dieser Bestimmung dürfen Gerichte der Mitgliedsstaaten entscheidungsrelevante Fragen, die die Interpretation des Vertrages und die Gültigkeit von Handlungen und Normen der Gemeinschaftsorgane betreffen, dem Gerichtshof in Luxemburg zur Entscheidung vorlegen. Vor allem für Tribunals, die sich mit steuer-, sozial- oder wirtschaftsrechtlichen Fragen beschäftigen, könnte daher diese Vorschrift Bedeutung erlangen. Hierbei kommt es jedoch entscheidend darauf an, ob Tribunals „Gerichte eines Mitgliedsstaates" i. S. des Art. 177 Abs. 2 EWGV sind.

a) Daß die Frage, ob Tribunals nach englischer Auffassung Gerichte sind, sehr problematisch ist, wurde bereits erörtert[46]. Unabhängig davon ist zunächst zu klären, ob der Begriff „Gericht eines Mitgliedsstaates" i. S. des Art. 177 EWGV nach Gemeinschaftsrecht auszulegen ist, oder auf innerstaatliches Recht verweist — eine „wenig fruchtbare und im übrigen salomonisch zu beantwortende Streitfrage", wie Daig[47] meint.

α) Nach Daig müssen nämlich einerseits grundsätzliche Auslegungsfragen einheitlich, also nach gemeinschaftsrechtlichen Kriterien gelöst werden, während andererseits nur das Gerichtsverfassungsrecht der einzelnen Mitgliedsstaaten entscheiden könne, ob ein bestimmter Spruchkörper eine von dem betroffenen Staat nicht lediglich hingenommene,

---

[44] Vgl. oben Kap. 6, I 4 sowie unten Kap. 12, II.

[45] Zivilsachen sind hier nur im Gegensatz zu Strafsachen zu verstehen und umfassen insoweit auch Entscheidungen auf dem Gebiet des öffentlichen Rechts.

[46] Vgl. oben Kap. 10; 11, I—II.

[47] *Daig* S. 268.

sondern geschaffene oder mindestens geförderte (d. h. seiner Hoheitsgewalt unmittelbar oder mittelbar zuzurechnende) Instanz darstellt[48]. Diese Betrachtungsweise mag angängig gewesen sein im Europa der Sechs, bei Staaten, deren Gerichts- und Verwaltungsorganisation im großen und ganzen auf gemeinsamen Grundsätzen beruht[49]; im Hinblick auf die englische Rechtsordnung ist sie jedoch kaum brauchbar. Ein kodifiziertes Gerichtsverfassungsrecht ist dem englischen Recht unbekannt, so daß es insoweit schwierig ist, unter Heranziehung von Rechtsvorschriften ein englisches Entscheidungsorgan als Gericht zu qualifizieren.

β) Soweit zu dieser Frage überhaupt Anhaltspunkte aus dem positiven Recht gewonnen werden können, ist der englische Text der Verträge von Rom heranzuziehen. Während der französische Text in Übereinstimmung mit dem italienischen von „jurisdiction" spricht, verwendet der englische Text in Art. 177 Abs. 2 die Begriffe „any court or tribunal", stellt also weniger auf funktionale als auf institutionale Merkmale ab. Dieselben Ausdrücke finden sich in Art. 41 EGKSV und in Art. 150 EAGV. Diese Ausdrucksweise, die auch über die Formulierung „Gericht" in der deutschen Fassung des Art. 177 EWGV hinausgeht, läßt die kaum widerlegbare Vermutung zu, daß Großbritannien als neues Mitglied der Europäischen Gemeinschaften neben den ordentlichen Gerichten auch die Administrative Tribunals zur Vorlage beim Europäischen Gerichtshof nach Art. 177 Abs. 2 EWGV berechtigen wollte. Gerade die Betonung von „tribunal" neben dem Begriff „court" zeigt deutlich, daß Großbritannien das Vorlagerecht nicht auf die klassischen ordentlichen Gerichte beschränken wollte. Wenn auch der Begriff „tribunal" ziemlich farblos ist, so dürfte es doch unbestritten sein, daß darunter vor allem diese Institutionen zu verstehen sind, die in der englischen Literatur und Rechtssprechung als „administrative" bzw. „special tribunals" bezeichnet werden und Gegenstand dieser Arbeit sind.

Ob allerdings die Formulierung „any tribunal" soweit verstanden werden kann, daß darunter alle Tribunals zu zählen sind, die oben aufgeführt wurden[50], erscheint zweifelhaft. Wenn es einerseits angemessen erscheint, Tribunals, die als Einspruchsinstanzen tätig werden, den Bestimmungen des Art. 177 Abs. 2 EWGV zu unterwerfen, so kann dies nicht für jene Tribunals gelten, die bloße Kollegialorgane der Verwaltung sind, wie z. B. den Air Transport Licensing Board. Denn das Vorlagerecht von Behörden wird allgemein abgelehnt[51].

---

[48] *Daig* S. 268.

[49] Vgl. *Gand,* EuGH Rspr. XII S. 611.

[50] Siehe oben Kap. 8, II 2.

[51] Vgl. *Tomuschat* S. 32.

γ) Der Europäische Gerichtshof hat denn auch in dem einzigen bisher hierzu entschiedenen Fall[52] weniger auf die innerstaatliche Betrachtungsweise abgestellt, sondern im Interesse einer einheitlichen Auslegung und Anwendung des Vertrags eine Institution als „Gericht" i. S. von Art. 177 EWGV qualifiziert, der das Recht des Mitgliedsstaates (hier der Niederlande) nicht ausdrücklich diese Eigenschaft verliehen hat. Obwohl das „Scheidsgerecht van het Beambtenfonds voor het Mijnbedrijf" (= Schiedsgericht der Bergbauangestelltenkasse) kein Gericht i. S. der niederländischen Gesetze ist, hat der Europäische Gerichtshof das Scheidsgerecht als Gericht i.S. von Art. 177 EWGV angesehen. Dabei hat er vor allem auf die Natur des streitigen Rechtsverhältnisses, auf den staatlichen Einfluß auf die Errichtung, die institutionelle Ausgestaltung des Spruchkörpers, die Art und Weise der Ernennung der Mitglieder, die justizförmige Prozeßgestaltung, die Unabdingbarkeit seiner Zuständigkeit sowie schließlich die strikte Bindung an Rechtsnormen abgestellt[53]. Insoweit hat sich Gerichtshof vor allem der Argumentation des Generalanwalts, der Regierung des Königreichs der Niederlande (!) sowie der EWG-Kommission angeschlossen.

b) Dieser Betrachtungsweise, die sich vom innerstaatlichen Recht löst — zumindest soweit sie nicht darauf abstellt, ob der Spruchkörper formell Gericht i. S. des innerstaatlichen Rechts ist, weil gerichtsverfassungsrechtliche Normen dies vorsehen — ist der Vorzug zu geben. Einerseits dient sie einer einheitlichen Auslegung des Begriffs Gericht i. S. von Art. 177 EWGV, andererseits bietet sie auch eine Richtschnur für gerichtsartige Institutionen in Mitgliedsstaaten, denen kontinentale Gerichtsverfassungsbestimmungen unbekannt sind. Nur auf diese Weise ist den Bürgern aller Mitgliedsstaaten ein gleichmäßiger Rechtsschutz vor dem Europäischen Gerichtshof garantiert und dieser andererseits in der Lage über die Auslegung von Vorschriften des Gemeinschaftsrechts durch Gerichte der Mitgliedsstaaten effektiv zu wachen. Die Qualifikation als Gericht eines Mitgliedsstaates richtet sich also hauptsächlich danach, ob ein staatlich kontrolliertes Organ bei der Entscheidung von Streitigkeiten eine für den einzelnen rechtswirksame Entscheidung trifft.

α) Wenn wir nun die vom Gerichtshof aufgestellten Kriterien an die Administrative Tribunals anlegen, dann erweisen sich die oben getroffenen Differenzierungen als hilfreich[54]. Zunächst sind alle erstinstanzlichen Tribunals auszuschließen, da auch als Gericht i.S. von Art. 177 Abs. 2 EWGV nur ein Spruchkörper anzusehen ist, der auf Einspruch d. h. als zweite (unbeteiligte) Instanz mit Streitigkeiten zweier Rechtsträger befaßt ist. Unter den Anwendungsbereich von Art. 177 Abs. 2

---

[52] EuGH vom 30. 6. 1966, EuGH Rspr. XII S. 584 ff.

[53] EuGH vom 30. 6. 1966, EuGH Rspr. XII S. 601 f.

[54] Siehe oben Kap. 11, II 1—2.

EWGV fallen jedoch die „Appeal Tribunals", soweit sie bei ihren Entscheidungen nur an Rechtsnormen gebunden sind, d. h. „rule-applying-tribunals" im Gegensatz zu „policy-making-tribunals" sind: Ihre Prozeßgestaltung ist weitgehend gerichtsähnlich, ihre Zuständigkeit unabdingbar, ihre Mitglieder werden vom zuständigen Ressortminister bzw. vom Lord Chancellor ernannt. Bedenken, die sich daraus ergeben könnten, daß manche Tribunals nur mit Laien besetzt sind und daß gegen die Entscheidungen der Tribunals immer der Rechtsweg zu den ordentlichen Gerichten eröffnet ist, sie also gewissermaßen den Gerichten vorgeschaltet sind, wurden in dem vom Europäischen Gerichtshof entschiedenen Fall nicht geteilt. Im übrigen handelte es sich bei dem Scheidsgerecht um eine privatrechtliche Einrichtung, deren Statuten der Genehmigung des Ministers bedürfen. Erst recht sind daher staatliche Institutionen wie National Insurance Commissioner, Commissioner of Income Tax zur Vorlage an den Europäischen Gerichtshof berechtigt.

β) Ob allerdings die Praxis in England sich in dieser Richtung entwickeln wird, erscheint trotz der weiten Formulierung in den englischen Vertragstexten zweifelhaft. Es finden sich sogar Stimmen, die Tribunals generell von den Befugnissen des Art. 177 Abs. 2 EWGV ausschließen wollen. So vertrat Lord Diplock, „one of the best legal minds in the country", die Ansicht, kein Gericht unterhalb des Court of Appeal sollte vom Vorlagerecht nach Art. 177 Abs. 2 EWGV Gebrauch machen[55]. Diese Interpretation, die Art. 177 Abs. 2 EWGV praktisch leerlaufen ließe, wird durch den Wortlaut von Art. 177 Abs. 2 EWGV zweifelsohne widerlegt. Dennoch werden es nicht nur anfängliche Unsicherheit und Zweifel sein, die so manches Tribunal von einer Vorlage an den Europäischen Gerichtshof abhalten werden, auch wenn dieser nunmehr mit einem Richter der Krone besetzt ist. An den Gedanken, ein Gericht im Ausland anzurufen, wird man sich erst gewöhnen müssen.

Zusammenfassung:

1. Grundsätzlich sind zu unterscheiden
   a) Tribunals als akterlassende Verwaltungsbehörden = tribunals of first instance oder tribunals of original jurisdiction. Rechtsmittel sind grundsätzlich zum Minister einzulegen.
   b) Tribunals als aktüberprüfende Organe, die (wenigstens nach englischer Sicht) materiell rechtsprechende Aufgaben wahrnehmen = tribunals of second instance oder tribunals of appellate jurisdiction. Rechtsmittel sind grundsätzlich zum High Court einzulegen.

   Letzterer Gruppe ist die Mehrzahl der Tribunals zuzurechnen. Nur sie sind daher als Organe einer Verwaltungskontrolle anzu-

---

[55] Vgl. The Economist v. 4. Dez. 1971 S. 24.

sprechen und kommen als Adressaten für Art. 177 Abs. 2 EWGV in Betracht.

2. Neben diesen beiden Arten von Tribunals, die grundsätzlich verbindliche Entscheidungen fällen, findet sich eine Minderzahl von Tribunals, die nur empfehlende Tätigkeit ausüben[56].

Schlußbemerkungen zur Methode:

Ein solcher Versuch einer analytischen Untersuchung von Aufgabe und Funktion der Tribunals entspricht kontinentaler Praxis. Die Fragestellung des englischen Juristen ist genau umgekehrt. „The process is empirical; what particular points do we want to meet, and are these best secured by the practices and procedures of law courts or by hand — tailoring a special tribunal; it is unlikely that the separation of powers or the Rule of Law will be helpful"[57].

---

[56] Dazu siehe oben Kap. 9,V.

[57] *Jackson,* Machinery S. 406; vgl. *Griffith,* Principles S. 146; *Jennings,* Law S. 301 ff.; *Ganz* S. 215 ff.

Vierter Teil

Administrative Tribunals und der Rechtsschutz des Bürgers

12. Kapitel: Tribunals und die gerichtsförmige Verwaltungskontrolle

I. Allgemeines zum Rechtsschutz in Großbritannien

1. Rechtsschutz und das Prinzip der Ministerverantwortlichkeit

Die völlig verschiedene historische Entwicklung in Großbritannien einerseits und auf dem Kontinent andererseits hat auch zu einer unterschiedlichen Auffassung und Ausgestaltung des Schutzes gegen Maßnahmen der Exekutive geführt. Neben dem traditionellen Laissez-faire-Denken der Gerichte[1] hat vor allem der Grundsatz der parlamentarischen Verantwortlichkeit der Minister[2] lange Zeit die Entwicklung gerichtlichen Rechtsschutzes, ja die Entwicklung eines Verwaltungsrechts überhaupt behindert[3]. Aus dem Prinzip, daß der Minister für alle in seinem Namen getätigten Amtshandlungen dem Parlament verantwortlich ist, haben Politiker und Gerichte den Schluß gezogen, daß damit eine gerichtliche Nachprüfbarkeit konsequenterweise entfallen muß[4], so daß auf diese Weise bis heute viele Maßnahmen der Verwaltung mit Außenwirkung nicht justiziabel sind[5].

---

[1] Vgl. *Stein* S. 239.

[2] Vgl. dazu *Marshall/Moodie* S. 58 ff.; *Marshall*, Responsibility; *Finer*, 1956 P.A. 377; *Parris* S. 80 ff.

[3] Vgl. *Wade*, Law S. 11; bezeichnend ist auch der Kommentar des damaligen Innenministers Maudling bei der Behandlung eines Einbürgerungsfalles im Jahre 1971: „I can assure honourable Members I have never seen the sense of administrative law in our country because it merely means someone else taking the Government's decision for them." Zit. nach *Ganz* S. 308.

[4] Vgl. *Jackson*, Tribunals S. 120: „That system (= of representative democracy) requires that public affairs are settled by persons who are responsible to the public, and once you bring in any form of judicial process you lose that responsibility"; vgl. auch *Mitchell*, Causes S. 102.

[5] Vgl. *de Smith*, Review S. 271 ff.; *Street*, Freedom S. 7.

2. *Die Funktion der Verwaltungskontrolle*

Die gerichtliche Kontrolle der Verwaltung in Deutschland wird charakterisiert als Teil der Rechtsprechung, dem der Rechtsschutz des einzelnen gegen rechtswidrige Maßnahmen der Verwaltung anvertraut ist[6]. Die Position des einzelnen ist dabei gekennzeichnet durch seine Eigenschaft, Träger von subjektiven öffentlichen Rechten zu sein, die auf den Grundrechten basieren.

Solche Grundrechte finden wir jedoch nicht in England. Zwar besitzt Großbritannien bedeutende Staatsdokumente, wie den Habeas Corpus Act, die Bill of Rights oder die Magna Charta. Entgegen einer noch immer anzutreffenden Meinung handelt es sich dabei jedoch nicht um die ersten Grundrechtsverbürgungen.

Vielmehr kennt das englische Recht keine positiv garantierten Rechtspositionen, sondern nur tatsächliche, negative Freiheitsräume, die vom Gesetzgeber (noch) nicht entzogen worden sind:

„The legal concept of liberty is that there are residual areas of great importance where man is free to act as he likes without being regulated by law“[7]. Diese Regeln, die dem einzelnen bestimmte Freiheitsräume belassen, finden sich auch nicht in einem Katalog aufgeführt, sondern ergeben sich einfach als Kehrseite gesetzlicher Ge- und Verbotsnormen. Alle diese Normen haben keinen besonderen Rang; vielmehr kann der Habeas-Corpus Act genauso leicht außer Kraft gesetzt werden wie das Vogelschutzgesetz[8].

Dieses Fehlen echter Grundrechte im deutschen Sinn ist ein Ausfluß der Parlamentssouveränität. Nicht eine geschriebene Verfassung, sondern das Parlament ist für den Briten der Garant der Freiheitsrechte[9]. Demzufolge kann es auch nicht Aufgabe der gerichtlichen Verwaltungskontrolle in England sein, subjektive Rechte in irgendeiner Form zu schützen. Vielmehr ist die Kontrolle objektive, d. h. reine Rechtmäßigkeitskontrolle des Verwaltungshandelns[10], die sich an den Kriterien von „ultra vires“ und „natural justice“ orientiert[11].

Während in Deutschland das Verwaltungsrecht besonders auf den individuellen Rechtsschutz hin ausgerichtet ist, befaßt sich der englische

---

[6] *Ule* S. 4.

[7] *Street*, Freedom S. 293; vgl. *Kwasny* S. 40; *Stein* S. 235.

[8] *Wade*, Law S. 9; vgl. auch *Jennings*, Law S. 262 f.; *Yardley*, Source Book S. 5; *Street*, Freedom S. 293. Die Tatsache, daß England weder unmittelbar geltende Grundrechte noch eine Normenkontrolle durch die Gerichte kennt, ist laut Street, Freedom S. 293 f. der Grund für das mangelnde theoretische Interesse, das die „civil liberties“ in England finden.

[9] Vgl. *Lord Wright* in Liversidge v. Anderson (1942) A.C. 206.

[10] Vgl. *Galeotti* S. 193 ff., 208 f.

[11] Vgl. *Aris* S. 373 ff.; *Friedmann*, Kontrolle S. 184.

Verwaltungsbeamte nicht in diesem Ausmaß mit den Konsequenzen für den Bürger. „The civil servant, with an eye always open to the political consequences of his acts for the Minister may be as averse as the lawyer from a departure from precedent, though he may be less aware of the impact of administrative action on the individual“[12].

II. Formen der Kontrolle[13]

Wir wenden uns nun der Frage zu, in welcher Form und in welchem Umfang die ordentlichen Gerichte die Entscheidungen der Tribunals kontrollieren. Dabei ist zunächst festzuhalten, daß die englische Literatur alle Entscheidungen von Tribunals, auch solche zweitinstanzlicher Natur, in diesem Zusammenhang als „administrative action“ ansieht[14]; damit soll aber nicht die Natur der Entscheidung, sondern die institutionelle Zugehörigkeit der Tribunals zur Verwaltung zum Ausdruck kommen.

Das englische Recht kennt grundsätzlich zwei Formen gerichtlicher Verwaltungskontrolle, die des „appeal“ und die der „review“.

Der Appeal — im common law unbekannt[15] — ist nichts anderes, als das Recht, ein instanziell höheres Gericht anzurufen, das de novo über den Fall entscheidet. Erst seit dem 19. Jahrhundert ist der Appeal als „statutory remedy“, d. h. nur auf Grund positivrechtlicher Regelung im Einzelfall zulässig. Demgegenüber handelt es sich bei der Review um ein historisches Erbe[16]. „By the end of the seventeenth century the basic principles had been securely established; the ordinary courts were competent to pass on the legality of acts done by the Executive and its officials, and it was for the superior courts to excercise a supervisory control (when it was properly invoked) over inferior jurisdictions and in particular to contain inferior tribunals within their allotted jurisdiction. The techniques by which these principles were implemented have survived into the modern age and have been applied in entirely new situations. If judicial review of administrative action had been introduced into England for the first time in 1900 with an apparatus of

---

[12] *Wade/Phillips* S. 619.

[13] Die folgenden Ausführungen können nicht mehr als eine knappe Übersicht bieten; zu Einzelfragen aus dieser überaus komplizierten Materie siehe insbesondere *de Smith*. Judicial Review of Administrative Action, das Standardwerk auf diesem Gebiet.

[14] Vgl. *de Smith*, Review S. 7 ff.; *Griffith/Street*, Principles S. 142 ff.

[15] *Jackson*, Machinery S. 86.

[16] Vgl. *Davis* S. 149: „Either Parliament or the Law Lords should throw the entire set of prerogative writs into the Thames River, heavily weighted with sinkers to prevent them from rising again.“

special administrative courts, there is little doubt that the present rules would be simpler and more coherent“[17].

Das englische öffentliche Recht ist vor allem Prozeßrecht[18]; es gilt der Grundsatz: „remedies precede right“ bzw. „ubi remedium ibi ius“. Ausgangspunkt jeder Überlegung zum gerichtlichen Rechtsschutz ist daher die Klageart, das Remedy. Es bestimmt die Voraussetzungen, das zuständige Gericht und schließlich den anzulegenden Prüfungsmaßstab.

Zu den Formen der Review zählen zum einen die „prerogative writs“[19], nämlich Certiorari[20], Prohibition[21] und Mandamus[22], zum anderen die „equitable remedies“, wie Injunction[23] und Declaration[24]. Charakteristisch für die „prerogative writs“ ist, daß sie zwar eines Antrags oder einer Klage bedürfen, aber nicht gegenüber dem Antragsteller, sondern gegenüber der unteren Instanz ergehen, nur kassatorische Wirkung haben[25], im Ermessen des Gerichts stehen und auch bei Streitigkeiten, bei denen der Rechtsweg stillschweigend oder ausdrücklich ausgeschlossen ist, Anwendung finden. Letzteres Kennzeichen hat allerdings für Tribunals heute an Bedeutung verloren, weil § 11 des Tribunals and Inquiries Act alle Finalitätsklauseln für ungültig erklärt. Wegen ihrer Schwerfälligkeit und der keineswegs gesicherten Antragsvoraussetzungen gewinnen in den letzten Jahrzehnten die beiden Remedies aus dem Equity-Recht immer mehr an Bedeutung[26]. Im Gegensatz zu den „prerogative writs“ sind sie gegen alle Maßnahmen staatlicher Behörden anwendbar, ohne Rücksicht darauf, ob die angegriffene Entscheidung eine „judicial decision“ ist oder nicht.

---

[17] *de Smith*, Review S. 23 f.

[18] Vgl. *Distel* S. 380; *Mitchell*, Causes S. 106, 108; *de Smith*, Review S. 24; Administration under Law S. 4 f.

[19] Siehe dazu vor allem *de Smith*, Review S. 365 ff.

[20] Schreiben im Namen des Königs von dessen Gericht, der King's bzw. Queen's Bench, mit der Weisung, das Urteil der unteren Instanz an die King's bzw. Queen's Bench zu senden, „quia quibuslibet certis de causis certiorari velimus“. Die Queen's Bench hat dann das Recht, diese Entscheidung gegebenenfalls für ungültig zu erklären.

[21] Anordnung der King's bzw. Queen's Bench an die untere Instanz, ein bestimmtes Handeln zu unterlassen; vgl. *de Smith*, Review S. 386 ff.

[22] Weisung der King's Bench an die untere Instanz, einer Pflicht gegenüber einer Person nachzukommen; vgl. *de Smith*, Review S. 559 ff.

[23] Befehl des Gerichts gegenüber einer Partei, entweder eine bestimmte Maßnahme zu unterlassen oder eine solche vorzunehmen; vgl. *de Smith*, Review S. 445 ff.

[24] Declaratory order; nicht vollstreckbarer Anspruch auf Feststellung; vgl. *de Smith*, Review S. 493 ff.

[25] Vgl. *Wade*, Law S. 54.

[26] Vgl. *Denning*, Freedom S. 126.

III. Organe der Kontrolle

Der Tribunals and Inquiries Act hat gegen die Entscheidung der meisten Tribunals die Möglichkeit des Appeal in Rechtsfragen[27] zugelassen. Obzwar als Instanz dafür meist der Divisional Court of the Queen's Bench Division vorgesehen ist, gibt es auch hier viele Ausnahmen[28]: Appeals gegen Entscheidungen des Income Tax Commissioner gehen zu einem Einzelrichter der Chancery, solche gegen Entscheidungen der Service Pensions Appeal Tribunals zum Einzelrichter der Queen's Bench; Appeals gegen Entscheidungen des Transport Tribunal, des Lands Tribunal, der Foreign Compensation Commission und des Patent Appeal Tribunal sind beim Court of Appeal einzulegen. Dieselbe Zersplitterung findet sich bei den Remedies im Rahmen der „judicial review"[29]. Anträge für Certiorari, Prohibition und Mandamus sind beim Divisional Court der Queen's Bench Division zu stellen. Klagen auf Declaration und Injunction sind bei einem Einzelrichter des High Court, normalerweise der Chancery Division einzulegen. Die unterschiedliche Zuständigkeit erlaubt es nicht, mehrere Abhilfemaßnahmen zu kombinieren. Prozeßrechtler, wie de Smith, raten daher eindringlich zu einer Reform: „These facts alone suggest that the law of remedies needs to be rationalized. There ought not to be so many different avenues to the courts. The case for reform is strengthened by closer investigation. For the avenues are tortuous; occasionally they run together, only to deviate unpredictably; sometimes they lead the litigant nowhere"[30].

IV. Das Ausmaß der gerichtlichen Kontrolle

Während die Gerichte im Rahmen des Appeal, der ja gewöhnlich nur in der Form des „appeal on a point of law" gegeben ist, Rügen, die Rechtsfragen betreffen, überprüfen[31], ist der Prüfungsmaßstab bei den Formen der Review ein ganz anderer. Von frühester Zeit an hatten die Common-law-Gerichte für sich das Recht in Anspruch genommen, Gerichte, die nach anderen Rechtskriterien Recht sprachen, zu kontrollieren, indem sie deren „jurisdiction" festlegten und jeden „excess of jurisdiction" mit Ersatzansprüchen gegen die unteren Instanzen belegten. Später griffen die Common-law-Gerichte direkt mit Hilfe der „prerogative writs" ein und erklärten die Entscheidung für ungültig[32],

[27] T.I.A. § 9 Abs. 1.

[28] Vgl. *de Smith*, Law S. 520.

[29] Vgl. *de Smith*, Law S. 577 f.

[30] *de Smith*, Law S. 578.

[31] Zu den schwierigen Abgrenzungen zwischen law, fact und mixed questions of law and fact vgl. *de Smith*, Review S. 83 ff.; ders. Law, S. 555 ff.

[32] Vgl. *de Smith*, Review S. 94 ff.

während die unteren Instanzen wegen „errors within jurisdiction" unbehelligt blieben[33]. Unter Jurisdiction ist dabei freilich nicht die rechtsprechende Funktion als solche zu verstehen[34], sondern — in deutschen Begriffen ausgedrückt — die Summe der Prozeßvoraussetzungen, wie örtliche und sachliche Zuständigkeit, Fristen, Besetzung des Gerichts etc[35].

Da jedoch bis in das 20. Jahrhundert die Möglichkeit des Appeal im englischen Recht unbekannt war, haben die Gerichte das Konzept der „jurisdiction" im Laufe der Zeit immer weiter ausgedehnt[36]. Beginnend mit der Auslegung „lack of jurisdiction ab initio", also dem Fehlen der Verfahrensvoraussetzungen bei Beginn des Verfahrens[37] weitete sich die Bedeutung und damit die Anwendung der Prerogative Orders zum „excess of jurisdiction"[38], d. h. selbst, wenn die Prozeßvoraussetzungen vorlagen, konnte die Behörde bzw. das Untergericht seine „jurisdiction" nachträglich überschreiten durch Irrtümer bei der Rechtsanwendung, z. B. beim Irrtum über ein normatives Tatbestandsmerkmal[39] oder bei einem Subsumtionsirrtum[40]. Die Konsequenz daraus ist, daß sich im Ergebnis Review und Appeal immer mehr annähern[41].

Neben der Lehre von der „jurisdiction", die besonders für Spezialgerichte und Friedensgerichte Anwendung fand, kam seit dem 19. Jahrhundert auch die sog. „Ultra-vires-Lehre" zur Anwendung[42], die nur eine Verallgemeinerung der Lehre von der Jurisdiction darstellt und zum Ausdruck bringt, daß Befugnisse nur innerhalb ihrer wahren Grenzen ausgeübt werden dürfen[43]. Beide Termini werden heute meist synonym verwandt[44].

Die Grenzen der Befugnisse der Verwaltung ergeben sich nun entweder aus der Ermächtigungsnorm oder aus dem gewohnheitsrechtlichen Prinzip der natürlichen Gerechtigkeit, das die Grundsätze des Rechts auf rechtliches Gehör sowie der richterlichen Unbefangenheit

---

[33] Ausnahme: error of law on the face of the record vgl. *Wade*, Law S. 54.

[34] Vgl. *Koellreuther* S. 40.

[35] Vgl. dazu *de Smith*, Law S. 551; ders. Review S. 94 ff.; *Griffith/Street*, Principles S. 214 ff.

[36] Vgl. *Friedmann*, Law S. 425; *Griffith/Street*, Principles S. 216 f.

[37] So in Case of the Marshalsea (1612) 10 Co.Rep. 686; R.v. Bolton (1841) 1 Q.B. 66.

[38] Der bisherige Höhepunkt wurde erreicht in Anisminic Ltd. v. Foreign Compensation Commission (1969) 2 A.C. 147.

[39] Vgl. dazu Anisminic Ltd. (1969) 2 A.C. 147.

[40] Vgl. dazu White and Collins v. Minister of Health (1939) 2 K.B. 838.

[41] Vgl. *de Smith*, Law S. 554; *Gould* S. 361; *Griffith/Street*, Principles S. 216 f.

[42] Vgl. *de Smith*, Review S. 85.

[43] Vgl. *Wade*, Law S. 54.

[44] Vgl. *de Smith*, Law S. 551.

umfaßt[45]. Die Tätigkeit des Gerichts ist daher vornehmlich Norminterpretation[46]. Da jedoch die Ermächtigungsnormen keinerlei materielle Prinzipien enthalten, ist die gerichtliche Kontrolle hauptsächlich eine prozessuale Kontrolle[47]. Eine inzidente Kontrolle der Befugnisnorm auf ihre Verfassungsmäßigkeit entfällt auf Grund mangelnder präziser Verfassungsprinzipien sowie vor allem auf Grund des Grundsatzes der Parlamentssouveränität, der jede Normenkontrolle, soweit sie Parlamentsgesetze betrifft, ausschließt[48].

V. Die Stellung der Tribunals zwischen Bürger und ordentlichen Gerichten

1. Tribunals als vorgeschaltete Instanz

Mag die Existenz der Tribunals vor dem Zweiten Weltkrieg ein Angriff auf das Prinzip der Rule of Law gewesen sein, so stellt sie spätestens seit den Tagen des Tribunals and Inquiries Act 1958 keinen Verstoß mehr gegen die Garantie des Zugangs zu den ordentlichen Gerichten dar. Zwar sind seit den Anfängen der Tribunals viele Streitigkeiten von vornherein diesen zugewiesen oder später von ordentlichen Gerichten auf Tribunals übertragen worden. Die durch den Tribunals and Inquiries Act praktisch generell eröffnete Möglichkeit, sich gegen die Entscheidung eines Tribunals mit einem „appeal on a point of law" an die ordentlichen Gerichte zu wenden, hat den Tribunals und damit der Verwaltung, der sie eingegliedert sind, das Odium der abschließend entscheidenden Exekutive genommen. Tribunals sind nunmehr lediglich den ordentlichen Gerichten vorgeschaltet und schließen den Zugang zu ihnen nicht mehr aus. Auf der anderen Seite muß sich der Bürger jedoch zunächst an das Tribunal wenden, um dann gegen dessen Entscheidung das ordentliche Gericht anrufen zu können. Wo der Rechtsbehelf des Appeal zu den ordentlichen Gerichten nicht eröffnet ist, wie z. B. im Instanzenzug der National Insurance, ist immerhin die letzte Instanz, der National Insurance Commissioner, ein Jurist vom Rang eines High Court Judge.

Somit ist die Entwicklung im Sinne der konservativen englischen Juristen verlaufen, die anders als z. B. der Klassiker des englischen

---

[45] Vgl. *de Smith*, Review S. 135 ff. und 231 ff.

[46] Vgl. *Friedmann*, Kontrolle S. 181.

[47] Vgl. *Friedmann*, Kontrolle S. 184; *Hamson* S. 54.

[48] Mit dem Beitritt zu den Europäischen Gemeinschaften werden jedoch auch die englischen Gerichte Parlamentsgesetze auf ihre Gültigkeit im Hinblick auf europarechtliche Vorschriften überprüfen müssen; vgl. dazu *Scarman* S. 254 f.

Verwaltungsrechts, Prof. Robson[49], keine eigenständige Tribunalhierarchie schaffen wollten.

2. *Tribunals als Entlastung der ordentlichen Gerichte*

Von Anfang an war es eines der wichtigsten Anliegen gewesen, durch Tribunals die ordentlichen Gerichte zu entlasten. Nur auf diese Weise konnte man angesichts der anschwellenden Zahl von Rechtsstreitigkeiten die Exklusivität und Tradition der ordentlichen Gerichte erhalten. Ob diese Haltung im demokratischen Rechtsstaat, der den Bürgern ein Maximum an Rechtsschutz und ein Optimum an Qualifikation der zum Richter berufenen Bürger gewähren sollte, Beifall verdient, mag bezweifelt werden.

Jedenfalls zeigen die Statistiken, daß Tribunals als vorgeschaltete Instanz den größten Teil der Streitigkeiten erledigen und nur verschwindend wenige Fälle zu den ordentlichen Gerichten gelangen. Daran dürfte allerdings auch das hohe Kostenrisiko bei Prozessen vor den ordentlichen Gerichten seinen Anteil haben.

3. *Die Bürgernähe der Tribunals*

Zum Unterschied von den ordentlichen Gerichten sind Tribunals bewußt als „people's court" konzipiert worden. Kostenfreiheit, vereinfachtes Verfahren, Anwaltsfreiheit, ja sogar Anwaltsbann, sollten dem einfachen Mann das Gefühl geben, daß er sich vor dieser Instanz selbst verständlich machen kann und verstanden wird. Diese Atmosphäre sollte auch dadurch unterstrichen werden, daß man auf die „Richterbank" der Tribunals nicht nur „weltfremde Juristen" berief, die meist einer anderen Gesellschaftsschicht entstammen als die Parteien, sondern Beisitzer aus dem Rang und Stand der Rechtsuchenden. Damit war sichergestellt, daß der in England sehr hochgeschätzte common sense auch im gerichtlichen Verfahren nicht vollends von juristisch-technischen Argumenten erdrückt wurde[50]. Zum anderen kam man damit auch einer Forderung der Magna Charta näher, einer Forderung, die am Beginn des englischen Gerichtsverfahrens stand, dem „judgement by his peers": Jedermann sollte ein Anrecht darauf haben, von seinesgleichen gehört und beurteilt zu werden[51].

---

[49] Vgl. *Robson*, Justice S. 304 ff.; siehe oben Kap. 5, II 1 c.

[50] Vgl. *Ganz* S. 220: Bei der Übertragung der Workmen's Compensation von den ordentlichen Gerichten auf die National Insurance Tribunals im Jahre 1945 hegte man die Hoffnung „... that with the new tribunals there will also be brought to bear in workmen's compensation what seems to be impossible within law i.e. common sense".

[51] Vgl. *Garner*, Law S. 5; vgl. auch *Foulkes* S. 61.

4. *Tribunals als Sachverständigenorgan*

Neben ihrer Aufgabe, als Bürger an der Rechtsprechung mitzuwirken, erfüllen vor allem die Beisitzer auch noch eine andere Funktion: nicht selten, vor allem bei den Tribunals des Nationalen Gesundheitsdienstes oder den Mental Health Review Tribunals haben die Beisitzer die Stellung eines sachverständigen Richters. Anders als den nur juristisch vorgebildeten Richtern an den ordentlichen Gerichten bleibt den Tribunals damit die Aufgabe erspart, Sachverständigengutachten einzuholen, die zu beurteilen der Nur-Jurist oft nicht in der Lage ist. Nicht zuletzt die Sachkenntnis der Tribunals ist es, die sie den ordentlichen Gerichten überlegen macht und die dazu führte, daß angefangen von der Railway and Canal Commission vor hundert Jahren[52] bis zum heutigen Tage Aufgaben von den ordentlichen Gerichten auf Tribunals übertragen wurden.

5. *Tribunals als Kontrolle der Verwaltung*

Die eigentliche Kontrollfunktion der Tribunals tritt demgegenüber in den Hintergrund. Einmal trägt die ressortmäßige Zersplitterung und spezialgesetzliche Zuständigkeitsregelung dazu bei, daß Tribunals sich nicht als Kontrollorgane profilieren können[53], zum anderen entspricht dies ganz und gar den Intentionen von Parlament und Regierung, die ohnehin nur die Entscheidung über solche Streitigkeiten in die Hände von Tribunals gelegt haben, die mehr oder weniger typisiert sind und wo die Anspruchsvoraussetzungen so genau wie möglich gesetzlich fixiert sind.

Die Verwaltung wird durch das Parlament kontrolliert, wo der Minister Rede und Antwort zu stehen hat — jedenfalls gilt dies in der verfassungsrechtlichen Theorie. Tribunals als Organe zur Kontrolle der Verwaltung haben daneben wenig Platz. Gleichwohl ist jedoch festzuhalten, daß die schnelle und billige Streitentscheidung durch Tribunals für den Bürger von großer Bedeutung ist. So ist den Tribunals mehr und mehr die Aufgabe zugewachsen, Einzelfallgerechtigkeit zu üben, anstatt einen effektiven Kontrollmechanismus gegenüber der Verwaltung aufzubauen. Darin ist letztlich ihre Rechtfertigung sowie ihre ständig wachsende Bedeutung für den rechtsuchenden Bürger zu sehen.

Zusammenfassung:

1. Die Verwaltungskontrolle durch die Gerichte ist eine reine Rechtsmäßigkeitskontrolle.

---

[52] Vgl. oben Kap. 2, II 2 a.

[53] Vgl. *Mitchell*, Verwaltungskontrolle S. 176.

2. Die ordentlichen Gerichte üben eine Kontrollfunktion über die Tribunals durch die überkommenen Prerogative Writs aus.
3. Wegen ihrer verwirrenden und komplizierten Antragsvoraussetzungen sowie ihrer nur kassatorischen Wirkung verlieren diese aber immer mehr an Bedeutung.
4. Daneben stehen dem Bürger als Abhilfemaßnahmen die „equitable remedies", wie Injunction und Declaratory Order zur Verfügung.
5. Schließlich hat der Tribunals and Inquiries Act von den meisten Tribunals Revision (appeal on a point of law) entweder zum High Court oder zum Court of Appeal zugelassen.
6. Die Kontrolle der ordentlichen Gerichte erschöpft sich in der Prüfung der Verwaltungsentscheidung bzw. der Tribunalentscheidung auf ihre Übereinstimmung mit der Befugnisnorm.
7. Tribunals selbst sind primär weder dafür konzipiert noch in der Lage, eine systematische Verwaltungskontrolle vorzunehmen. Ihre Bedeutung liegt vielmehr darin, auf den Einspruch des Bürgers hin diesem im Einzelfall Gerechtigkeit widerfahren zu lassen.

13. Kapitel: Tribunals und die Zukunft — Kritische Betrachtungen zur Entwicklung des öffentlichen Rechts in Großbritannien —

Hatte der Donoughmore Report die Tribunals noch mehr oder weniger als notwendiges Übel toleriert[1] und der Franks-Report immerhin schon konzediert, daß Tribunals als ein System der Streitentscheidung einen festen Platz im Rechtssystem gefunden hätten[2], so wird in der neuesten Literatur zunehmend die Meinung vertreten, daß für den einzelnen Bürger heute schon Tribunals wichtiger seien als die ordentlichen Gerichte[3]. Deshalb soll untersucht werden, ob der Bürger in England gegen die Maßnahmen der Verwaltung genügend geschützt ist und inwieweit Tribunals als Vorstufe zu einer Verwaltungsgerichtsbarkeit anzusehen sind[4]. Um die Bedeutung der Tribunals für den Rechtsschutz richtig bewerten zu können, erscheint es angebracht, einen kurzen Blick auf die Entwicklung der anderen Institutionen zum Schutz des Bürgers

[1] C.M.P. Report S. 109.

[2] C.T.E. Report § 37: „... that tribunals as a system for adjudication have come to stay".

[3] Vgl. *Wade*, Law S. 255; *Bell* S. XIII; *Hanson*, Governing S. 253; „Rule of Law" S. 21.

[4] Dieser Meinung ist wohl *Stone* S. 715.

gegen die Verwaltung zu werfen. Dabei ist von der Tatsache auszugehen, daß im modernen, hochtechnisierten Staat die Beziehungen und Anknüpfungspunkte zwischen Staat und Bürger noch weiter intensiviert werden, d. h. der einzelne in Zukunft noch größeren und wirksameren Schutzes gegen die Übermacht staatlichen Handelns bedarf.

I. Die Bedeutung des Parlaments für die Verwaltungskontrolle

„In Britain Parlament is the place for ventilating grievances of the citizen, by history, tradition, past and present practice“[5]. Dazu bedient sich der Engländer seit eh und je seines Abgeordneten, indem er diesem einen Brief schreibt mit der Bitte, Abhilfe zu schaffen[6]. Das Parlament, insbesondere das Institut der „question time“[7] war auch in der Tat noch bis zu Beginn dieses Jahrhunderts ein wirksames Instrument der Verwaltungskontrolle. Grundvoraussetzung dieses Instituts ist jedoch eine tatsächliche Möglichkeit, die Regierung zu kontrollieren, d. h. eine gewisse Unterordnung der Exekutive unter die Legislative. Mit dem Zwei-Parteien-System und dem Verschwinden des freien, unabhängigen Abgeordneten ist jedoch die Souveränität und Kontrollfunktion des Parlaments mehr und mehr zur Farce geworden[8]. Die Fronten haben sich endgültig vertauscht: The Government governs in and through Parliament[9]. Griffith[10] meint sogar, um weniger Verwirrung zu stiften, solle man nicht von der Souveränität des Parlaments, sondern von der „Sovereignity of Government“ sprechen. Unter dieser Konstellation aber ist die Bedeutung des Prinzips der Ministerverantwortlichkeit für den Schutz des Bürgers in Frage gestellt[11]. Die Fragestunde wird immer mehr von Parteipolitik überschattet[12] und der Bürger gerät mit seinem persönlichen Anliegen ins Hintertreffen. Die Aufgabe der Regierungskontrolle ist von einer Aufgabe des Unterhauses als ganzem zu einer Aufgabe der Opposition geworden[13], die sich zumeist mit der „Rolle eines Schattenboxers“ zufriedengeben muß[14].

---

[5] White Paper on the Parliamentary Commissioner, 1965 S. 14.

[6] Vgl. *Friedmann,* Kontrolle S. 192.

[7] Vgl. dazu im einzelnen *Chester/Bowring,* Questions in Parliament und *Howarth,* Questions in the House.

[8] *Crossman* S. 43; vgl. auch das Bekenntnis von Mr. *Dingle Foot* MP, 590 H.C.Deb. 1637.

[9] *de Smith,* Review S. 34; *Lawson/Bentley* S. 74.

[10] *Griffith,* Commons S. 18.

[11] Vgl. *Crossman* S. 45; *Mitchell,* Verwaltungskontrolle S. 168.

[12] Vgl. *Friedmann,* Kontrolle S. 198.

[13] Vgl. *Crossman* S. 43.

[14] Vgl. *Crossman* S. 44.

Daß diese fundamentale Schwäche des Parlaments auch durch die Schaffung des Ombudsman, der im übrigen nur als verlängerter Arm des Abgeordneten tätig werden kann, nicht ausgeräumt ist, wurde von Mitchell[15] und Friedmann[16] überzeugend nachgewiesen.

War die Wirkung der Fragestunde von vornherein nur eine generalpräventive, so ist ihre praktische Bedeutung und der Effekt für das Verhalten der Verwaltung gegenüber dem Bürger heute geringer denn je zuvor[17]. Dies wird sogar von konservativen englischen Juristen zugegeben:

„It is sometimes claimed that our civil liberties are not really endangered because of the responsibility of the Minister to Parliament. On this argument Parliament, and in particular the House of Commons, exercising its traditional vigilance over executive action, can safely be relied on to see that no injustice is perpetrated. Whatever the theoretical validity of this argument, those of us who are Members of Parliament have no hesitation in saying that it bears little relation to reality. Parliament has neither the time nor the knowledge to supervise the Minister and call him to account for his administrative decisions“[18].

II. Die Rolle der ordentlichen Gerichte

Welche Rolle spielen die ordentlichen Gerichte, jene traditionellen Garanten staatsbürgerlicher Freiheiten, in der Beziehung zwischen Bürger und Verwaltung?

1. *Prozessualer Formalismus*

Schon die Erörterung zu den „prerogative orders“[19] zeigten, wie schwierig es ist, vor ordentlichen Gerichten gegen Verwaltungsmaßnahmen vorzugehen. Jeder der einzelnen „orders“ hat verschiedene Antragsvoraussetzungen, die wiederum von den Gerichten uneinheitlich und damit für den Bürger unvorhersehbar ausgelegt werden.

Die durch Parlamentsrecht geschaffenen Appealmöglichkeiten sind teils vor Tribunals, teils vor den Friedensrichtern, den Grafschaftsgerichten oder dem High Court wahrzunehmen[20].

---

[15] *Mitchell*, The Ombudsman Fallacy, 1962 P.L. 24.

[16] *Friedmann*, Kontrolle, vor allem S. 269.

[17] Vgl. *Cooper*, Justice S. 167; *Keir* S. 501; *Ritter* S. 299, 329.

[18] „Rule of Law“ S. 19 f.

[19] Vgl. oben Kap. 12, II.

[20] Siehe dazu oben Kap. 12, III.

Es ist auch nicht möglich, einen Appeal in ein anderes Rechtsmittel umzudeuten. Wählt der Anwalt die falsche Klageform, wird die Klage des Bürgers abgewiesen, auch wenn sie in der Sache begründet gewesen wäre[21]. Außerdem sind die Regeln der „Klagebefugnis", des „locus standi", obskur und je nach Verfahrensart verschieden. Schließlich ist zu bedenken, daß das ohnehin unüberschaubare System der gerichtlichen Kontrolle der Verwaltung auf der fragwürdigen und vor allem völlig unklaren Unterscheidung von „richterlicher" (judicial) und „verwaltender" (administrative, ministerial, executive) Funktion beruht[22].

2. *Mangelnde Fachkunde*

Einer der wichtigsten Gründe, der zur Schaffung und Rechtfertigung der Tribunals führte, war ihre Sachkunde[23]. Die Richter der ordentlichen Gerichte waren mit den neuen Materien nicht vertraut und wollten sich damit auch nicht beschäftigen. Anstatt an der ordentlichen Gerichtsbarkeit Reformen vorzunehmen[24], erhielt man sie lieber in ihrer überkommenen Form und verlagerte Spezialmaterien auf Tribunals, die letzten Endes doch wieder durch die ordentlichen Gerichte kontrolliert werden: Durch die Letztzuständigkeit des High Court im Wege des „appeal on a point of law" oder der Prerogative Order-Verfahren wurde der Gedanke der Sachkunde aber zum größten Teil wieder ad absurdum geführt. Die mit diesen Materien befaßten Richter der Queen's Bench haben sich vor ihrer Ernennung — und Richter am High Court wird man gewöhnlich nicht unter 50 Jahren — niemals mit Problemen des Staats- und Verwaltungsrechts beschäftigt[25]. Sie waren vielmehr als Barrister vor den ordentlichen Gerichten tätig. Der öffentliche Dienst als „Lieferant" von Richtern scheidet aus, da dessen Vertreter zu mehr als 95 % Nichtjuristen sind.

3. *Die Ideologie des Common Law*

a) Ablehnung staatlicher Intervention

Es darf daher nicht verwundern, daß es diesen Richtern nur allzu schwerfallen muß, die Eigenarten und Besonderheiten der Beziehungen des Bürgers zum Staat zu begreifen, vor allem die Implikationen des modernen Sozialstaates[26].

---

[21] *de Smith,* Review S. 64.

[22] Vgl. *Mitchell,* Causes S. 113; vgl. ders. Law S. 294; siehe auch oben Kap. 12, II.

[23] Vgl. *Street,* Justice S. 7; Administration under Law S. 6.

[24] Vgl. *Robson,* C.T.E. M.o.E. XIII, 487.

[25] Vgl. *de Smith,* Review S. 24, insbes. Fußn. 69.

[26] Vgl. C.T.E. M.o.E. XIV, 538.

Die jahrzehntelange Tätigkeit als Barrister vor den ordentlichen Gerichten mag dem englischen Richter zwar eine genaue Kenntnis von Besitz- und Eigentumsrechten vermittelt haben, ein Verständnis für Eingriffe des Staates in das private Eigentum wird ihm verwehrt bleiben. Die bürgerlich-liberalen Grundgedanken des Common Law, mit denen er aufs engste vertraut ist, stehen im Widerspruch zum modernen Sozialstaat. „The need is great also for a far profounder understanding by the judges that the historic philosophy of the Common Law is in considerable part unsuited by its inherent individualism to the necessary implications of a collectivistic age“[27]. Meist ist der englische Richter schon auf Grund seiner Erziehung von dieser Philosophie des „laissez-faire“ geprägt. In weit größerem Maße als in kontinentalen Ländern entstammen nämlich die Barristers und künftigen Richter der oberen Gesellschaftsschicht. Das Verständnis für die sozialen Aufgaben des Staates, die soziale Gebundenheit des Eigentums und die Probleme der Arbeiterklasse muß ihnen daher großenteils fehlen: Aus dieser Grundhaltung heraus haben die „Lawyers“ die Sozialstaatsgesetzgebung, soweit sie private Eigentumsrechte tangierte, die durch das Common Law gewährleistet waren, abgelehnt[28] und dies bei der Gesetzesinterpretation zum Ausdruck gebracht. Waren die Richter bei einer Entscheidung mit einem solchen Parlamentsgesetz konfrontiert, so haben sie es häufig „common-law-konform“ und damit oft gegen dessen Intention ausgelegt[29]. Anspielend auf die Einführung des Wohlfahrtsstaates in den letzten 50 Jahren meint Laski: „It is significant that every great age of social reform in this country has been one in which judical conservatism has been a stumbling-block in the way of social progress“[30].

b) Selbstbeschränkung in der Kontrolle des Verwaltungshandelns

Auf der anderen Seite waren es gerade die ordentlichen Gerichte, die den schutzsuchenden Bürger dem Wohlgefallen der Verwaltung überließen.

Als sich mit dem Aufkommen des Wohlfahrtsstaates die Beziehungen zwischen Staat und Bürger verdichteten, waren es die Richter selbst, die im Glauben an die umfassende Kontrollfunktion des Parlaments in Verbindung mit dem Prinzip ministerieller Verantwortlichkeit immer weniger bereit waren, Maßnahmen der Verwaltung zu überprüfen. Das

---

[27] *Laski* S. 370.

[28] Vgl. *Stein* S. 239.

[29] Vgl. *Stein* S. 236 ff.; *Laski* S. 365 ff.

[30] *Laski* S. 370.

Schlagwort von der „self-limitation of the judges“[31] ist seitdem nicht mehr verstummt.

Entscheidungen, wie Institute of Patent Agents v. Lockwood[32], Local Government Board v. Arlidge[33], Liversidge v. Anderson[34] oder auch Duncan v. Cammell Laird Co.[35] und Re Grosvenor Hotel (No. 2)[36] machen deutlich, wie die Gerichte durch ihre Weigerung, Verwaltungsmaßnahmen zu überprüfen, deren Unanfechtbarkeit anerkannten und damit die Verwaltung zur ersten und letzten Entscheidungsinstanz — judge-proof — machten[37]. Nur allzu schnell haben die Gerichte, indem sie eine Entscheidung des Ministers als politische Entscheidung qualifizierten, vor der Exekutive kapituliert. Diese Haltung wurde auch in der Rechtsprechung zum sog. „Crown Priviledge“, dem Vorrecht der Regierung, Dokumente aus Gründen des öffentlichen Interesses vor Gericht nicht offenzulegen, sichtbar. Da bis 1968[38] die einfache Behauptung des Ministers genügte, die Vorlage verstoße gegen das öffentliche Interesse, spricht Clark von „administrative control of judicial action“[39]. Trotz dieses offensichtlich politischen Verhaltens ist auch in England noch heute der Aberglaube vom unpolitischen Richter weit verbreitet.

„... the British judge has trained himself as an umpire, avoiding clashes with the Government of the day, cutting himself off from politics whenever possible, and diverting his judgements of social, economic and political references to the utmost“[40]. Dennoch hat schon vor 35 Jahren Laski zum Vorverständnis der Richter festgestellt: „They have what Mr. Justice Holmes has called their inarticulate major premisses not less fully than other men“[41].

---

[31] *Griffith*, Commons S. 20 f.; *Robson* S. 357; ders. C.T.E. M.o.E. XIII, 492; vgl. *Mitchell*, Causes S. 101; ders., Verwaltungskontrolle S. 117; *Allen*, Law in the Making S. 567; *de Smith*, Review S. 28 f.; *Lawson*, C.T.E. M.o.E. X, 349, zitiert *Lord Sumner*, der die richterliche Zurückhaltung damit begründet, daß sie, die Richter, das Problem nicht immer so gut begriffen, wie die Leute unter ihnen.

[32] (1894) A.C. 347.

[33] (1915) A.C. 120; siehe oben Kap. 2, III.

[34] (1942) A.C. 206; siehe oben Kap. 4, I.

[35] (1942) A.C. 624.

[36] (1965) Ch. 1210.

[37] Vgl. *Shonfield* S. 411 ff.

[38] In Conway v. Rimmer (1968) A.C. 910 beansprucht das Gericht, selbst die Frage des öffentlichen Interesses zu entscheiden; *de Smith*, Law S. 600 nennt diese Entscheidung das auffallendste Beispiel richterlicher Aktivität im Verwaltungsrecht seit dem Krieg.

[39] *Clark* S. 489.

[40] *Street*, Freedom S. 295; vgl. *Denning*, Freedom S. 84.

[41] *Laski* S. 362.

Zusammenfassend ist daher festzustellen, daß sowohl das Parlament als auch die ordentlichen Gerichte an Bedeutung für die Kontrolle der Verwaltung verloren haben bzw. eine effektive Kontrolle gar nicht schaffen konnten. Das Parlament ist infolge des Zweiparteiensystems zu einem Ausschuß der Regierung degradiert worden und die Gerichte haben es vor allem auf Grund ihrer starren Traditionsvorstellungen nicht fertig gebracht, dem Bürger gegen die Verwaltung effektiven Rechtsschutz angedeihen zu lassen. Das auf dem Konzept der Gleichordnung aufgebaute Common Law, sowie dessen individualistische Philosophie, die bis heute die englischen Gerichte beherrscht, lassen es verständlich erscheinen, daß der englische Richter für die Aufgabe, zwischen Bürger und Staat Recht zu sprechen, ungeeignet ist. „In England the English system of a universal jurisdiction has in reality broken down with the result that the entity which today wields the most vast power — the Minister and his Department — is in England subject to a merely formal legal control and is beyond all effective judicial suvervision“[42]. Im Ergebnis hat sich somit die unkontrollierte Machtsphäre der Verwaltung vergrößert[43].

III. Tribunals als Anfänge einer Verwaltungsgerichtsbarkeit?

Die Stimmen, die die Einführung einer allgemeinen Verwaltungsgerichtsbarkeit in Großbritannien fordern[44], gewinnen aus diesen Gründen immer mehr an Bedeutung. Zur Beantwortung der Frage, ob Tribunals diese Lücke schließen können und sollen, ist zunächst zu rekapitulieren, welche Aufgabe ihnen zugedacht ist.

Tribunals sollen der Rationalisierung der Verwaltung dienen; sie sind Entscheidungsorgan für Streitigkeiten, deren Gegenstand unkompliziert und typisiert ist[45]. Wo Ermessensentscheidungen und Entscheidungen „subject to considerations of policy“ zu fällen sind, hält man Tribunals für ungeeignet[46]. Anders ausgedrückt: „Nur insoweit, als „policy decisions“ für die Einzelfallentscheidung irrelevant sind, können Tribunals mit unabhängigen Rechtsprechungsfunktionen betraut werden; dort, wo der Minister sagen kann: Es ist mir gleichgültig, wie die Entscheidung lauten wird, dort wird man ein Tribunal errichten[47].“ Somit sind Tribunals letztlich nur eine Entlastung für den Minister.

---

[42] *Hamson* S. 52; vgl. auch *Scarman* S. 256.

[43] Vgl. „Rule of Law“ S. 11.

[44] Dazu zählen vor allem *Mitchell, Garner* und *H. W. R. Wade*. Allerdings verfolgen sie verschiedene Modelle.

[45] Vgl. *Bell* S. 19.

[46] *Lord Chancellor*, zitiert nach Marshall, 1962, P.L. 3. Dies gilt vor allem für zweitinstanzliche Tribunals, die in der Tat ohne Einfluß ministerialer Weisungen entscheiden.

[47] *Gledhill*, S. 110; vgl. *Griffith*, Tribunals S. 129; *Foulkes* S. 61.

Denn er ist für deren Entscheidungen, an deren Ausgang er kein Interesse hat, dem Parlament nicht mehr verantwortlich als der Lordkanzler für die Entscheidungen der ordentlichen Gerichte[48].

Auf Grund dieser Situation erscheint es außerordentlich zweifelhaft, ja unmöglich, daß Tribunals den Weg für eine Verwaltungsgerichtsbarkeit ebnen könnten. Die Verwaltung sieht Tribunals zu sehr als ihre nützlichen Werkzeuge an, als daß sie sie aus ihrer Abhängigkeit entlassen und sie als echte Verwaltungsgerichte anerkennen würde. Auch die ordentliche Gerichtsbarkeit hat kein Interesse daran, in den Tribunals Vorboten einer Verwaltungsgerichtsbarkeit zu sehen; denn das würde das Ende des Primats der ordentlichen Gerichte bedeuten, und man würde nicht zögern, erneut eine Verletzung der Rule of Law zu rügen.

IV. Die Bedeutung einer Dogmatik des öffentlichen Rechts in England

Die Grundproblematik einer Verwaltungsgerichtsbarkeit in England liegt aber nicht in den unterschiedlichen Auffassungen über die Notwendigkeit und die Ausgestaltung dieser Gerichte, sondern in der Einstellung des Staates zum Rechtsschutz des Bürgers und in der Rolle der Gerichte gegenüber der Verwaltung. Koellreutter schreibt im Jahre 1912 in der Zusammenfassung seiner Studie über das englische Verwaltungsrecht:

„Wenn man die unsystematische Art, in der die englische Gesetzgebung die Entscheidungsgewalt der Zentralbehörden geregelt hat, betrachtet, so kann man sich des Gefühls nicht erwehren, als ob man in England das Publikum gar nicht zum Bewußtsein der Tatsache kommen lassen will, daß in seiner Mitte allmählich eine allmächtige Bureaukratie in die Höhe gewachsen ist, deren Walten zum großen Teil jeder Kontrolle außer der parlamentarischen entzogen ist. Und stellt man sich auf den Standpunkt, daß die Monopolstellung der Courts als Kontrollgewalt über die Verwaltung im 18. Jahrhundert die klare Ausgestaltung des Rechtsstaatsgedankens zur Reife brachte, dann bedeutet die modernste Entwicklung in England, wenn auch keinen Rückschritt, so doch mindestens eine Kurve in dem bisher klaren Verlauf der englischen Verwaltungsjurisdiktion. Daß in England von mancher Seite diese Entwicklung direkt als Rückschritt empfunden wird, darauf haben wir schon hingewiesen. Der Hauptfehler liegt dabei unseres Erachtens in der Unfähigkeit der englischen Gesetzgebung und Jurisprudenz, eine Gliederung des Rechtsstoffs vorzunehmen und dadurch denselben neuen Verhältnissen und Anforderungen anzupassen. Und so ist England in

[48] *Marshall/Moodie* S. 109; vgl. auch *Bell* S. 19.

Gefahr, ein Beispiel dafür zu werden, wie legislatorisches Unvermögen, dem nicht durch eine stoff- und begriffsbeherrschende Wissenschaft der Weg gewiesen wird, die alten Errungenschaften direkt dadurch gefährden kann, daß es nicht imstande ist, die alten Einrichtungen zeitgemäß umzugestalten oder durch neue zu ersetzen.

Gerade das Beispiel Englands zeigt den Vorteil unserer spezialisierenden Methode. Die langsame Herausarbeitung der Begriffe auf dem Gebiet des Verwaltungsrechts wird uns vor einer Gefährdung des Grundgedankens, die durch die heutige Entwicklung in England nicht ausgeschlossen erscheint, bewahren. Dafür bietet auch unsere, England bis jetzt fehlende, vorwärts strebende Verwaltungsrechtswissenschaft eine Garantie"[49].

Mehr als 50 Jahre später sagt Lord Reid: „We do not have a developed system of administrative law — perhaps because until fairly recently we did not need it"[50]. Diese Erklärung ist kennzeichnend für die Lage des Verwaltungsrechts in Großbritannien. „Was fehlt, ist eine allgemeine Theorie des Verwaltungsrechts", meint Allen[51]; es fehlt eine Theorie, die die Frage, wo die Grenze zwischen justiziabler Verwaltungstätigkeit und gerichtsfreier Regierung liegt, beantwortet — eine Frage, die brennend geworden ist und die von den Juristen erörtert werden muß, bevor es zu spät ist[52]. Was not tut, ist die „restauration of law in government"[53], die Auflösung der Antinomie von „policy" und „law" in einem System der „administration under the law". Öffentliches Recht ist mehr als nur eine Reihe von bedauerlichen Ausnahmen von der erwünschten Allgemeinheit oder Geschlossenheit der Regeln des Privatrechts; es verlangt „ein eigenes System mit eigener Rechtfertigung und vielleicht eigener Philosophie"[54]. Öffentliches Recht ist vor allem „law", nicht eine Materie, die zur freien Verfügung der „ministerial policy" steht. Nur durch eine starke Justiziabilisierung, die freilich ihre Konsequenzen für die parlamentarische Verantwortlichkeit des Ministers haben muß, kann jener angelsächsische Gedanke, die Rule of Law, mit neuem Geist erfüllt werden. Die Herrschaftsmacht des Rechts ist auch im Verhältnis Staat—Bürger voll zu verwirklichen — im Interesse des schutzsuchenden Bürgers.

---

[49] *Koellreutter* S. 223 f.

[50] *Lord Reid* in Ridge v. Baldwin (1963) 2 All E.R. 66 (76).

[51] *Allen*, Making S. 604; vgl. *Friedmann*, Kontrolle S. 182.

[52] *Mitchell*, Causes S. 104.

[53] *Mitchell*, Implications S. 59; vgl. ders., Law S. 316: Government cannot be turned into a judicial process, but nevertheless, just as there is a place for politics, there is also a place for law.

[54] *Mitchell*, Causes S. 96; ders., Verwaltungskontrolle S. 163; vgl. *Galeotti* S. 239.

Die immer wieder als Neuigkeiten propagierten Vorschläge, ein oberes Verwaltungsgericht in England einzuführen, sei es nun als Abteilung des High Court[55] oder als Wiederbelebung des Privy Council[56], werden daher auch dann erst von der Mehrheit der englischen Juristen angenommen werden, wenn das öffentliche Recht einen ebenbürtigen Platz neben dem „ordentlichen Recht" gefunden hat.

Sicherlich haben sich seit Koellreutters Schrift Verwaltungsrecht und Verwaltungsrechtsprechung in England fortentwickelt.

Die Stimmen der Reform sind stärker geworden — einer Reform des öffentlichen Rechts, in dem auch die Tribunals, der „new compromise" zwischen den schwerfälligen ordentlichen Gerichten und den anonymen Ministerialabteilungen, ihren gebührenden Platz finden werden. Bis zur Anerkennung eines eigenständigen Systems des öffentlichen Rechts, das vielleicht einmal in einer Verwaltungsgerichtsbarkeit gipfelt, bleibt jedoch noch ein weiter Weg zurückzulegen. Der Beitritt Großbritanniens zur EWG wird hier neue Maßstäbe setzen.

---

[55] Vgl. *Garner*, Law S. 104 ff.; *Wade*, Law S. VI; Administration under Law S. 26 ff., „Rule of Law", S. 53 ff.

[56] *Mitchell*, Law S. 322.

Schlußbetrachtung

So unterschiedlich und verwirrend auch Aufbau und Zusammensetzung der Tribunals sein mögen, so sind sie doch eine englische Antwort auf ein internationales Problem. Als mit der Schaffung des modernen Wohlfahrtsstaates die Beziehungen zwischen Staat und Bürger sich sprunghaft verdichteten, war das streng zentralisierte englische Verwaltungssytem, das nur aus den Abteilungen der Departments bestand, nicht in der Lage, diese Aufgaben zu übernehmen. Die ordentlichen Gerichte, die schon immer auch Verwaltungsaufgaben wahrgenommen hatten, erwiesen sich als ungeeignet. Während daher die kontinentalen Länder zu diesem Zweck im Lauf des 19. Jahrhunderts ihre Behördenorganisation ausbauten, errichteten die Engländer Spezialbehörden außerhalb der eigentlichen Staatsverwaltung. Ohne Rücksicht auf die Prinzipien der Funktionenlehre und der Gewaltenteilung vertraute man ihnen echte Verwaltungs- und auch richterliche Tätigkeiten an. Maßgebend waren ausschließlich Zweckmäßigkeitsgesichtspunkte. Unweigerlich mußte es dabei zu einer Kollision mit der Rule of Law kommen, jenem vor allem in England überschätzten Prinzip, das den formellen Rechtsstaat und den Primat der ordentlichen Gerichte zementiert. Vor allem mit der Frage des von diesen Tribunals einzuschlagenden Verfahrens hatten sich zwei große Untersuchungsausschüsse zu befassen. Denn mit der Zuweisung dieser Aufgaben an die neu geschaffenen Organe schienen auch die traditionellen Verfahrensgarantien vor den ordentlichen Gerichten aufgegeben. Bis heute ist die Diskussion um die Tribunals gekennzeichnet von dem Widerstreit der Prinzipien der Rule of Law und dem Prinzip der „rule of policy“ oder der „profession of government“ — zum Schaden des rechtssuchenden Bürgers. In der Ablehnung einer allgemeinen Verwaltungsgerichtsbarkeit einig, haben Gerichte und Verwaltung Aufgaben und Funktion der Tribunals übermäßig beschränkt und durch die ressortmäßige Zersplitterung bisher eine Stärkung ihrer Rolle verhindert.

Von Deutschland könnte Großbritannien lernen, daß auch Verwaltungsgerichte „ordentliche“ Gerichte sein können, die einerseits dem Bürger effektiven Rechtsschutz verleihen, ohne dabei andererseits die Tätigkeit der Verwaltung lahmzulegen. Eine Revision und Neuinterpretation der Prinzipien der „Sovereignity of Parliament“ und der „Ministerial Responsibility“ wäre dabei allerdings unumgänglich.

Anhang I

Die Rechtssprechung der National Insurance Tribunals

1. Gegenstand

National Insurance ist der Bereich staatlicher Leistungen, der von den National Insurance Acts 1965, 1966, 1969, 1970, 1971 erfaßt wird[1]. Im einzelnen zählt das Gesetz folgende Arten von Unterstützungen auf:
Arbeitslosenunterstützung (Unemployment benefit)
Krankengeld (Sickness benefit)
Schwangerschaftsunterstützung (Maternity benefit)
Witwenrente (Widow's benefit)
Pflegschaftsunterstützung (Guardian's Allowance)
Altersrente (Retirement pensions)
Kindergeld für besondere Umstände (Child's special allowance)
Hinterbliebenenrente (Death grant)

2. Instanzenzug

a) National Insurance Officer

Der National Insurance Officer[2], ein Beamter des Ministeriums in der örtlichen Zweigstelle (Local office), ist Adressat für alle Anträge dieser staatlichen Geldleistungen[3].

Er hat jeden Antrag binnen 14 Tagen zu bearbeiten. Neben der Möglichkeit, dem Antrag zu entsprechen oder ihn abzulehnen, kann er diesen auch dem Local tribunal vorlegen[4].

---

[1] Daneben entscheiden die unten aufgeführten Instanzen auch Anträge aus den National Insurance (Industrial Injuries) Acts, 1946, 1965, 1967 und dem Family Allowance Act 1965.

[2] Als Executive Officer gehört er nicht zu den Beamten des höheren Dienstes (administrative class); sein Einkommen liegt bei DM 1300,— monatlich. Es sind etwa 6000 Beamte in dieser Funktion tätig.

[3] Vgl. N.I.A. 1965 § 68 Abs. 2.

[4] Vgl. N.I.A. 1965 § 68 Abs. 2, 3, 4.

Der ablehnende Bescheid muß neben den Gründen auch eine Rechtsmittelbelehrung enthalten[5].

b) Local tribunal, auch Local appeal tribunal genannt

Es gibt etwa 200 von ihnen in Großbritannien; von deren 270 Vorsitzenden sind nur zwei Nichtjuristen; ordnungsgemäß besetzt tagt das Tribunal mit zwei Beisitzern, einem Arbeitgeber- und einem Arbeitnehmervertreter[6]. Mit Zustimmung des Klägers ist das Tribunal auch bei Abwesenheit beider Beisitzer beschlußfähig[7].

Das Local tribunal ist die Berufungsinstanz gegen die Entscheidungen des National Insurance Officer[8].

Die Appeal-Frist beträgt grundsätzlich 21 Tage vom Datum der Entscheidung des Insurance Officers an gerechnet oder „within such further time as the chairman of the local tribunal may for good cause allow“[9]. Das Rechtsmittel ist schriftlich und unter Angabe von Gründen einzulegen[10].

Ladungsfristen sind nicht fixiert, man spricht nur von „reasonable notice of the time“, die dem Kläger gegeben werden soll[11]. Bei Abwesenheit des Klägers in der mündlichen Verhandlung kann das Tribunal entweder eine Sachentscheidung oder weitere Maßnahmen für den Fortgang des Verfahrens treffen. Dies gilt jedoch nicht, wenn der Kläger eine vernünftige Erklärung für seine Abwesenheit abgegeben hat[12].

Die Verhandlung ist öffentlich. Die Öffentlichkeit kann vom Vorsitzenden ausgeschlossen werden aus Gründen der Staatssicherheit oder falls intime persönliche oder finanzielle Probleme zur Sprache kommen[13].

Der Kläger, der Insurance Officer[14] und der Minister haben Recht auf Gehör[15].

Sie alle können Zeugen benennen und an diese direkt Fragen stellen[16].

---

[5] § 69 Abs. 1 N.I.A. 1965.
[6] § 77 Abs. 1 N.I.A. 1965.
[7] § 77 Abs. 6 N.I.A. 1965.
[8] § 69 Abs. 1 N.I.A. 1965.
[9] § 69 Abs. 2 N.I.A. 1965.
[10] § 69 Abs. 3 N.I.A. 1965.
[11] § 8 Abs. 1 S.I. 1967 Nr. 1570.
[12] § 8 Abs. 2 S.I. 1967 Nr. 1570.
[13] § 9 Abs. 1 S. I. 1967 Nr. 1570.
[14] Das Gesetz spricht von ihm niemals als „Beklagten“.
[15] § 9 Abs. 2 S.I. 1967 Nr. 1570.
[16] § 9 Abs. 3 S.I. 1967 Nr. 1570.

Sie können sich von jedermann vertreten lassen, gleichgültig ob dieser rechtlich qualifiziert ist oder nicht[17].

Das Tribunal trifft seine Entscheidung unter Ausschluß der Öffentlichkeit im Beisein des „Clerk" oder eines Mitglieds des Council on Tribunals[18].

Die Entscheidung erfolgt schriftlich, enthält Tatbestand und Gründe[19] und ist dem Kläger sowie dem Insurance Officer zuzustellen[20]. Einstimmigkeit ist nicht erforderlich; es genügt die Mehrheit der gleichberechtigten Mitglieder. Die Stellungnahme eines abweichenden Mitglieds ist zu veröffentlichen[21]. Eine Entscheidung zuungunsten des Klägers ist mit einer Rechtsmittelbelehrung zu versehen[22].

Das Local Appeal Tribunal kann also auf zweierlei Weise angerufen werden, auf dem Wege des Appeal[23] sowie über die direkte Vorlage durch den Insurance Officer[24]. In diesem Fall wird die erste Instanz übersprungen. Es entscheidet sofort das Tribunal.

c) Der National Insurance Commissioner[25]

Augenblicklich sind in Großbritannien zehn Commissioners tätig, davon sieben in London, zwei in Edinburgh und einer in Cardiff. Primus inter pares ist der Chief National Insurance Commissioner, der aber nur im Bereich der Gerichtsverwaltung Weisungen erteilen kann. Ihr Gehalt beträgt etwa £ 15 000 im Jahr, d. h. DM 7000,— im Monat.

Der National Insurance Commissioner (NIC) ist Appeal-Instanz für Entscheidungen des Local Tribunal[26].

Neben dem Kläger und dem Insurance Officer können auch Gewerkschaften und andere Arbeitnehmerverbände dieses Rechtsmittel einlegen, wenn entweder der Kläger Mitglied des Verbands ist oder wenn es um die Hinterbliebenenversicherung eines verstorbenen Mitglieds geht[27].

---

[17] § 9 Abs. 4 S.I. 1967 Nr. 1570.

[18] § 9 Abs. 5 S.I. 1967 Nr. 1570.

[19] § 10 Abs. 1 S.I. 1967 Nr. 1570.

[20] § 10 Abs. 3 S.I. 1967 Nr. 1570.

[21] In der Praxis ergehen jedoch mehr als 90 % der Entscheidungen einstimmig.

[22] § 10 Abs. 3 S.I. 1967 Nr. 1570.

[23] § 69 Abs. 1 N.I.A. 1965.

[24] § 68 Abs. 3 c N.I.A. 1965.

[25] Zu seiner Stellung siehe auch oben Kap. 10, III 2 b.

[26] § 70 Abs. 1 N.I.A. 1965.

[27] § 70 Abs. 1 Nr. a—c N.I.A. 1965.

Die Klagefrist beträgt drei Monate vom Zeitpunkt der Entscheidung des Local Tribunal gerechnet, mit der Maßgabe, daß der Commissioner auch hier einen späteren Antrag zulassen kann („for special reasons")[28].

Der Antrag ist schriftlich und förmlich unter Angabe von Gründen beim Insurance Officer, der Ausgangsbehörde, einzulegen[29]. Von diesem wird er an die Zentralbehörde in London, den Chief National Insurance Officer weitergeleitet. Dieser übermittelt die Anträge dem Chief National Insurance Commissioner, der die Verfahren dann auf die zehn Commissioners aufteilt.

Das Verfahren vor dem Commissioner findet grundsätzlich ohne mündliche Verhandlung statt. Auf Antrag des Klägers oder der Insurance Officers muß der Commissioner jedoch eine mündliche Verhandlung anberaumen „unless he is satisfied that the appeal can properly be determined without a hearing"[30]. Für die mündliche Verhandlung ist eine angemessene Ladungsfrist einzuhalten[31]. Zur Öffentlichkeit, Vertretung und Zeugenbenennung gilt dasselbe wie beim Verfahren vor dem Local Tribunal. Auch bei Abwesenheit der Parteien oder deren Vertreter wird zur Sache verhandelt[32]. Die Entscheidung ergeht schriftich und ist den Beteiligten zuzustellen.

Der Commissioner entscheidet grundsätzlich allein. Insbesondere stehen ihm keine Laienbeisitzer zur Seite.

Ergeben sich in einem Fall schwierige Rechtsfragen, kann der Chief Commissioner eine Kammer von drei Commissioners bilden, die mit Stimmenmehrheit entscheiden[33].

Wirft ein Fall schwierige Fragen tatsächlicher Art auf, dann kann der Commissioner einen „assessor", einen sachverständigen Beisitzer ohne Stimmrecht, hinzuziehen[34].

§ 12 S. I 1967 überträgt die Ausgestaltung des Verfahrens, soweit sie nicht anderweitig gesetzlich geregelt ist, dem Commissoner bzw. dem Tribunal-Vorsitzenden. Angesichts der weitaus lückenhafteren gesetzlichen Regelung in Großbritannien im Vergleich zu deutschen Verhältnissen ist somit der Vorsitzende weitgehend Herr des Verfahrens. Dabei sei auch nochmals auf die im Ermessen des Vorsitzenden liegende Verlängerung der Klagefrist hingewiesen.

---

[28] § 70 Abs. 2 N.I.A. 1965.

[29] § 70 Abs. 2 a, b N.I.A. 1965.

[30] § 11 Abs. 1 S.I. 1967 Nr. 1570.

[31] § 11 Abs. 2 S.I. 1967 Nr. 1570: „reasonable notice of time".

[32] § 11 Abs. 6 S.I. 1967 Nr. 1570.

[33] § 9 Abs. 3 N.I.A. 1966.

[34] § 70 Abs. 4 N.I.A. 1965.

d) High Court

Theoretisch stehen zwei Möglichkeiten gegen eine Tribunalentscheidung zur Wahl: Appeal und Review. Da aber ein Appeal zum High Court nur aufgrund positivrechtlicher Vorschrift statthaft ist, und der Tribunals and Inquiries Act für National Insurance Tribunals bzw. Commissioners diese Möglichkeit nicht vorgesehen hat[35], steht nur ein Antrag auf Aufhebung der Entscheidung des Commissioners in Form des Certiorari-Verfahrens zur Verfügung. Dieser Rechtsbehelf muß, wie bereits ausgeführt, nicht positivrechtlich gegeben sein, sondern leitet sich aus der Rechtsprechung des High Court ab.

e) Ministerprivileg

Der Vollständigkeit halber sei noch darauf hingewiesen, daß die Entscheidung bestimmter Fragen dem Minister vorbehalten ist[36]. Dagegen ist Appeal zum High Court möglich[37].

3. Besondere Befugnisse bei Änderung der Rechts- oder Sachlage

Die Ausgangsbehörde, also der Insurance Officer, hat das Recht, seine Entscheidung oder die des Tribunal oder des Commissioner zu verwerfen und eine neue Entscheidung zu erlassen, wenn

a) neue Beweismittel ergeben, daß die Entscheidung in Unkenntnis bestehender Tatsachen oder auf falscher Bewertung von Tatsachen beruht[38],

b) die Sachlage sich geändert hat[39],

c) die Entscheidung auf einer dem Minister vorbehaltenen Entscheidung beruht und dieser seine Entscheidung geändert hat[40].

---

[35] Vgl. § 9 Abs. 1 T.I.A.; insoweit folgt das Gesetz den Empfehlungen des Franks-Reports, der wegen der herausragenden Stellung und besonderen Sachkenntnis des Commissioners die Möglichkeit eines appeals zum High Court für nicht notwendig ansah (vgl. C.T.E. Report §§ 107, 108). Im übrigen sei darauf hingewiesen, daß im Gegensatz zu den übrigen Tribunals die der National Insurance über einen zweistufigen Aufbau verfügen, somit ohnehin eine weitere Instanz zur Verfügung steht.

[36] § 64 N.I.A. 1965.

[37] § 65 N.I.A. 1965.

[38] § 72 Abs. 1 a N.I.A. 1965.

[39] § 72 Abs. 1 b N.I.A. 1965.

[40] § 72 Abs. 1 c N.I.A. 1965.

4. Präjudizien

Obzwar die Flexibilität der Tribunals, insbesondere ihre Unabhängigkeit von Präjudizien, immer wieder gerühmt wird[41], so hat sich doch gerade auf dem Gebiet der National Insurance ein Präjudizienrecht besonderer Art herausgebildet, das von Garner[42] als „near precedents" bezeichnet wird. Abgesehen von den Präzedenzfällen, die von den Obergerichten auf dem jeweiligen Spezialgebiet des Tribunals entschieden werden, haben nämlich die National Insurance Tribunals auch den „reported decisions" des National Insurance Commissioner zu folgen[43]. Obzwar das Gesetz dies nicht ausdrücklich statuiert, hat die Mißachtung dieses Grundsatzes schon zur Entlassung von Tribunalvorsitzenden geführt[44]. Etwa eine von zweihundert Entscheidungen des Commisioner wird in diese Sammlung aufgenommen[45], die allen Tribunals zugänglich und bei Her Majesty's Stationery Office frei verkäuflich ist. Darüber hinaus wird noch eine größere Anzahl von Entscheidungen des Commissioner für den internen Gebrauch vervielfältigt.

5. Statistisches[46]

a) Verfahrensdauer

Bei der Ausgangsbehörde (local office) höchstens 14 Tage[47];
bei der Entscheidung des Tribunal durchschnittlich vier Wochen,
beim National Insurance Commissioner durchschnittlich 23 Wochen, gerechnet vom Zeitpunkt der Entscheidung des Tribunals[48].

Damit kann also ein Antragsteller innerhalb von etwa sechs Monaten drei Instanzen durchlaufen.

---

41 Vgl. *Jackson*, Machinery S. 415.

42 *Garner*, Law S. 24 f.

43 Diese Praxis wurde vom Franks-Ausschuß für alle „final appellate tribunals" empfohlen, vgl. C.T.E. Report § 102.

44 Vgl. C.T.E. M.o.E. II, 33.

45 *Street*, Justice S. 28.

46 Die folgenden Zahlen stammen meist aus dem Jahr 1970 und wurden dem Verfasser vom Department of Health and Social Security zur Verfügung gestellt.

47 Diese Zeitspanne ist gesetzlich festgelegt; vgl. § 68 Abs. 2 N.I.A. 1965.

48 Allein die Sammlung der Klagen beim Chief National Insurance Officer, die Übermittlung an den Chief National Insurance Commissioner und die Aufteilung auf die zehn Commissioners kann u. U. mehrere Wochen dauern.

b) Anzahl der Verfahren

Von den jährlich 17,7 Mill. Anträgen werden 99,8 % ohne Einspruch vom Local Office abgewickelt.

Von den restlichen 30 000 Anträgen werden vor den Tribunals etwa 30 % zugunsten der Kläger abgeändert.

Die Comissioners erreichten 1970 etwa 2700 Einsprüche; davon wurden etwa 23 % zugunsten der Kläger entschieden, und zwar alle von Commissioners als Einzelrichtern.

c) Verfahren vor dem High Court

Laut Jahresbericht des Ministeriums für Gesundheit und Soziale Sicherheit[49] wurde 1970 nur ein Antrag auf einen Order of Certiorari gestellt, der aber zurückgewiesen wurde.

6. Stellungnahme

a) Dem deutschen Beobachter muß schon aufgrund dieser wenigen skizzenhaften Anmerkungen die große Flexibilität und Informalität der Tribunals auffallen. Dies zeigt sich in der Möglichkeit, Antragsfristen zugunsten des Klägers zu verlängern und selbst bei Abwesenheit der Parteien bzw. der Beisitzer in der Sache zu entscheiden. Hinter dieser Flexibilität steht die Idee, „daß die Verhandlung vor dem Tribunal so etwas wie eine Unterhaltung am runden Tisch ist“[50]. Überraschend dürfte auch sein, daß das Verfahren, d. h. die mündliche Verhandlung, nicht protokolliert wird. Der Vorsitzende macht zwar Notizen über die Aussagen der Parteien und Zeugen, die zu den Akten kommen, ein Verhandlungsprotokoll existiert jedoch nicht. Entsprechend schwierig ist es demnach auch, Verfahrensfehler, sofern überhaupt bestimmte Regeln einzuhalten sind, nachzuweisen[51].

b) Inwieweit die Beisitzer eine echte Entscheidungsfunktion wahrnehmen, ist schwer auszumachen. Da die Beratung nicht öffentlich ist, läßt sich ihr Einfluß nur vermuten. Das Laienrichtertum steht in der

---

[49] Department of Health and Social Security, Annual Report 1970, H.M.S.O., Cmnd. 4714 S. 104.

[50] *Elcock* S. 55.

[51] Auch für den Antrag auf Certiorari wegen „error of law on the face of the record“ ergeben sich Beweisschwierigkeiten, weil ja nur die Entscheidung mit den Gründen als „record“ herangezogen werden kann.

angelsächsischen Rechtsauffassung in so hohem Ansehen — wie auch das Jurysystem zeigt —, daß niemand es in Frage stellt.

c) Auffallend ist vor allem die kurze Verfahrensdauer, nicht nur im Vergleich mit Verfahren vor deutschen Gerichten, sondern auch vor den „ordinary courts" in Großbritannien. Damit entspricht die Verfahrensweise der Tribunals tatsächlich den Intentionen des Franks Committee[52]. Diese Verfahrensbeschleunigung wird aber nicht zuletzt durch die Freiheit der Verfahrensgestaltung bewirkt, die in krassem Gegensatz zum Formalismus deutscher und englischer ordentlicher Gerichte steht.

d) Dem am deutschen Rechtswegestaat orientierten Betrachter fällt auch die geringe Prozeßlust der Briten ins Auge. Obwohl vor den Tribunals keine oder nur ganz geringe Kosten anfallen — sieht man von anwaltschaftlicher Vertretung einmal ab —, legen nur 0,2 % der Antragsteller ein Rechtsmittel ein. Grund dafür dürfte sowohl eine wegen der typisierten Sachverhalte geringe Fehlerquote der Verwaltung sein, wie auch die Natur des Engländers, der es zuwiderläuft, den Rechtsweg auszuschöpfen[53].

e) Wie sehr die Bedeutung der Prerogative Orders für den einzelnen Bürger und dessen Rechtsschutz nachgelassen hat, zeigt der einzige Antrag auf Certiorari im Jahre 1970. Dabei muß jedoch betont werden, daß dem Bürger ja vorher schon zwei Instanzen zur Verfügung standen und die hohen Verfahrenskosten vor der Inanspruchnahme der ordentlichen Gerichte abschrecken.

---

[52] C.T.E. Report § 38.

[53] Bis zu einem gewissen Grad kann die niedrige Einspruchsquote natürlich auch ein Ausdruck des Mißtrauens gegenüber dem Appeal Tribunals sein, vgl. *Elcock* S. 46. Dieser Faktor wird jedoch nach Meinung des Verfassers leicht überschätzt.

Anhang II

Aktenbeispiel aus der Rechtsprechung der National Insurance Tribunals

I. Folgendes Fallbeispiel wurde dem Verfasser von J. G. Gilbert, Asisstant Secretary, Department of Health and Social Security zur Verfügung gestellt. Es handelt sich dabei um einen frei erfundenen Fall, wie er jedoch in ähnlicher Form häufig Gegenstand eines Verfahrens vor den National Insurance Tribunals ist.

Das Verfahren ist auf den Originalformblättern wiedergegeben und umfaßt:

1. Den ablehnenden Bescheid des National Insurance Officer auf den Antrag auf Krankengeld (Sickness Benefit) vom 14. 7. 70 = S. 159
2. Die Akten des Tribunal mit der Entscheidung = S. 160—166
   Diese enthalten neben den Personalien
   a) Vorbereitende Papiere
      α) Wortlaut der Entscheidung des National Insurance Officer vom 14. 7. 70 = S. 160
      β) Wortlaut des Einspruchs des Beschwerten vom 24. 7. 70 = S. 160—161
      γ) Angabe der einschlägigen Vorschriften in Gesetzen und Verordnungen = S. 160
      δ) Angabe der einschlägigen „reported dicisions" des National Insurance Commissioner = S. 160
      ε) Zusammenfassung der Tatsachen = S. 161
      ζ) Stellungnahme des Insurance Officer = S. 161—164
   b) Protokoll über die mündliche Verhandlung vor dem Tribunal am 14. 10. 1970 = 165—166
      α) Aufzeichnungen des Vorsitzenden zur Beweisführung = S. 165
      β) Tatsachenfeststellung = S. 166

γ) Entscheidungswortlaut = S. 166

δ) Entscheidungsgründe = S. 166

II. Das Tribunal hat vor allem zur Frage zu entscheiden, ob der Antragsteller „for the specific purpose of being treated for incapacity" Großbritannien verlassen hatte und sich deshalb in Frankreich und der Schweiz aufhielt.

1. Auffallend ist die überaus sorgfältige und rechtlich detaillierte Stellungnahme des Insurance Officer im Gegensatz zu der sehr knappen Entscheidung des Tribunal.

   In seiner „Klageerwiderung" zitiert der Insurance Officer wörtlich alle einschlägigen Vorschriften, um deren Anwendung auf den konkreten Fall schließlich zu verneinen (S. 161—164). Zur Auslegung der Wendung „being treated" stützt er sich dabei auf die veröffentlichten Entscheidungen des National Insurance Commissioner (S. 164).

2. Die stichwortartigen Aufzeichnungen des Vorsitzenden ergeben keine neuen Gesichtspunkte. Die Entscheidung besteht nur aus dem Tenor und einer überaus knappen Begründung (S. 166). Eine zusammenfassende Prozeßgeschichte nach Art unseres Tatbestands fehlt ebensosehr wie die normative Untermauerung der gegebenen Begründung. Aus dem Fehlen rechtlicher Erörterungen ist vielmehr zu schließen, daß das Tribunal insoweit mit den Ausführungen des Insurance Officer konform geht.

DEPARTMENT OF HEALTH AND SOCIAL SECURITY

Codeville, Codeshire

14 July 1970

Dr A B Blank
11 Low Street
Codeville
Codeshire

Dear Sir or Madam,

The Insurance Officer has considered your claim for Sickness Benefit and has decided that benefit is not payable. The decision is given in full overleaf.

If you require any further information about your claim, please let me know.

If you wish to appeal to the Local Tribunal against the Insurance Officer's decision, a form on which to appeal can be obtained from this office on request. There is a time limit for making an appeal: your appeal should reach this office within 21 days from the date of this letter.

Yours faithfully,

J Benefit Unit
Manager

INSURANCE OFFICER'S DECISION

The claimant is disqualified for receiving sickness benefit for the period 29.4.70 to 15.6.70 (both dates included) because:-

1. his absence from Great Britain is not for the specific purpose of being treated for incapacity which began before he left Great Britain.
(Section 49(1)(a) National Insurance Act 1965, and the National Insurance (Residence and Persons Abroad) Regulations)

2. He is in France and he did not go there from the United Kingdom for the specific purpose of being treated for a disease which was contracted or a disablement which occurred before he left the United Kingdom.
(The National Insurance and Industrial Injuries (France) Order 1958)

IN CONFIDENCE

NATIONAL INSURANCE
NATIONAL INSURANCE (INDUSTRIAL INJURIES)
and
FAMILY ALLOWANCES ACTS

Appeal or Reference to Local Tribunal

For hearing on	
Case List Number	
Sheet	Line

Benefit claimed Sickness   Tribunal Area Codeshire

FULL NAME OF CLAIMANT		National Insurance Number
(Surname) BLANK	(Christian Names) Arthur Benjamin	ZL 12 50 01 A
		FAM/Pension No.
L.O. or E.E. Overseas Group (B4), Newcastle upon Tyne		

Marital Status *		Age†	Registered occupation(s)	Last occupation (if known)
~~Single man~~ Married man ~~Widower~~	~~Single woman~~ ~~Married woman~~ ~~Widow~~	65		Medical practitioner

1 * [redacted]

* **Appeal by claimant** from the following decision of the Insurance Officer dated 14 July 1970 :—

The claimant is disqualified for receiving sickness benefit for the period 29.4.70 to 15.6.70 (both dates included) because:-

1. his absence from Great Britain is not for the specific purpose of being treated for incapacity which began before he left Great Britain. (Section 49(1)(a) National Insurance Act 1965, and the National Insurance (Residence and Persons Abroad) Regulations.)

2. he is in France and he did not go there from the United Kingdom for the specific purpose of being treated for a disease which was contracted or a disablement which occurred before he left the United Kingdom. (The National Insurance and Industrial Injuries (France) Order 1958.)

2 **Claimant's grounds of appeal** dated 24.7.70

(Appeal cases only)

In reply to your form BF 31 in which I am told that Sickness Benefit will not be paid to me from 29.4.70 to 15.6.70 because I was out of the Country between these dates, I must appeal most strongly against this ruling.

The reason given for refusing benefit is that my absence abroad was not for the specific purpose of being treated for incapacity. This is not correct; it was not a holiday. My medical advisers considered that warmth and sunshine were essential to hasten my recovery. I also needed medical treatment but was able to carry out that myself.

I was operated on for hernia on 14 January 1970. Cancer was found so ten days later I had a further major operation. I was in bed for two weeks after my return from Hospital and for many weeks could only get about the house very little.

(Continued)

3 Relevant provisions in Acts and regulations	4 Relevant reported decisions of the Commissioner
National Insurance Act 1965, Section 49(1)(a) - Red Book page 104. National Insurance (Residence and Persons Abroad) Regulations 1948 - Regulation 7, Red Book pages 771-772. Article 15(1) of the National Insurance and Industrial Injuries (France) Order 1958 (SI 1958 No 597) Article 16 of the Family Allowances, National Insurance and Industrial Injuries (Switzerland) Order 1969	CS 474/50 KL R(S) 16/51 R(S) 10/52 R(S) 2/69

(Note: These can be seen at the local office of the Ministry of Social Security or can be purchased from Her Majesty's Stationery Office.)

*Delete as necessary   †Age at date of decision or reference.

Form LT 2   OVER

CONFIDENTIAL

NATIONAL INSURANCE ACTS
NATIONAL INSURANCE (INDUSTRIAL INJURIES) ACTS
and
FAMILY ALLOWANCES ACTS

Continuation Sheet No. 1

Case List Number	
Sheet ______	Line ______

SURNAME BLANK

Christian Name(s) Arthur Benjamin

N.I. or FAM Number
ZL 12 50 01 A

[redacted]

2. Claimant's grounds of appeal (CONTINUED)

As soon as I felt that I could travel to France, I approached your Office to enquire what the position would be regarding Benefit. I could easily have gone abroad without informing the Ministry, but did not want to break any rules. I was told that enquiries would be made as the situation was unusual. That afternoon I was informed by telephone that there should be no difficulty and that my benefit could be held over for that period, and paid on my return.

If I had been told Benefit could not be paid while abroad, I could have stayed in Britain, but my recovery would have been slower.

My main aim is to get well. I have only had one claim for Sickness Benefit some years ago. On many other occasions I was more in need of medical attention than many of my patients.

I would be glad if you would submit these facts to the Tribunal to give them a complete picture.

(Signature) A B BLANK

---

5. Summary of facts

The claimant became incapable of work on 13.1.70 by reason of carcinoma and received sickness benefit from that date from the Department's local office at Codeville.

In the course of a telephone conversation with the local office he stated that he was going to France on 28.4.70 for 1 to 2 months to recuperate from two operations he had undergone and it was not envisaged that he would be receiving treatment during his absence abroad.

The claim in respect of the absence in France was referred to the Department's Overseas Group where on 29.5.70 the insurance officer disqualified the claimant for receiving sickness benefit for the period 29.4.70 to 15.6.70 (both dates included).

The claimant returned to Great Britain on 16.6.70. It was later discovered that, while abroad, he had spent part of his time in Switzerland.

---

6. Insurance Officer's submission

1. Section 49(1)(a) of the National Insurance Act 1965 provides:

"Except where regulations otherwise provide, a person shall be disqualified for receiving any benefit, and an increase of benefit shall not be payable, in respect of any person as the beneficiary's wife or husband for any period during which that person

a. is absent from Great Britain."

Form L.T.2 (continuation) 51044 Wt. 56446/2125 310000 11/61 St.S.

CONFIDENTIAL

NATIONAL INSURANCE ACTS
NATIONAL INSURANCE (INDUSTRIAL INJURIES) ACTS
and
FAMILY ALLOWANCES ACTS

Continuation Sheet No. 2

Case List Number	
Sheet	Line

SURNAME BLANK

Christian Name(s) Arthur Benjamin

N.I. [illegible] Number
ZL 12 50 01 A

[illegible]

6. Insurance Officer's submission (CONTINUED)

2. i. Regulation 7 of the National Insurance (Residence and Persons Abroad) Regulations provide that a person shall not be disqualified for receiving sickness benefit

"(1)(b) by reason of being temporarily absent from Great Britain (not being in the Isle of Man or the Channel Islands) for the specific purpose of being treated for incapacity which commenced before he left Great Britain, during such period as the Minister (now the Secretary of State for Social Services) may allow, having regard to the particular circumstances of the case.

ii. Regulation 7(1A) provides

A person shall not, during such period as the Minister (now the Secretary of State for Social Services) may allow, be disqualified for receiving sickness benefit by reason of being temporarily absent from Great Britain if:

a. on the day on which the absence began he was, and had for the past 6 months continuously been incapable of work; and

b. on the day for which benefit is claimed he has been continuously so incapable since the absence began."

3. Article 15(1) of the National Insurance and Industrial Injuries (France) Order 1958 provides that:

"A National of either contracting party, who goes from the territory of one Party to the territory of the other for the specific purpose of being treated for a disease which was contracted or a disablement which occurred, before he left the former territory, shall while in the latter territory remain entitled to receive sickness benefit in cash from the Social Security Authority of the former Party provided that the said authority has agreed thereto and for such period as that authority may allow".

(Article 1(5) defines the "Social Security Authority" as the Ministry of Pensions and National Insurance, now the Department of Health and Social Security).

4. As the claimant had not been incapacitated fro a continuous period of 6 months at the date of his departure from Great Britain, it is clear that the provisions of paragraph (1A) of the Regulation 7 of the Residence and Persons Abroad Regulations cannot apply in this case, and the claimant's right to sickness benefit during his incapacity in France is for determination under the alternative provisions of paragraph 1(b) of Regulation 7 and Article 15(1) of the National Insurance and Industrial Injuries (France) Order.

5. When considering the claim under Regulation 7(1)(b) of the Residence and Persons Abroad Regulations it is clear that the claimant's absence from Great Britain was temporary. Moreover it is not disputed that his incapacity began before he left Great Britain. Sub-paragraph (1)(b) of Regulation 7 however also includes a requirement that the absence is for the specific purpose of being treated for the incapacity.

Form L.T.2 (continuation) 50044 Wt. 56446/2725 310000 11/61 St.S.

CONFIDENTIAL

NATIONAL INSURANCE ACTS
NATIONAL INSURANCE (INDUSTRIAL INJURIES) ACTS
and
FAMILY ALLOWANCES ACTS

Continuation Sheet No. 3

Case List Number	
Sheet	Line

SURNAME BLANK

Christian Name(s) Arthur Benjamin

N.I. ~~or FAM~~ Number
ZL 12 50 01 A

~~The following is an extract from documents held by the Insurance Officer~~

6. Insurance Officer's submission (CONTINUED)

6. The Commissioner has considered this question and in decision R(S)16/51 held that "being treated" involved some kind of treatment administered by a person or agency other than the patient himself. A Tribunal of Commissioners concurred with this view in decision R(S)10/52 and said that a claimant who had gone to Switzerland on medical advice to obtain the benefit of air, rest and food was not "being treated" for his incapacity.

In a further decision CS 474/50, referring to a case in which the claimant went to Austria for a rest and change of air on the advice of her doctor who have her medicine to take with her, the Commissioner stated "I do not think that the enjoyment of mountain air, or a change of atmosphere or rest, can be described as "being treated". "Being treated" must, I think, import some activity by someone other than the claimant". In decision R(S)2/69 the Commissioner said "a person can only be absent from Great Britain for the purpose of "being treated" if he is absent in order to enlist while absent some kind of medical or surgical skill or service to be administered by some person qualified to supply it - such skill or service being intended to remedy the relevant disease or disability or to palliate its ill effects or the pain or discomfort caused by it.

7. The claimant's purpose in going abroad was to recuperate from two operations he had undergone and his medical advisers had considered that warmth and sunshine were essential to hasten his recovery. In his grounds of appeal the claimant has stated he needed continuous medical treatment during his absence but being a doctor he was able to administer it himself. Though it is not disputed that the claimant went to France on the advice of his medical advisers or that he may have benefited from the period of recuperation there, I submit that this does not constitute "being treated" as defined by the Commissioner in the decisions mentioned in paragraph 6 above. I further submit the claimant's absence from Great Britain was not for the specific purpose of being treated for incapacity which began before he left Great Britain and accordingly that he cannot be assisted by the provisions of Regulations 7(1)(b) of the Residence and Persons Abroad Regulations.

8. As indicated in paragraph 3 above the claimant may be assisted by Article 15(1) of the reciprocal agreement with France provided that he can show that he went to France from the United Kingdom for the specific purpose of being treated for his condition. For the reasons already given in paragraph 7, I submit that the claimant did not go to France for the "specific purpose of being treated" as defined by the Commissioner.

9. In his letter dated 29.6.70, the claimant mentioned for the first time that he was in Switzerland whilst abroad. The only relevant provision in the Reciprocal Agreement with Switzerland which could assist the claimant is Article 16(2)(a)(cc) which provides that sickness benefit may be payable where a person is temporarily absent from the United Kingdom for the purpose of receiving treatment for an incapacity which began before he left the United Kingdom. For the reasons already given in paragraph 7, I submit that the claimant did not go to Switzerland for the purpose of receiving treatment.

Form LT.2 (continuation) 50044 Wt. 56446/2725 310000 11/61 St.S.

CONFIDENTIAL

NATIONAL INSURANCE ACTS
NATIONAL INSURANCE (INDUSTRIAL INJURIES) ACTS
and
FAMILY ALLOWANCES ACTS

Continuation Sheet No. 4

Case List Number	
Sheet	Line

SURNAME BLANK

Christian Name(s) Arthur Benjamin

N.I. Number
ZL 12 50 01 A

[illegible]

6. Insurance Officer's submission (CONTINUED)

10. As the claimant cannot benefit from either Regulation 7(1)(b) of the Residence and Persons Abroad Regulations, Article 15(1) of the Reciprocal Agreement with France or Article 16(2)(a)(cc) of the Reciprocal Agreement with Switzerland, I further submit that he cannot avoid the general disqualification imposed by Section 49(1)(a) of the Act and that accordingly sickness benefit is not payable for the period 29.4.70 to 15.6.70 (both dates included).

11. In the event of the local tribunal deciding the question at appeal in the claimant's favour, it will be for the Secretary of State for Social Services to decide subsequently for what period benefit may be paid.

12. In his grounds of appeal the claimant has stated that before going abroad he was informed by telephone by the local office that there should be no difficulty and that his benefit could be held over for that period and paid on his return. He also contends that if he had been told that benefit could not be paid while abroad he could have made other arrangements to stay in Britain. It is the procedure of the Department to refer claims of this type, which involve a period of absence abroad, to its Overseas Group for decision but before the case is so referred the claimant is asked for the period he will be abroad and the purpose of the absence from Great Britain. The claimant is also asked to say how he would like payment to be made should benefit be allowed. It is regretted if the claimant was under a misapprehension about his benefit position whilst abroad but the fact that he was asked about the method of payment if his claim was allowed in no way implied that the claim in respect of the absence abroad would necessarily be allowed. The appeal can only be considered by the local tribunal in the light of the statutory conditions outlined above.

NATIONAL INSURANCE, NATIONAL INSURANCE (INDUSTRIAL INJURIES) and FAMILY ALLOWANCES ACTS

IN CONFIDENCE

Report of Proceedings of Local Tribunal

held at 35 West Park Street, Codeville

on 14 October 1970

Case List Number	
Sheet 1	Line 3

Benefit Sickness

Tribunal Codeville, Codeshire

FULL NAME OF CLAIMANT		National Insurance Number				
(Surname)	(Other names)					
BLANK	Arthur Benjamin	ZL	12	50	01	A
L. O. Overseas Group (B4), Newcastle-upon-Tyne		FAM/Pension No. —				

Constitution of Tribunal		Names of others present (write "None" where appropriate)
*Full	Names (where required by instructions)	Claimant's representative (state capacity and address) —
*~~Chairman and one member~~		Witness(es) —
		Others (state capacity) —
Claimant		
Notified on form LT 6	*Attended *~~Did not attend~~	Insurance Officer Miss WHYB

Consent to hearing by incomplete Tribunal

*1. Given on tear-off portion of form LT attached.

*2. I consent to this case being proceeded with in the absence of a member of the Tribunal other than the Chairman.

Signature of claimant (or representative)..

1 **Chairman's note of evidence** (Observations of the claimant's representative, and others, may also be included but should be clearly distinguished from the note of evidence)

Claimant:- Referred to his written appeal. Went abroad because he wasn't improving in health. Warmth and sunshine of great assistance. As a doctor he could treat himself - a layman would have been under medical supervision. Visited Switzerland simply because the most direct route back to the Channel ports ran through it.

Insurance Officer:- Referred back to submission and Commissioner's Decision quoted.

Note of evidence (continued)

(Continue on a separate sheet if necessary)

2 Findings of Tribunal on questions of fact material to decision

Claimant, a doctor, underwent two operations early in 1970. During convalescence, went to France on advice of his doctor for warmth and sunshine, to hasten recovery. Such treatment as necessary when abroad administered by claimant himself. Abroad for period 29.4.70 to 15.6.70.

3 Full text of *unanimous/~~*majority~~ decision

Appeal refused

Reasons for dissent, if Tribunal not unanimous

4 Grounds of decision (including reported decisions of the Commissioner considered by Tribunal)

Claimant has not established absence abroad for specific purpose of treatment.

Date of signing 14.10.70 Signature of Chairman Ronald Keeden

*Delete as necessary

731487 TV&Co 200M 1/70 758

Literaturverzeichnis

I. Lehrbücher, Monographien und Aufsätze

Aikman, C. C.: Some developments in administrative law, The Report of the Franks Committee, New Zealand Journal of Public Administration, 1958, 44.

Alder, J. E.: Representation before Tribunals, 1972 P. L. 278.

Allen, Sir Carleton K.: Administrative Jurisdiction, London 1956. Sonderdruck des gleichnamigen Artikels in 1956 P. L. 13. Zitierweise: Allen, Jurisdiction.

— Law and Orders, 3. Aufl., London 1965. Zitierweise: Allen, Orders.

— Law in the Making, 7. Aufl., Oxford 1964, Neudruck 1969. Zitierweise: Allen, Making.

Aris, Reinhold: Verwaltungskontrolle in England, in: Staatsbürger und Staatsgewalt, Verwaltungsrecht und Verwaltungsgerichtsbarkeit in Geschichte und Gegenwart, Bd. I, Karlsruhe 1963, S. 69 ff.

Bagehot, Walter: The English Constitution, London 1867, 6. Neudruck 1968.

Becker, Franz und *König*, Klaus: in: Ule, Verwaltungsverfahrensgesetze des Auslands, Allgemeine Einleitung, II 1 b: Großbritannien.

Becker, Franz: The Donoughmore Report and the Franks Report, 1958 I.R.A.S. 453.

Bell, Kathleen: Tribunals in the Social Services, London 1969.

Borrie, Gordon J.: Public Law, 2. Aufl., London 1970.

Boussard, Jean-Luc: L'Enquête Publique en Angleterre. Un Moyen politico-juridique de contrôler l'administration, Paris 1969.

Bradley, Alexander W.: Administrative Law, in: Wade E.C.S. und Philips G. G., Constitutional Law, 8. Aufl., 1970. Zitierweise: Bradley, Law.

— Judicial Protection of the Individual against the Executive in Great Britain. Länderbericht: Gerichtsschutz gegen die Exekutive, Max-Planck-Institut für ausländisches öffentliches Recht und Völkerrecht, Bd. I S. 327, Köln 1969. Zitierweise: Bradley, Protection.

— The Redress of Grievances, 1962 C.L.J. 82. Zitierweise: Bradley, Redress.

Campion, Lord u. a.: British Government since 1918, London 1951.

Carr, Cecil T.: Administrative Law, 1955 L.Q.R. 58. Zitierweise: Carr, Law.

— Concerning English Administrative Law, London 1941. Zitierweise: Carr, Concerning.

— The Non-judicial Judge, 1949 L.Q.R. 188. Zitierweise: Carr, Judge.

Cavenagh W. E. und *Newton* D.: Administrative Tribunals: How people become members, 1971 P.A. 197.

—, — The Membership of Two Administrative Tribunals, 1970 P.A. 449.

Chapman, Brian: The Profession of Government, London 3. Nachdruck 1966.

— British Government observed, London 1963. Zitierweise: Chapman, Observed.

Clark, D. H.: Administrative Control of Judicial Action, 1967 M.L.R. 489.

Cooper, Lord: Administrative Justice, 1954 P.A. 165. Zitierweise: Cooper, Justice.

Cooper, T. M.: The limitations of the Judicial Functions of Public Authorities, 1929 P.A. 260. Zitierweise: Cooper, Limitations.

Cross, John A.: British public administration, London 1970.

Crossman, Richard H. S.: Introduction in: Bagehot, The English Constitution, London 1963, 6. Neudruck 1968.

Daig, Hans-Wolfram: Aktuelle Fragen der Vorabentscheidung nach Art. 177 EWG-Vertrag, unter besonderer Berücksichtigung von Rechtsprechung und Praxis des Gerichtshofes der Europäischen Gemeinschaften, Europarecht 1968 S. 259 ff.

Davis, Kenneth C.: English Administrative Law — an American View, 1962 P.L. 139.

Denning, Sir Alfred Th.: Courts and Tribunals, B.J.A.L. 1954/55, 107. Zitierweise: Denning, Courts.

— Freedom under the Law, London 1949. Zitierweise: Denning, Freedom.

de Smith, Stanley A.: Constitutional and administrative law, London 1971. Zitierweise: de Smith, Law.

— Judicial Review of Administrative Action, 2. Aufl., London 1968. Zitierweise: de Smith, Review.

— The Council on Tribunals, Parlimentary Affairs, Vol. XII, 1958—59, 320. Zitierweise: de Smith, Council.

Dicey, Albert V.: An Introduction to the Study of the Law of the Constitution, 1. Aufl., London 1885, 10. Aufl. 1959, Neudruck 1967. Zitierweise: Dicey, Introduction.

— The Development of administrative law in England, 1915 L.Q.R. 149, abgedruck in: Dicey, Introduction S. 493 ff.

Distel, Michel: La Réforme du controle de l'administration en Grande-Bretagne. Revue Internationale de droit comparé, 1971, 355.

Ebert, Kurt H.: Der Ombudsman in Großbritannien, Recht und Staat, Heft 371/372 Tübingen 1968.

Elcock, H. J.: Administrative Justice, London und Harlow 1969.

Finer, Samuel E.: Life and Times of Sir Edwin Chadwick, 1952.

— Ministerial Responsibility, 1956 P.A. 377.

Foulkes, David: Introduction to Administrative Law, 3. Aufl., London 1972.

Friedmann, Karl A.: Kontrolle der Verwaltung in England. Fallstudien zur Beschwerdenbehandlung im Britischen Unterhaus, Meisenheim Hain 1970. Zitierweise: Friedmann, Kontrolle.

Friedmann, Wolfgang: Law in a Changing Society, 2. Aufl. 1972, Penguin Books. Zitierweise: Friedmann, Law.

Galeotti, Serio: The judicial control of public authorities in England and in Italy, A comparative study, London 1954.

Ganz, G.: Allocation of Decision-Making Functions, 1972 P.L. 215, 299.

Garner, John F.: Administrative Law, 3. Aufl. 1970. Zitierweise: Garner, Law.

— The Council on Tribunals, 1965 P.L. 321. Zitierweise: Garner, Council.

Gordon, D. M.: Administrative Tribunals and the Courts, 1933 L.Q.R. 94.

Gould, B. C.: Anisminic and Jurisdictional Review, 1970 P.L. 358.

Griffith, John A. G.: Comment, 1958 P.L. 109. Zitierweise: Griffith, Comment.

— Legislation, in: The Commons in Transition (Hrsg. A. H. Hanson und B. Crick) London 1970. Zitierweise: Griffith, Commons.

— Tribunals and Enquiries, 1959 M.L.R. 125. Zitierweise: Griffith, Tribunals.

Griffith, John A. G. und *Street*, Harry: Principles on Administrative Law, 4. Aufl., London 1967. Zitierweise: Griffith, Principles.

Hamson, Charles J.: Executive Discretion and Judicial Control, London 1954, Hamlyn Lectures.

Hanson, Albert H. und *Walles*, Malcolm: Governing Britain. A guidebook to Political Institutions, Fontana Studies in Politics, London 1970. Zitierweise: Hanson, Governing.

Hanson, Albert H. und *Crick* Bernard (Hrsg.): The Commons in Transition. For the Study of Parliament Group, Fontana Studies in Politics. London 1970.

Harvey, Jack und *Bather*, L.: The British Constitution, 2. Aufl., London 1969.

Hatschek, Julius: Englisches Staatsrecht, 2 Bde. Tübingen 1905/1906. Zitiert wird nur aus Band 2.

Henderson, Edith G.: Foundations of English Administrative Law: Certiorari and Mandamus in the 17th century, London 1963.

Hepple, B. A.: Aliens and Administrative Justice. The Dutschke Case, 1971 M.L.R. 501.

Heuston, *Robert* F. V.: Essays in Constitutional Law, 2. Aufl., London 1964.

Hewart, Lord, of Bury: The New Despotism, London 1929.

Ilbert, Sir, Courtenay: Legislative Methods and Forms, Oxford 1901.

Jackson, Richard M.: The Machinery of Justice in England, 5. Aufl., Cambridge 1967. Zitierweise: Jackson, Machinery.

— Tribunals and Inquiries, 1955 P.A. 115. Zitierweise: Jackson, Tribunals.

Jennings, William I. Sir: Ministers' Powers, 1933 P.A. 109. Zitierweise: Jennings, Powers.

— The Law and the Constitution, 5. Aufl., London 1967. Zitierweise: Jennings, Law.

— The Report on Ministers' Powers, 1932 P.A. 333. Zitierweise: Jennings, Report.

Keeton, George W.: Administrative Tribunals and the Franks Report, Current Legal Problems 1958, 88.

Keir, David L.: The Constitutional History of Modern Britain since 1485, 9. Aufl., London 1968.

Koellreutter, Otto: Verwaltung und Verwaltungsrechtsprechung im modernen England, Tübingen 1912.

Kwasny, Kurt: Die Entwicklung des geschriebenen Grundrechts in England und im englischen Kolonialreich und Commonwealth, Diss. Bonn 1968.

Laski, Harold J.: Parliamentary Government of England, London 1938, 8. Neudruck 1968.

Lawson, Frederik H. und *Bentley* David J.: Constitutional and administrative law, London 1961.

Leibholz, Gerhard: Strukturprobleme der modernen Demokratie, Karlsruhe 1967.

Loewenstein, Karl: Staatsrecht und Staatspraxis von Großbritannien 2 Bde., Berlin 1967. Zitiert wird ausschließlich der 2. Band.

Maitland, Frederick W.: Constitutional History of England, 1. Aufl., Cambridge 1908, 15. Neudruck 1965. Zitierweise: Maitland, History.

— The shallows and silences of real life, The collected papers, I, 467, Cambridge 1911. Zitierweise: Maitland, Shallows.

Marshall, Geoffrey: Ministerial Responsibility, 1963 P.Q. 256. Zitierweise: Marshall, Responsibility.

— The Franks Report on Administrative Tribunals, 1957 P.A. 355. Zitierweise: Marshall, Report.

— Tribunals and Inquiries, Developments since the Franks Report, 1958 P.A. 261. Zitierweise: Marshall, Tribunals.

Marshall, Geoffrey und *Moodie,* Graeme: Some Problems of the Constitution, 4. Aufl., London 1967. Zitierweise: Marshall, Problems.

McCorquodale, Susan: The Composition of Administrative Tribunals, 1962 P.L. 298.

Mitchell, John D. B.: Administrative Law and Parliamentary Control, 1967 P.Q. 360. Zitierweise: Mitchell, Control.

— Comment, 1956 P.L. 1. Zitierweise: Mitchell, Comment.

— Constitutional Law, 2. Aufl., Edinburgh 1968. Zitierweise: Mitchell, Law.

— The Causes and Effects of the Absence of a System of Public Law in the United Kingdom, 1965 P.L. 95. Zitierweise: Mitchell, Causes.

— The Constitutional Implications of Judicial Control of the Administration in the United Kingdom, 1967 C.L.J. 46. Zitierweise: Mitchell, Implications.

— The Present State of Public Law in the United Kingdom, 1966 I.C.L.Q. 133. Zitierweise: Mitchell, State.

— The Real Argument about Administrative Law, 1968 P.A. 167. Zitierweise: Mitchell, State.

— Verwaltungskontrolle in Großbritannien, VwArch. 1973, S. 164 ff. Zitierweise: Mitchell, Verwaltungskontrolle.

Parris, Henry: Constitutional Bureaucracy, London 1969.

Phillips, Owen Hood: Constitutional and administrative law, 4. Aufl., London 1967.

Pollard, Robert S. W.: Administrative Tribunals at Work, London 1950.

Port, Frederick John: Administrative Law, London 1929.

Radbruch, Gustav: Der Geist des englischen Rechts, Göttingen 1946, 1956.

Redlich, Josef: Englische Lokalverwaltung, Leipzig 1901.

Ritter, Gerhard A.: Die Kontrolle von Regierung und Verwaltung in Großbritannien, in: Faktoren der politischen Entscheidung, Festgabe für Ernst Fraenkel, S. 294, Berlin 1963.

Robson, William: Administrative Justice and Injustice. A commentary on the Franks Report, 1958 P.L. 12. Zitierweise: Robson, Report.

— Administrative Law, in: Ginsberg, M., Law and Opinion in England in the 20th Century, S. 193 ff., London 1960. Zitierweise: Robson, Opinion.

Robson, William: Administrative Law in England 1919—1948, in: British Government since 1918 (Hrsg. Campion) London 1951. Zitierweise: Robson, Law.

— Justice and Administrative Law, 1. Aufl. 1928 (nach ihr wird zitiert), 3. Aufl. 1951. Zitierweise: Robson, Justice.

— The Report of the Committee on Ministers' Powers, 1932 P.Q. 346. Zitierweise: Robson, Powers.

Rubinstein, Amnon: Jurisdiction and Illegality, A study in Public Law, Oxford 1965.

Scarman, Sir Leslie: Law and Administration, A change in relationship, 1972 P.A. 253.

Schwartz, Bernhard: Law and the Executive in Britain, New York 1949.

— French Administrative Law and the Common-Law World, New York 1954. Zitierweise: Schwartz, French Law.

Shonfield, Andrew: Modern Capitalism, Oxford 1965, 1969.

Smith, M. H.: Thoughts on a British Conseil d'Etat, 1967 P.A. 23.

Stein, Ekkehart: Der Mensch in der pluralistischen Demokratie, Frankfurt 1964.

Stone, Julius: Social dimensions of law and justice, London 1966.

Street, Harry: Freedom, the Individual and the Law, 3. Aufl. 1972. Zitierweise: Street, Freedom.

— Justice in the Welfare State, London 1968. Zitierweise: Street, Justice.

Street, Harry und *Griffith,* J. A. G.: Principles of Administrative Law, 4. Aufl., London 1967. Zitierweise: Street, Principles.

Tomuschat, Christian: Die gerichtliche Vorabentscheidung nach den Verträgen über die europäischen Gemeinschaften, Köln 1964.

Ule, Carl-Hermann: Verwaltungsprozeßrecht, 5. Aufl. 1971.

Vandyk, N. D.: Tribunals and Enquiries: a Guide to Procedure, London 1965.

Vile, M. J. C.: Constitutionalism and the Separation of Powers, Oxford 1967.

Wade, Emlyn C.S.: Administration under the Law, 1957 L.Q.R. 40. Zitierweise: Wade, Administration.

Wade, Emlyn C. S. und *Phillips* Godfrey: Constitutional Law, 8. Aufl., London 1970, Teil „Administrative Law" von A. W. Bradley. Zitierweise: Wade/Phillips bzw. Wade/Phillips/Bradley.

Wade, Henry W. R.: Administrative Law, 3. Aufl., Oxford 1971. Zitierweise: Wade, Law.

— Quasi-judicial and its background, 1949 C.L.J. 216. Zitierweise: Wade, Background.

Wheare, Kenneth C.: The Redress of Grievances, 1962 P.A. 125.

Whitmore, Harry: The role of the lawyers in administrative justice, 1970 M.L.R. 481.

Wolff, Hans Julius: Verwaltungsrecht I, 8. Aufl., München 1971.

— Verwaltungsrecht II, 3. Aufl. 1970.

— Verwaltungsrecht III, 2. Aufl. 1967.

Yardley, David C. M.: Rent Tribunals and Rent Assessment Committees, 1968 P.L. 135. Zitierweise: Yardley, Tribunals.

— A Source Book of English Administrative Law, 2. Aufl., London 1970. Zitierweise: Yardley, Source Book.

II. Reports, Untersuchungsprotokolle, Parlamentsberichte und Gesetzestexte

Administration under Law. A report by Justice, Chairman: Keith *Goodfellow*, London 1971.

The Annual Report of the Council Tribunals, 1959 — Zitierweise: C.o.T.A.R.

The Citizen and the Administration. The redress of grievances. A report by Justice, Director of Research: Sir John *Whyatt*, London 1961.

Committee on Ministers Powers. Chairman: The Right Hon. *The Earl of Donoughmore*, Report, Cmnd. 4060 HMSO London 1932, Nachdruck 1966. Zitierweise: C.M.P. Report.

Committee on Administrative Tribunals and Enquiries, Chairman: The Right Hon. Sir Oliver *Franks*,
- a) Memoranda submitted by Government Departments, Zitierweise: C.T.E. Ma.
- b) Minutes of Evidence, Zitierweise: C.T.E. M.o.E.; die nachfolgende römische Zahl gibt den Sitzungstag an, die arabische Zahl die Seite des Sitzungsprotokolls; z. B. C.T.E. M.o.E. X, 105 = 10. Tag S. 105.
- c) Report, Zitierweise: C.T.E. Report.

H.M.S.O. London 1956/1957. Report, Cmnd 218, nachgedruckt 1969.

Department of Health and Social Security. Annual Report 1970, H.M.S.O. London 1971.

European Community Treaties including the European Communities Act 1972, edited by Sweet & Maxwell's Legal Editorial Staff, Advisory Editor K. R. Simmonds, London 1972.

The Law Commission, Administrative Law, Submission to the Lord Chancellor under section 3 (1) (e) of the Law Commission Act 1965 H.M.S.O. London 1969.

National Insurance Act 1965, Chapter 51, H.M.S.O. London 1965. Zitierweise: N.I.A. 1965.

National Insurance Act 1966, Chapter 6, H.M.S.O. London 1966. Zitierweise: N.I.A. 1966.

The National Insurance (Determinations of Claims and Questions) (No. 2) Regulations 1967, Statutory Instruments. Zitierweise: S.I. 1967 Nr. 1570.

Parliamentary Debates, Hansard,
- a) House of Commons, Zitierweise: 505 H.C.Deb. 1712 = Band 505 der Debatten vor dem Unterhaus, Spalte 1712.
- b) House of Lords, Zitierweise: 219 H.L. Deb. 804 = Band 219 der Debatten vor dem Oberhaus, Spalte 804.

Rule of Law. A study by the Inns of Court Conservative and Unionist Society, London 1955.

Tribunals and Inquiries Act, 1958 Chapter 66, H.M.S.O. London 1956. Zitierweise: T.I.A.

Tribunals and Inquiries Act, 1966 Chapter 43, H.M.S.O. London 1966, Zitierweise: T.I.A. 1966.

FSC
www.fsc.org
MIX
Papier | Fördert
gute Waldnutzung
FSC® C083411

Kolibri 360 GmbH
Ferdinand-Jühlke-Straße 7
99095 Erfurt, Deutschland
produktsicherheit@kolibri360.de

Druck:
CPI Druckdienstleistungen GmbH
im Auftrag der
Kolibri 360 GmbH
Ferdinand-Jühlke-Str. 7
99095 Erfurt